大逆罪・内乱罪の研究

新井 勉

批評社

大逆罪・内乱罪の研究　目次

序　説――大逆とは何か、内乱とは何か

明治四〇年刑法が第二編第一章におく皇室に対する罪や、第二章におく内乱に関する罪は、第二編全四〇章中の冒頭に位置をしめることからみて、近代天皇制国家が最も重視した犯罪であることを示している。この第一章の中核は第七三条の天皇、皇后、皇太子らに対する加害であり、同じく第二章の中核は第七七条朝憲紊乱の目的を以て行う暴動である。第七三条中、天皇に対する加害の罪を大逆罪という。第七七条の朝憲紊乱を目的とする暴動の罪は、内乱罪である。大逆罪や内乱罪は、近代天皇制国家の存立、存続を敵対者や反対勢力から防禦する法的装置のいわば代表格だった。

もっとも、大逆罪という名称は明治四〇年刑法の中にはなく、一代前の明治一三年刑法、いわゆる旧刑法の中にもみあたらない。内乱罪の名称は、明治一三年刑法が第二編第一章皇室に対する罪の次におく、第二章第一節の節名、および第一節の中核たる第一二一条の構成要件中の行為に由来する。必要な箇所を記すと、次のようである。

第二章　国事ニ関スル罪

第一節　内乱ニ関スル罪

第一二一条　政府ヲ顚覆シ又ハ邦土ヲ僣窃シ其他朝憲ヲ紊乱スルコトヲ目的ト為シ内乱ヲ起シタル者ハ左ノ区別ニ従テ処断ス

一　首魁及ヒ教唆者ハ死刑ニ処ス

二、三、四　略

内乱という言葉は、明治初年箕作麟祥がフランス刑法を翻訳するさい第九一条に使った言葉ながら、必ずしも意味がはっきりしなかった。明治一三年刑法第一二一条は、一見、政府顚覆、邦土僣窃、その他朝憲紊乱の目的を以てしない内乱が存在するかのようである。そのため、明治四〇年刑法は、第七七条の書法を「政府ヲ顚覆シ又ハ邦土ヲ僣窃シ其他朝憲ヲ紊乱スルコトヲ目的トシテ暴動ヲ為シタル者ハ内乱ノ罪ト為シ左ノ区別ニ従テ処断ス」と改めた。すなわち、刑法上①朝憲紊乱を目的として、②暴動をなした、という二要素を具備する場合これを内乱罪と称し、二要素を具備しないものは内乱罪ではない、と明確にしたのである。

本書の最初に、大逆、内乱の言葉の意味を一瞥することは、本書の対象たる大逆罪、内乱罪を考察していく上で、大層有益だろうと思う。本書は、分類すれば法律書に入る。法律書の最初に言葉の歴史を点描して何になるか、迂遠であり無用であるという非難は、当をえない。言葉の意味を正確に捉え、往々生じがちな概念の混乱を予防しておくのは、学術上必要な作業である。

一

ここでまず、明治一三年刑法の編纂に遅れること約一〇年、大槻文彦の手で編纂された日本最初の本格的国語辞典『言海』を一見しよう。参照するのは、ちくま学芸文庫のコンパクトな復刻版である。大逆は、読みは濁音の「だいぎやく」で、語釈は「君父ヲ弑シナドセシコト」となぜか過去形である。内乱は、読みは現在と同じである。語釈は「国内ノ乱レ」である(1)。

大槻は『言海』を「日本普通語ノ辞書ナリ」と明記した。一般に、普通語の意味が法律用語の意味と一致するとは限らない。明治一三年刑法は、内乱罪として政府顚覆や邦土僭窃など朝憲紊乱の目的を以て行う犯罪を想定した。しかし、この刑法自身が含みをもたせているように、明治中期の普通の人々は、遠い昔の島原の乱や記憶の中の地租改正反対一揆なども、おそらく内乱という言葉で捉えたのだろう。

内乱の語釈はわかるが、大逆の「君父ヲ弑シナドセシコト」という語釈は、よくわからない。君父という言葉は、見慣れないし聞き慣れない。大槻は『言海』の中で、君父には「きみトちちト」と語釈をふし、弑す、の方には「君父ナド、尊長（メウヘ）ノ人ヲ殺ス」と語釈をふしている。何のことはない。後者は、主殺し、親殺しをさす、江戸時代の逆罪のことをいっているのである。

戊辰戦争の帰趨が決した明治元年一〇月、新政府は、行政官布達を以て、各府県、各藩に対して、刑事事件については、新律布令まで御定書など江戸幕府の刑律によることを命じた。これは、全国多数の大名私領において従前の藩法が施行されていることをしりながら、御定書により天領、私領をとわず全国の刑法を統一する姿勢を示したものである。もっとも、戦乱の中、布達の実効性は明らかでない。

行政官布達、元年十月晦日

王政復古、凡百之事追々御改正ニ相成、就中刑律ハ兆民生死之所係、速ニ御釐正可被為在之処、春来兵馬倥偬、国事多端、未夕釐正ニ暇アラス。依之新律御布令迄ハ故幕府へ御委任之刑律ニ仍リ、其中磔刑ハ君父ヲ弑スル大逆ニ限リ、其他重罪及焚刑ハ梟首ニ換へ、追放所払ハ徒刑ニ換へ、流刑ハ蝦夷地ニ限リ、且窃盗百両以下罪不至死候様、略御決定ニ相成候。尤死刑ハ勅裁ヲ経候条、府藩県共刑法官へ可伺出、且総テ粗忽之刑罪有之間敷事。(2)（後略）

この布達は、磔刑を「君父ヲ弑スル大逆」に限り、関所破りや金銀貨偽造犯らの磔刑や、放火犯の焚刑を梟首にかえるなど、御定書の刑罰を僅かに緩めることを命じている。すなわち、幕府に代わる新政府として、寛恕の姿勢を装ったのである。その中で、独り、残虐刑の極みたる磔刑を残す「君父ヲ弑スル大逆」は、天皇に対する犯罪ではなく、主殺し、親殺しという、江戸時代の逆罪だった。

一方、新政府は、成立後早くから部内で刑法の原案を作成し、これに修正を施しながら、各府県、各藩の伺いに対して、その準則とすることを始めていた。これが仮律、あるいは仮刑律と称される、新政府最初の刑法典である。この仮刑律は明律、清律の系譜下の刑法で、八虐の第一、第二に謀反、謀大逆を掲げ、賊盗には謀反大逆の条をおいた。謀大逆や大逆は、明律、清律と同じく、君主たる天皇に対する犯罪である。もっとも、仮刑律は部内の準則に止まり、一般にしられることがなかった。大槻文彦の『言海』が、広く慣用されてきた逆罪の概念を以て大逆の語釈としたのは、ごく自然なことである。

二

広くしられるように、大宝律令は全巻散逸した。養老律令は、令が『令義解』や『令集解』の形で残っているが、律は散逸して一部しか残っていない。もっとも、早くから逸文の収集が行われてきたため、現在では養老律の三分の一程度がわかっている。この養老律を開くと、まず目録があり、次に笞杖徒流死の五罪が続き、さらに八虐が続いている。八虐の第一、第二の罪名、および注は、次のようである。

一曰。謀　反。謂。謀危國家。
二曰。謀大逆。謂。謀毀山陵及宮闕(3)。

古くから明法家は漢音より呉音を多用した。謀の字の呉音はム、反の字の呉音はヘンか、ホンで、謀反の読みはムヘン、またはムホンである。通常これをムヘンとよみ、八虐第三の謀叛をムホンとよんで区別した。謀反の注は、國家を危うくせんと謀るをいうとよむ。國家の國の字は国の正字で、國は四方に城壁を巡らした古代中国の都邑をいう。国家というのは皇帝の別称である(4)。ここでは、天皇をさしている。

危うくするは、直接天皇の生命や身体に危害を加える、あるいは廃位する場合と、王朝そのものを顚覆させる場合の二者を含む。すなわち「反」という字は、殺害・廃位という天皇その人に対する罪と、反乱・兵乱という天皇の位に対する罪の二者を含んでいる。君主と王朝が判然と区別されていないのである。そして反の陰謀や反の予備が、謀反である。

謀大逆の大の字は漢音がタイ、呉音がダイ、逆の字は漢音がゲキ、呉音がギャクで、謀大逆はムダイギャクとよむ。注は、山陵および宮闕を毀たんと謀るをいうとよむ。山陵は歴代天皇の御陵、宮闕は現在の皇居をさしている。毀つは破壊することであり、これは、歴代天皇の権威の象徴たる築造物、建造物を破壊しようとする罪である。

三

大宝律も、養老律と同じく、冒頭に八虐の条をおいたらしい。二律の八虐の母法が古代中国の律の十悪であることも、広くしられている。七世紀に成立した『隋書』や一〇世紀に成立した『旧唐書』の各刑法志は、六世紀初めの南梁律を先駆として、六世紀中期の北斉律が一〇箇条の重罪を掲げたことや、六世紀後期の隋律が北斉律に倣い、謀反、謀大逆、謀叛、悪逆、不道、大不敬、不孝、不睦、不義、内乱の十悪の条をおいたことや、さらに七、八世紀に何度も編纂された唐律が隋律の十悪の条を踏襲したことを記している。(5) これらはいずれも、支配秩序を脅かす重罪犯罪を選んで、各律の冒頭に大書したものである。

唐律は、官撰注釈書たる『唐律疏議』の形で残っている。官撰注釈書として著名なものに、六五三年の永徽律の「律疏」や七三七年の開元律の「律疏」がある。古くから珍重され参照されてきた『唐律疏議』は、開元律疏だという見方が通説である。この『唐律疏議』により唐律十悪の第一、第二、第三、第一〇の罪名、および注を掲げると、次のようである。

一曰。謀　反。謂謀危社稷。
二曰。謀大逆。謂謀毀宗廟山陵及宮闕。
三曰。謀　叛。謂謀背國従偽。

十曰。内　乱。謂姦小功以上親。父祖妾。及與和者。(6)

古代中国において、君主が壇を築いて祀った土地の神を社といい、五穀の神を稷という。歴代王朝は、宮殿を背にして右に「社稷」二神、左に君主の先祖の霊を祭る「宗廟」をおき、王朝の守り神とした。このように君主と社稷は関係が深いことから、転じて、社稷とは君主のことをいう。十悪第一の注、社稷を危うくせんと謀るというのは、謀反は不祥の条だから皇帝という尊号をさすのを憚ったのである。古代日本が十悪を八虐として継受するさい、この社稷や十悪第二の注の中の宗廟は実物がないため、一方で宗廟を削り、他方で社稷を皇帝の別称たる国家におきかえたのである。

十悪第三は、第一の謀反と紛らわしい謀叛で、この注は、国に背き偽に従わんと謀るである。反の字も叛の字も、ソムクとよむ。この「叛」の字は分ける、分れるの意味をもつ半と、反の合字で、本来の意味は離反するである。すなわち、謀叛は、正統なる現王朝に背き、偽王朝に奔ることをいう。古代日本は八虐第三として、謀叛の罪名も注もそのまま継受した。

さて、近代日本の刑法が大逆罪と並んで重視する内乱罪の「内乱」という名称は、右の十悪末尾の内乱に由来する。内乱の注は、小功以上親、父祖の妾を姦し、および與（とも）に和する者をいうとよむ。小功は、親族の親疎の順に斬衰、斉衰、大功、小功、緦麻という、中国の五服の一つである。五服は各等級で喪服と服喪期間が異なり、喪服の名称を以て等級の名称とした。天保年間、熊本藩が作成した『清律例彙纂』は、この小功以上の親に「アニヨメ、ヲト、ヨメノルイ」と読みをふした。(7)父や祖父の妾も、子や孫と年齢が近い場合、同じく家内紊乱の原因になりやすかったことだろう。

大宝、養老の二律が唐律の十悪を八虐として継受するさい、十悪中、不睦、内乱の二つを削ったことも、広くしられている。不睦の禁じる近親売買、内乱の禁じる近親相姦は、どちらも古代日本の禁じるところでなかったから、不睦中の多くを八虐第五の不道、内乱中の「父祖の妾を姦する」を八虐第七の不孝に加えて、二つを削除したのである。

四

十悪も八虐も、最初の三つは、謀反、謀大逆、謀叛というのが罪名である。唐律も養老律も、注を以て各構成要件を定め、賊盗律の中に刑罰を定める条文をおいた。二律とも、賊盗律の第一条が謀反大逆条、第四条が謀叛条である。これに対して、第四の悪逆以下、唐律なら第一〇内乱、養老律なら第八不義までは、それぞれ数個の罪を一つに括って、総称をふしたものである。悪逆以下は、それぞれ個々の罪について、各律の中に構成要件と刑罰を定める条文をおいた。ここでは唐律、養老律の謀反大逆条により、謀反、大逆、謀大逆の各刑罰を、枝葉を略して掲げよう。子は男子、女は女子のことである。

○唐律謀反大逆条

謀反、および大逆は、全員を斬に処する。

縁坐として、父、子一六歳以上は絞に処し、子一五歳以下、母、女、妻妾、祖孫、兄弟、姉妹、子の妻妾は官の奴婢とし、部曲、資財、田宅は官に没収する。伯叔父、兄弟の子は流三千里に配する。

謀大逆は、首を絞に処する(8)。

○養老律謀反大逆条

謀反、および大逆は、全員を斬に処する。
縁坐として、父子は官の奴（婢）とし、家人、資財、田宅は官に没収する。祖孫、兄弟は遠流に配する。
謀大逆は首を絞に処し、大社を毀たんと謀るは徒一年、毀てば遠流に配する。(9)

養老律が唐律に比べ縁坐する親族の範囲を狭くし、刑罰を軽くしたことや、唐律に何ら規定のない、伊勢神宮をさすらしい大社について「謀毀大社者徒一年、毀者遠流」を加えたことは、一目みてわかる。これを棚上げにすると、どちらの謀反大逆条も、謀反、および大逆は全員を斬に処し、謀大逆は首のみを絞、従を一等減の流に処するという科刑の大本は、同じである。

ところが、時代が降ると、近世中国は、明律、清律どちらも、十悪第一、第二の罪名、および注の内容を維持しながら、賊盗門中、謀反大逆条の内容を大きく変更した。すなわち、謀反大逆の四字を以て一つの罪名を新設し、謀反・謀大逆の科刑上の区別をなくしてしまったのである。なお、凌遅処死というのは、身体を切り刻んで死に至らせる残酷な刑罰である。

○明律謀反大逆条、清律謀反大逆条
謀反大逆は、共謀者の首従を分たず、全員を凌遅処死に処する。
縁坐として、祖父、父、子孫、兄弟、同居の人、伯叔父、兄弟の子、一六歳以上は斬に処し、一五歳以下、母、女、妻妾、姉妹、子の妻妾は功臣の家に給付し奴婢とする。財産は官に没収する。(10)

明律や清律が謀反・謀大逆の科刑上の区別をなくした事情は、はっきりしない。十悪第一、第二に唐律と同じ罪名、同じ注を掲げながら、賊盗門において唐律と異なり「反」と「大逆」を同列に扱う以上、一方は皇帝への加害や王朝の顚覆を意味し、他方は歴代皇帝の権威の象徴たる築造物、建造物の破壊を意味するなどと、軽重の差異を保存していたとは考えにくい。おそらく、明律や清律においては、唐律時代の謀反、謀大逆という言葉の意味は、違ったものになっていたに違いない。ちなみに、一見してわかるように、後代二律は、この謀反大逆条において、縁坐として死に処する親族の範囲を著しく拡大した。

広くしられるように、明律と清律は、大きな差異がない。なぜなら、一七世紀、清律が、一四世紀末に完成をみた明律の内容を、ほぼ踏襲したためである。清律の版本には、各本条の末尾に注釈を伴うものがある。これを総註と称する。十悪条において、謀反の末尾に「社稷者、天下之辞」と注し、同じく謀大逆の末尾に「宗廟山陵者、先君之辞。宮闕者、一人之辞」と注するのが、それである。すなわち、総註は、社稷を王朝、ないしは国家をさす言葉、宗廟、山陵を先代皇帝をさす言葉、宮闕を当代皇帝をさす言葉だとみたのである。明律の版本にも同じ総註を伴うものがあるのか、荻生徂徠は、明律の謀反大逆条について、次のように記している。[11]

謀反と云は、注に「謂謀危社稷」と云へり。社稷とは、国家と云ことなり。国家をくつがへさんとたくむを謀反とは云なり。大逆とは、注に「謂謀毀宗廟山陵及宮闕」と云へり。宗廟とは、天子の御先祖を祭るやしろなり。山陵とは、天子の御先祖のみささぎなり。宮闕とは、天子の御坐処、即禁中なり。是は謀反と替なし。天下をくつがへさんとするものは、宗廟・山陵・宮闕に遠慮はなきことなれども、謀反と云ときは全体を以て言ひ、大逆と云ときは天子の御身へかかりて云たるものなり。謀反と云は専ら他姓の人の上のことにて、大逆と云ときは天子の宗族の内にもあることなり。故に謀反と大逆とを二つにわけたるなり。[12]

今一度記すと、唐律は、謀反を皇帝の生命や身体に危害を加える、あるいは廃位する場合と、王朝そのものを顚覆させる場合の二者を含む罪として把握し、他方、謀大逆を歴代皇帝の権威の象徴たる築造物、建造物を破壊する罪として把握していた。ところが、時代が降ると、明律や清律はこの解釈を変更し、謀反を王朝、ないしは国家を攻撃する罪、謀大逆、あるいは大逆を皇帝を攻撃する罪だと把握したのである。ここに大逆は、唐律時代と異なる、大きな意味を付与されて登場したといってよい。徂徠をはじめ、明律、清律の研究に励んだ近世日本の知識人が、この大逆の概念を受容したのは、ごく自然な話である。

五

ここで繰り返すと、古代日本においては、謀反の「反」の字は、天皇に対する加害と王朝に対する攻撃の二者を含んでいた。いわば、君主と王朝は分離していなかった。養老律の謀反大逆条は、反の陰謀（や予備）の段階で、すなわち、謀反の段階で関与者全員を斬に処すると定めた。反の未遂も、既遂も、無論、全員を斬に処するのである。もっとも、反が王朝に対する攻撃の場合、反が成功し王朝の顚覆、滅亡を招いたら、刑罰権の行使は不可能になる。そのためにも、反は、早期に関与者全員を捕縛し、抹殺して、敵対者や反対勢力の芽をつむのである。

八世紀、養老律（や令）の編纂と同じ頃成立した『日本書紀』は、崇神天皇一〇年の件りに、次のような記事をのせている。すなわち、先々代の天皇の皇子、武埴安彦と、婦の吾田媛に「謀反」の予兆があり、天皇が将兵を以て警戒を怠らずにいる中、二人は「謀反逆、興師」大和盆地の東南に位置する磯城瑞籬宮へと、武埴安彦は北方山背より、吾田媛は西方大坂より攻めいった。そこで二方面に迎撃した将兵が、武埴安彦、吾田媛の二人を殺し率いる軍兵を斬ったというのである。[13] 後者は反逆を謀って師（いくさ）を興しとよみ、謀反逆を前者の謀反と同じ意味に使用している。ここで謀反は正しく天皇に対する攻撃を示している。

一方、同じ『日本書紀』は、雄略天皇七年の件りに、次のような記事をのせている。すなわち、任那における吉備田狭の乱のさい、新羅征討のため百済に入った田狭の子、弟君が田狭と通じ本国に背こうとしたとき、弟君の婦、樟媛が夫の「謀叛」を憎んで、秘かに弟君を殺害したというのである。(14) この謀叛は、十悪第三、八虐第三の謀叛と同じ使い方である。ここで謀叛は本国からの離反を示している。

八世紀末、六国史二番目の『続日本紀』が成立した。この『続日本紀』は、宝亀三年、光仁天皇の皇后、井上内親王を巫蠱（ふこ）による「謀反」の罪で廃し、これに縁坐する形でその子、他戸皇太子を廃したという記事をのせ、廃太子の宣命の中で、皇后の「魘魅（えんみ）大逆」が繰り返されたこと、および皇太子の位に「謀反大逆人」の子をおいておけないことを記している。(15)

巫蠱も魘魅も、一般に、呪いにより人を呪詛することをいう。後者は、養老律を開くと、賊盗律の中に厭魅条として規定がある。すなわち、図形や人形を造って呪詛する行為を罰する規定である。このとき井上皇后は光仁天皇の身体に加害することを企てたのだから、本来魘魅謀反と記すべきところである。あるいは、概念の混乱があるのか、大逆を謀反と同じ意味に使用している。

このように『日本書紀』や『続日本紀』を一瞥すると、古代日本において歴史書の編纂者が法的概念たる謀反と謀叛を区別しようとしたことがわかる。反と叛、謀反と謀叛は混用されやすいにしても、一応区別は存在したのである。これに対して、謀反と大逆は、右のように、混用されることがあった。早くも『日本書紀』履中天皇元年の記事の中に、天皇が阿曇浜子にむかい、汝は住吉仲皇子と「共謀逆、将傾国家」とのべた、という記事がある。(16) これは、共に逆らうことを謀って国家（天皇）を傾けんとすとよみ、ここでは、編纂者が逆の字を反の字と同じ意味に使用している。後代の解釈変更とは別に、謀反と大逆の混用はさけられなかった。(17)

六

古代末期、一二世紀の『今昔物語集』は、昔、天竺のある国の国王が父に加え、母を殺そうとしたとき、大臣が国王は何を思って「かかる大逆罪をば造り給ぞ」と諌めた、という話をのせている。[18] 中世初期、おそらく一三世紀に原型が成立し、近世初期に古活字本として流布した『保元物語』は、源義朝が父にして敗軍の将、源爲義を、重き勅命によりやむなく家人に斬らせる場面を「若忠を面にして父をころさんは、不孝の大逆、不義の至極也」と記している。[19] 一四世紀に成立し、近世初期に古活字本として流布した『太平記』も、昔、天竺の別の国において、伝奏の聞き誤りから典獄の官が一朝の国師と仰がれる高僧の首を刎ねたため、国王が逆鱗し「罪、大逆に同じ」といって伝奏を三族の罪に処した、という話をのせている。[20] この三例の大逆、すなわち、説話集や軍記物語の中の大逆が、法的概念たる大逆と同じ意味なのかどうか、はっきりしない。

天竺のある国の大臣は諌言の中で、この大逆罪を「悪逆」と換言している。古活字本の『保元物語』は、別の場面で源義朝をして「綸言かくのごとし。是によて判官殿を討奉らば、五逆罪の其一を犯すべし」と吐露させている。[21] 中世後期の写本らしい金刀比羅宮蔵本の『保元物語』が、やはり「綸言おもくして父の頸をきらば、五逆罪の其一を犯すべし」と記しているのも、全く同工である。[22] とすると、この五逆罪から見当がつくように、天竺のある国の大臣のいう大逆罪も、天竺の別の国の国王のいう大逆も、法的な概念ではない。どちらも、単に仏教用語の五逆罪の一つをいうのである。

仏教における五逆、ないしは五逆罪は、①父を殺す、②母を殺す、③聖者を殺す、④仏身を傷つける、⑤教団の和合を破り分裂させる、五つの行為をいう。[23] 五逆の見方からすると、天竺のある国の国王の行為は②、源義朝の行為は①、天竺の別の国の伝奏の行為は③にあたる。説話集や軍記物語の中の大逆や大逆罪は、古くから慣用されてきた仏教用語としての「五逆」が混用されたものである。

九世紀に成立した『日本霊異記』は、最古の仏教説話集として著名である。この中に「僧の物を盗む者は、罪五逆に過ぐ云々」という記述がある。[24] これはなぜか、五つのどれにもあたらない。とはいえ、八世紀半ばの養老律（や令）の施行から僅か六、七〇年、早くも『日本霊異記』が法律用語の大逆と紛らわしい五逆を、一般社会に登場させた。しかし、一見して明らかなように、この中には後世の逆罪の「主殺し」がない。仏教思想が庶民の生活の中に深く入っていく、何百年という歳月の経過の中で、あるいは、法律用語の大逆と、仏教用語の五逆が互いに絡みあって、江戸時代の逆罪の概念を構成したのかもしれない。

七

唐律十悪の最後が内乱である。唐律継受の頃成立した『日本書紀』は、允恭天皇二四年の件りに、次のような記事をのせている。すなわち、この年の夏、天皇の御膳の羹汁が凍る異変があり、卜者が「有内乱。蓋親々相奸乎」と占ったことから、皇太子の木梨軽皇子と同母妹の軽大娘皇女の密通が露見したが、皇太子を罰することができず、皇女を伊予に流したというのである。[25] この記事は内乱あり、けだし親々あい奸するかとよみ、歴史書の編纂者が内乱を本来の意味で使用したものである。この「親々」はハラカラドチとよみ、ここでは同母の兄妹をいう。編纂者は、皇太子の優れた容姿と皇女の美貌を特記している。

大宝、養老の二律は十悪を継受するさい、内乱を削った。これは血統を重視する古代日本の支配者層が、皇室をはじめ、有力な各氏族の中で近親婚を繰り返していたためである。例えば、敏達天皇、推古天皇の夫妻は異母兄妹、聖徳太子の父母たる用明天皇、妃の穴穂部間人皇女も異母兄妹である。舒明天皇、皇極天皇の夫妻は伯父と姪、天武天皇、持統天皇の夫妻も同じく叔父と姪である。天智天皇は、同母妹で孝徳天皇の皇后、間人皇女と通じたらしく即位が遅れた。他方、藤原氏をみても、京家の藤原麻呂は、父の不比等が異母妹で天武天皇夫人の五百重娘と通じて作った子だという。中国とは家族制度が違い、服喪慣習が異なる上に、支配者層に近親結婚が行われる古代日本において、近親間の事実婚を刑罰を以て禁止する内乱が律令編纂の早期に削られたのは、ごく自然なことである。

このようにして唐律十悪の内乱は、古代日本に入るのを阻まれた。しかし、この『日本書紀』を通読していると、時代が降るが、内乱という言葉に出会う。崇峻天皇五年、蘇我馬子は、刺客をして天皇を殺させると、任那奪回のため筑紫に派遣していた軍勢の将軍らに、早馬を以て「依於内乱、莫怠外事」と伝えた[26]。この記事は内乱によって、外事を怠るなかれとよむ。これは無論、十悪の内乱をいうのではない。

その後、数世紀をへると、浩瀚な『今昔物語集』の中には、内乱という言葉はみあたらない。古代末期の辞書として有名な、橘忠兼編『色葉字類抄』の那篇の畳字（熟語）の中にも、また、中世初期の増補版たる『伊呂波字類抄』の奈篇の畳字の中にも、内乱はない[27]。法律用語としても、外事、外患に対するものとしても、ないのである。影を潜めてしまった。

広くしられるように、近世初期、長崎でイエズス会の神父らが刊行した『日葡辞書』は、神父らが布教用語を習得するため、中世末期の京都の言葉を採取し、それぞれポルトガル語で短い説明を加えたものである。この中には、タイラン（大乱）やヒョウラン（兵乱）に並び、ナイランがある。今日の翻訳者は、前二者に大乱、兵乱の漢字をあて、後者には内乱の漢字をあてている。しかし、慶長年間、この辞書を編纂した神父らは、ナイランは馬の咳の病気で、同病を意味する内羅や内羅苦よりさらに激しく苦しみを伴うものだという[28]。とすると、これは、前代において一度その姿を見失った、十悪の内乱でも、外事、外患に対する内乱でもない。

少し時代が降り、近世後期、曲亭馬琴が文化年間刊行した『椿説弓張月』の中には、曚雲国師の幻術が生んだ美女海棠が南風原の城の楼上で、大臣利勇にむかい「もし大里を攻るときは、東風平より来り救ひ、東風平弱くは、大里より来り援ん。内乱既に起りて、矇雲その虚に乗らば、遂に両ながら防ぐに術なかるべし」と指摘する話が登場する。(29) これは、大里には源為朝、東風平には陶松壽がいて利勇を狙っている。ここで利勇が二人に兵をさしむけて内乱になれば、琉球王尚寧を弑した首里の矇雲が攻撃してくるという話である。馬琴の描写する内乱は、一〇〇〇年前の『日本書紀』の記す、崇峻天皇の急死と同じ発想である。

内乱という言葉が近代日本の法律書に登場するのは、明治三年刊行『官版仏蘭西法律書、刑法』を以て嚆矢とする。翻訳者は箕作麟祥である。箕作は、フランス刑法第九一条第一項を「臣民ヲシテ互ニ兵器ヲ弄セシメ及ヒ兵器ヲ弄セシメントシテ内乱ヲ起サントナシ又ハ一箇ノ『コムミューン』及ヒ数箇ノ『コムミューン』等ニ於テ乱妨、乱殺、掠奪等ヲ為ス等ノ事ヲ目的ト為シタル暴行ハ死刑ヲ以テ罰ス可シ」と訳している。(30) この訳文は何をいうのか、どう繋がるのかわかりにくい。なお、内乱の原語はゲール、シヴィルだから、内乱より内戦と訳する方がよい。暴行の原語はアタンタ（侵害）である。

（1）大槻文彦編『言海』ちくま学芸文庫版（筑摩書房、二〇〇四年）七二五頁、八七九頁。
（2）内閣記録局編『法規分類大全』刑法門①（原書房、一九八〇年）一四頁。
（3）新訂増補国史大系『律』新装版（吉川弘文館、二〇〇〇年）二頁。
（4）東洋史家の岡田英弘氏は、国家という言葉は二世紀後漢時代の文献に現れ、宮廷用語として「皇帝個人を指す、口語的な言い方だった」と指摘する。弓立社、二〇〇一年発行の『歴史の読み方』四二頁。もっとも、一般書のせいか、何一つ典拠を示していない。

(5) 内田智雄編『訳注続中国歴代刑法志』補訂版（創文社、二〇〇五年）二七頁、六一頁、八八頁、一四四頁。
(6) 律令研究会編『訳註日本律令』第二巻・律本文篇上巻（東京堂出版、一九七五年）四三〜四四頁、五二頁。本書は、上段に唐律、下段に養老律を配置し、対照させている。
(7) 律令研究会・島田正郎編『熊本藩訓訳本、清律例彙纂』第一巻（汲古書院、一九八一年）一九八頁。
(8) 律令研究会編『訳註日本律令』第七巻・唐律疏議訳註篇③（東京堂出版、一九八七年）五九〜六一頁。謀反大逆条の人身の没官は、正確には官戸とする。部曲は、官の官戸に対応する、私家の賤民のことである。
(9) 前掲『律』五五〜五六頁。この条の人身の没官も、官戸である。
(10) 謀反大逆条は、明律、清律、ほぼ同文である。さしあたり、荻生徂徠著、内田智雄ら校訂『律例対照、定本明律国字解』（創文社、一九六六年）三六一〜三六二頁、島田編・前掲『清律例彙纂』第三巻（汲古書院、一九八一年）三〇七〜三〇九頁。
(11) 島田・前掲『清律例彙纂』第一巻一九五頁。この点、律令研究会編『訳註日本律令』第五巻・唐律疏議訳註篇①（東京堂出版、一九七九年）三五頁、法制史家、滋賀秀三氏の説明参照。なお、総註については、滋賀秀三『中国法制史論集』（創文社、二〇〇三年）二九一〜二九二頁。
(12) 荻生・前掲『明律国字解』三六二頁。
(13) 日本古典文学大系『日本書紀』上巻（岩波書店、一九六七年）二四四〜二四七頁。崇神天皇は記紀第一〇代天皇。山背の山は奈良山、大坂は二上山北側の穴虫越。
(14) 前掲『日本書紀』上巻四七四〜四七七頁。
(15) 新日本古典文学大系『続日本紀』第四巻（岩波書店、一九九五年）三七二〜三七三頁、三八二〜三八三頁。
(16) 前掲『日本書紀』上巻四二四〜四二五頁。
(17) 古代史家の石上英一氏は、奈良時代、ないしは『続日本紀』編纂の頃、逆や大逆が反と同義で使用される慣行があったと指摘する。前掲『続日本紀』第四巻五六八頁。
(18) 新日本古典文学大系『今昔物語集』第一巻（岩波書店、一九九九年）二六九〜二七〇頁。

(19) 日本古典文学大系『保元物語・平治物語』(岩波書店、一九六一年) 三八〇頁。
(20) 日本古典文学大系『太平記』第一巻 (岩波書店、一九六〇年) 六五~六六頁。三族の罪とは何か、明らかでない。
(21) 前掲『保元物語・平治物語』三七八頁。
(22) 前掲『保元物語・平治物語』一四三頁。
(23) 中村元『広説仏教語大辞典』縮刷版 (東京書籍、二〇一〇年) 四五九~四六〇頁。五逆は、インドでは母、父の順。中国や日本では父、母の順。
(24) 日本古典文学大系『日本霊異記』(岩波書店、一九六七年) 二〇四~二〇五頁。
(25) 前掲『日本書紀』上巻四四八~四四九頁。
(26) 日本古典文学大系『日本書紀』下巻 (岩波書店、一九六五年) 一七〇~一七一頁。下巻の発行が上巻より先。
(27) 前田育徳会尊経閣文庫編『色葉字類抄』二巻本 (八木書店、二〇〇〇年) 二二〇頁、正宗敦夫編『伊呂波字類抄』第五巻 (現代思潮社・日本古典全集復刻版、一九七八年) 奈篇二一葉表~二二葉裏。
(28) 土井忠生、森田武、長南実編『邦訳日葡辞書』(岩波書店、一九八〇年) 四四四頁。なお、ヒョウランの読みは、森田武編『邦訳日葡辞書索引』(岩波書店、一九八九年) 二一一頁。
(29) 日本古典文学大系『椿説弓張月』下巻 (岩波書店、一九六二年) 二一六~二一七頁。
(30) 箕作麟祥訳『官版仏蘭西法律書、刑法』第二冊 (大学南校、一八七〇年) 八葉表。本書はシトワイアン (市民) もしくはアビタン (住民) を、単に臣民と訳している。

一　古代日本の謀反、謀叛

はじめに――国家とは何か

古代日本の政治犯罪の筆頭は、謀反である。これに続くのが、謀大逆、謀叛である。このうち、謀大逆という言葉は見慣れないが、謀の字を外せば、通常見聞きする大逆である。もっとも、謀反、大逆、謀叛は誰もが何となくしっている言葉ながら、正しい読み、正しい意味となると、法律家や法学者を自任する人もおそらく自信がない。これは、法制史家に尋ねるしか、回答をえられない。

まず、現在学術的に一番信頼できる小学館の国語辞典を手にとり、ムヘンの読みで言葉をひくと、次の語釈がある。この辞典は、同じ漢字で読みが異なる見出し語ものせている。

むへん【謀反】
　律に規定する八虐の第一番目の重罪。天皇を殺害し、国家を顚覆しようとする罪。君主に対する殺人予備罪。犯人は斬刑に処される。ぼうへん。＊律（七一八）賊盗「凡謀反及大逆者、皆斬[1]」

ぼうへん【謀反】

律における八虐の筆頭。天皇を害しようと謀ること。この罪を犯した者は斬。その父子は没官。祖・孫・兄弟は遠流にされ、家人・資財・田宅は没収され、最も重い犯罪とされた。むへん。〔律（七一八）〕[2]

古くから明法家は漢音より呉音を多用したから、果して「ぼうへん」の読みが行われたかどうか明らかでないし、執筆者がそれぞれ別人なのか、二つの語釈の内容にズレがある。律のいう謀反は、本来、天皇の生命や身体に危害を加える場合と王朝を顛覆させる場合の二者を含む。そのため、どちらの語釈も適切といえないが、前者のように「君主に対する殺人予備罪」といっては、極めて不適切である。なぜなら、謀の字の意味は、二人以上の陰謀である。謀反は「反」を謀る陰謀罪の段階で関与者を一人残らず極刑に処し、それ以上予備罪も未遂罪も何ら論じる必要がない。例外として一人で君主を害しようとし外部にそれが明白な場合に限って[3]、二人以上の謀と同じく、謀反が成立する。すなわち、殺人予備罪という語釈[4]は、ごく例外的な場合を説明するにすぎないのである。

次に八虐第二、第三のムダイギャク、ムホンの読みで言葉をひくと、ムホンはあるが、ムダイギャクの見出し語がみあたらない。同じ国語辞典は、八虐第二を別の読みでのせている。

ぼうたいぎゃく【謀大逆】

律に規定する八虐の一つ。山陵および宮殿の破壊をはかる罪。謀反（ぼうへん）に次ぐ罪で、謀反と同じ刑罰が科される。〔律（七一八）〕[5]

むほん【謀叛・謀反】

㈠国家・朝廷、また君主にそむいて兵をおこすこと。時の為政者に対して反逆すること。律の八虐の規定では、謀反（むへん）謀大逆（ぼうたいぎゃく）に次いで、第三番目の重罪とされる。亡命、敵前逃亡、投降などを謀る罪。それを企てた者は絞刑に、実行すれば斬刑に処される。＊律（七一八）名例「三曰、謀叛。〈謂、謀背国従偽〉」＊太平記（14Ｃ後）一「君の御謀叛、次第に隠れ無りければ」(6)

㈡、㈢　略

ここでも、果して「ぼうたいぎゃく」の読みが行われたかどうか明らかでない。また、謀大逆は「謀反と同じ刑罰が科される」というが、これも疑わしい。右の「むへん」の末尾「凡謀反及大逆者、皆斬」が、二者の科刑が異なることを明記しているではないか。この律文は、反の陰謀や予備、および大逆の実行は悉く斬に処すると規定する。すなわち、実行に至らない謀大逆は、首犯を絞に処し、他は一等を減じるのである。

さらに、この辞典が見出し語として「むほん」を採用しながら、これに謀叛、謀反の二つの漢字をあて、二者の語釈を併記しては、読者に正しい語釈を提供することにならない。謀叛をあてるムホンは、後段「律の八虐の規定」以下の説明が語釈である。一方、前段の「国家・朝廷、また君主にそむいて兵をおこすこと」という説明は、挙兵者の目的次第で、八虐第一の謀反にも、第三の謀叛にもあたる曖昧な語釈である。およそ平安後期以後は謀反も謀叛も「むほん」とよんで混用されたが、語釈の前段と後段で論じる時代が違うなら、時代が違うことを明示しないと、正確な語釈といえない。今一つ、同じく前段の「時の為政者に対して反逆すること」というのも中世日本の話である。時の為政者に対して、という語釈は、おそらく承久の乱以後のことだろう。用例として掲げる「君の御謀叛」は、律の知識からすると奇語である。

さて、前置きはこの程度にして、次に本章の扱う謀反、謀叛の二つについて、まず、国史大系本により、律文を引用しよう。次のようである。

一曰。謀　反。謂。謀危國家。
三曰。謀　叛。謂。謀背圀従偽。[7]

國家の國の字は無論、国の正字、圀に背くの圀の字は國の則天文字である。国史大系本の名例律は、内閣文庫所蔵の紅葉山文庫本を底本とするという。紅葉山文庫本は、江戸中期、金沢文庫本を写したものという。とすると、あるいは、古くから國家と背圀の国の字は字体が違ったのかもしれない。字体の違いはともかく、八虐第三の国と、国に家の字をくみあわせる八虐第一の国家は、何か意味の違いがあったのか。

國の字は、四方の境を示す囗（クニ）と、戈、口、一（一は土地を表す）の合字たる或（四境を戈を以て守る土地。或もクニ）の合字である。[8]家の字は、宀（屋根のあるイエ）と豕（ブタやイノコ）の合字で、本来の意味は豕小屋ながら、豢（家畜の）豕の多産から転じて、人の集まるイエをいうとする説、[9]ブタなどの生贄を供える屋内の神聖な場所のさまから、そこを中心とするイエの意味を表すとする説、[10]などがある。

国の字や、家の字の意味は、およそ右のようである。すなわち、国は、四方に城壁を巡らした古代中国の都邑を想像すればよい。それなら次に、国に家をくみあわせる国家がクニと異なる意味をもったかどうか、が重要である。古代史家の青木和夫氏は、謀反条の国家について「唐律では社稷。社稷も国家も直接に皇帝・天皇などの尊号を指称するのを憚ったもの」と指摘する。[11]謀反は不祥の条だから、唐律が皇帝に替えて社稷を記すのは一理ある。しかし、養老律が天皇に替えて国家を記すのはどのような事情なのか。青木氏はこの国家とは何か、何を意味するのかを説明しない。なぜ注が「謀危國」でなく「謀危國家」なのか。

この点を、中国・モンゴル史家の岡田英弘氏が明解に説明して、国家という言葉は「紀元二世紀の後漢の時代の漢文文献に現れるが、その時代の宮廷の用語では『国家』は皇帝個人を指す、口語的な言い方だった」と指摘する。さらに、国の字は「城壁をめぐらした都市」を意味し、日本語の国家を意味しない。国家は、前漢時代の皇帝の別称たる「県官」を後漢になっていいかえたもので、どちらも「都市の主人」を意味するという[12]。

七世紀、唐の太宗の下で編纂された『晋書』の中に、蘇峻の乱を鎮定した東晋の武将、陶侃が「國家年小不出胸懐」とのべる件りがある[13]。これは、五歳で即位した成帝が思いを口にださない。もし詔がでても、成帝の意思を示すものでない、というのである。この国家は正しく皇帝その人をさしている。すなわち、正史が、国家とは皇帝の別称だったことを裏書きしている。

七一八年養老律（や令）が成立し、二年後に『日本書紀』が成立した。続く『続日本紀』の成立は八世紀末である。この『日本書紀』は、履中天皇が阿曇浜子にむかい、汝は（天皇同母弟の）住吉仲皇子と「共謀逆、将傾国家」とのべた、という記事を掲載する[14]。国家を傾けんとすという国家は、天皇をさしている。さらに『続日本紀』は、下級官人が長屋王を「私学左道、欲傾国家」と密告した、という記事を掲載している[15]。これは、長屋王が私かに左道を学んで国家を傾けんとすとよみ、この国家も無論、天皇をさしている。古代日本の正史も、中国に倣い、国家を天皇の別称として使ったのである。

律令の編纂や正史の編纂に、渡唐経験者や、唐からの渡来人、渡来系氏族の人が何人も参加したことは、広くしられている。大宝、養老の律令も、正史たる『日本書紀』や『続日本紀』も、唐律や中国の正史に倣って漢文を以て記すのだから、これはごく自然な話である。律の編纂者が謀反条の社稷を削除し、これを皇帝の別称たる国家におきかえて記したのも、思えば安易なやり方である。

一　八虐の謀反、謀叛

大宝律は大宝元年（七〇一年）令と一緒に成立し、翌二年施行された。正確には、令は大宝元年、律に先立ち施行されたらしい。養老律は養老二年（七一八年）これも令と一緒に成立したが、施行はずっと遅く、天平勝宝九年（七五七年）のことである。どちらも、古代日本における強大な王権の確立過程で、専ら唐律に倣って編纂されたものである。

養老律は、冒頭八虐の条をおいた。大宝律も、同様だったらしい。これは、唐律の十悪と同じく、支配秩序を脅かす重大犯罪を選んで大書したものである。この点『唐律疏議』は、次のように記している。

○疏　五刑に当る犯罪のうちで、十悪が最もひどい罪である。それは、善良な風俗を破壊し、栄誉を台なしにする性質の罪である。特に最初に書きだして、はっきりと誡める。ところでその数は、甚だ悪しき行為を類別すると丁度十になる。故に十悪という。（中略）開皇年間、隋朝の制度が定められた折に、始めてこの規定がおかれたのであり、その時、以前の諸王朝の制度を斟酌して、特に悪しき行為十を数え上げたのである。大業年間の改革でまた改定削除が行われ、十条のうち八条だけが残された。唐は武徳以来、開皇の制度を踏襲し、改正を加えていない。[16]

五刑は、笞杖徒流死の五つの刑をいう。武徳は唐朝を建てた高祖の年号で、高祖は武徳七年（六二四年）隋の開皇律に倣い武徳律を編纂した。古代日本は、隋律や唐律のやり方を模倣して律の冒頭に八虐をおいた。十悪のうち不睦、内乱の二つを削ったが、八虐第一の謀反、第三の謀叛は、罪名はそのまま受容し、注もほぼそのまま受容した。

具体的には、①謀反の注は、唐律の「謂謀危社稷」中、社稷を國家に直して「謂謀危國家」とし、③謀叛の注は、唐律の「謂謀背國從偽」中、則天文字を一字含んで「謂謀背圀従偽」としたのである[17]。前者は、社稷の実物が古代日本に存在しなかったためである。後者は、養老律の編纂者が永徽「律疏」を参照しながら、筆写の過程で、永徽より後、則天武后が定めた文字を混用したものである。

さらに、編纂者は、謀反についても、謀叛についても、永徽の「律疏」中、必要な疏（律の注釈）を各本条の末尾にふした。これを、ここでは正字を保存せず、常用漢字に直して掲げる。

○謀反。謂謀危国家。

疏　臣下将図逆節。而有無君之心。不敢指斥尊号。故託云国家。

読み下し——臣下まさに逆節（反逆）を図らんとし、君を無ろ（ないがしろ）にするの心あり。あえて尊号を指斥（さししめす）せず、ゆえに託して国家という。

○謀叛。謂謀背国従偽。

疏　有人謀背本朝。将投蕃国。或欲翻城従偽。或欲以地外奔。

読み下し――人あり本朝（現王朝）に背かんと謀り、蕃国（異族の国）に投ぜんとす。あるいは城（都市）を翻して偽（偽王朝）に従わんとし、あるいは地（土地）を以て外（周辺の国）へ奔らんとす。

ここでまず、八虐第一の謀反をみよう。攻撃の対象は唐律では社稷である。法制史家の滋賀秀三氏は、謀反条の注の「謀危社稷」を「天子に危害を加えようと謀る」と解釈した上で、次のように指摘する。

社稷とは（中略）乗輿と同様、婉曲に皇帝を指す言葉であることは疑ない。ただし社稷においては、乗輿と異なって、皇帝の人身とその主権とが不可分的に含意される。現在の皇帝の廃位・殺害を直接目指しないしは窮極的にそれに連なる性質の暴力の行使――現王朝そのものの顚覆を意図する場合もありそうでない場合もあり得る――それが「反」であり、その予備・陰謀が「謀反」である。(18)

古代中国には古くから君主として王の称号があった。広くしられるように、紀元前三世紀、秦王嬴政が中原に覇を唱えると、王より上位の称号として皇帝を創始し、自ら始皇帝と称した。この秦に続き、漢、魏・呉・蜀の三国、晋、五胡十六国、南北の各王朝と、目まぐるしい王朝の興亡があった。その後、六世紀末、隋の全国統一に続き、七世紀初め、唐がこれに代った。隋も、唐も、その前の王朝も、律を以て保護する一番の法益は王朝の存立、存続だったに違いないが、王朝交代の歴史をしりながら、どの王朝も、わが王朝が永続することを前提として、律の中に王朝を顚覆させる犯罪を記すことをしなかった。そのため、直接には皇帝に対する加害を罰する十悪謀反条が、同時に、王朝に対する攻撃の罰則でもある、二面性を有した。すなわち、謀反の反は、皇帝その人に対する罪と、皇帝の位に対する罪の二者を含んだのである。

二二〇年、曹丕は漢の献帝に迫って譲位させ、魏朝を建てた。実質は権力の簒奪ながら、献帝から曹丕に禅譲する形式をとった。五八一年、楊堅は北周の静帝を廃し隋朝を創始し、六一八年、李淵は隋の恭帝を廃し唐朝を創始した。魏の建国より一〇世紀の宋の建国まで、正統王朝の建国には禅譲の形式が必要とされた。どの王朝の創始者も、前の王朝にとっては謀反人である。しかし、暴力により権力を簒奪されるのだから、前王朝には刑罰権を行使する力がない。それだけに、どの王朝にとっても、十分力があるうちに謀反人を罰して、およそ謀反という謀反の芽をつむのが、長く権力を保持する要諦だった。

このようにして、養老律は、唐律十悪の謀反条の社稷を国家に直しただけで、同条の内容をほぼそのまま受容した。王朝交代の歴史をしらない古代日本においては、王朝の顚覆、王朝の滅亡は、おそらく想像しにくい事態だったに違いない。しかし、八虐第一においた謀反は、唐律十悪を母法とすることにより、天皇の生命や身体に危害を加える場合と王朝を顚覆させる場合の二者を含んでいたのである。

次に、八虐第三の謀叛である。養老律も唐律も、注は同じである。叛の字は、分れるの意味をもつ半と、反の合字、意味は離反する。[19]この点を、滋賀秀三氏が「反・叛両字の差は、反は面をむけなおして攻めて来る貌、叛は背をむけて去って行く貌、たる点に求められるであろう。反は皇帝権力の中枢部に起りやすく、叛は外縁部に起りやすいであろう」と指摘した上で、さらに、注の国とは「疏に『本朝』と言いかえられているように、正統なる現王朝を意味する。それから離脱して外国もしくは偽政権の側に寝返ることが『叛』である」と、唐律十悪謀叛条を説明している。[20]

養老律は、唐律の謀叛条を、そのまま受容した。確かに、広大な中国大陸は中原の古代帝国の内にも、遠隔の地に偽王朝が出現する虞れがあったし、古長城の北方をはじめ国境の内外には、常に数しれない蕃族が犇めいていた。古くから中原諸国は、それらを、蛮夷戎狄と称した。一方、狭小な土地と島嶼しかない古代日本においては、偽王朝に従うことも、蕃族の国に投じることも、おそらく想像しにくい事態だったに違いない。

二　謀反、謀叛の実例

（一）律令制度以前

まず、律令制度より前に、謀反や謀叛の実例がないか、少し探してみよう。安易な方法ながら『日本書紀』を探すと、ある。垂仁紀の「皇后母兄狭穂彦王謀反、欲危社稷」という記事である[21]。これは、垂仁天皇四年（世紀不明）皇后狭穂姫の同母兄、狭穂彦が逆心を起し、天皇を刺殺せよ、と狭穂姫に命じ匕首を渡す話の、書き出しの箇所である。皇后（きさき）の母兄（いろせ）狭穂彦王が反を謀り、社稷を危うくせんとすというのは、まさに唐律謀反の注「謀危社稷」を写したものである。さらに一つ、これは前述の、履中紀「汝与仲皇子共謀逆、将傾国家」という記事である[22]。これは、履中元年（五世紀）仲皇子の反乱に荷担した阿曇浜子を、天皇が罪は死にあたると断罪しながら、鯨刑（顔に入墨）に処する場面である。共に逆らわんと謀り、国家を傾けんとすというのは、おそらく、大宝律謀反の注「謀危国家」を用いたものである。

一方、謀叛を探そう。神話の中の天皇のうち、第一〇代崇神天皇は「御肇国（はつくにしらす）天皇」の呼称をもっている。これは、崇神天皇を初代の大王（おおきみ）だと『日本書紀』の編纂者が捉えた歴史意識の投影ながら、果して事実かどうか不明である。二代あとの景行天皇は、日本武尊に命じ熊襲や蝦夷を征討させたことで、広くしられている。これも、景行天皇の代に朝廷の支配が全国に及んだとみる、編纂者の歴史意識の表現だと推測される。この景行紀の中に熊襲や蝦夷の記事を探すと、二、三、ある。反の字、叛の字に注意して、記事を引用しよう。

○景行紀

十二年秋七月、熊襲反之不朝貢。——熊襲反いて朝貢せず。

廿七年秋八月、熊襲亦反之、侵辺境不止。——熊襲また反いて、辺境を侵してやまず。

卌　年夏六月、東夷多叛、辺境騒動。[23]——東夷多く叛いて、辺境騒動す。

この頃施行中の大宝律に従えば、熊襲や蝦夷（東夷）の離反には叛の字をあてるところを、編纂者は、熊襲に対して反の字をあてている。もっとも、景行天皇四三年（世紀不明）か日本武尊の病没をきいた天皇が「我が子小碓王（武尊の本名）昔熊襲の叛きし日に、いまだ総角（一七、八歳少年の髪形）に及ばないのに、久しく征伐に煩い」などと嘆く記事があり、原文には「昔熊襲叛之日」とある。[24]熊襲に対する反、叛の二字の混在は、正史の編纂者が明法家と異なり二字を正確に区別しなかったのかもしれないし、あるいは、八〇〇年の間伝写をへる過程で二字が紛れたのかもしれない。[25]

右の『日本書紀』の記事はどれも皆、神話時代のものである。そのため、この中に果して謀反や謀叛の実例があるかどうか、無論、疑わしい。これに対して、同じく『日本書紀』の記事ながら、次に掲げる有間皇子の謀反の記事や、大津皇子の謀反の記事は、おそらく、編纂者の創作の産物ではないだろう。歴史上それらしい事実が存在したことが推測されるのである。

斉明紀によると、斉明天皇四年（六五八年）有間皇子は、蘇我赤兄の策略にのせられ、挙兵の意思を口にしたため、捕縛された。皇子は、天皇一行の滞在する紀州牟婁温湯に護送された。この温湯で、皇太子の中大兄皇子が自ら訊問して「何故謀反」かときいた。皇子は謀反の事実を否認したが、朝廷は皇子を絞に処したほか、従犯たる二人を斬に処し、別の二人を流に処したのである。(26)

約三〇年をへて、朱鳥元年（六八六年）天武天皇が崩じ、飛鳥浄御原宮の南庭の殯りの儀式のさい、大津皇子の「謀反於皇太子」が発覚した。これは、大津皇子が皇太子（ひつぎのみこ）草壁皇子を謀反す（かたむけんとす）とよむらしい。皇后（後の持統天皇）の称制の下で、朝廷は皇子を捕縛し自死させた。(27)自死は、本人が拒否しても、実力を以て死に処するのである。唐律にしても、大宝律（や養老律）にしても、社稷や国家は本来君主をさし、皇太子ら他の者を含まない。この点、大津皇子の事件を記すにあたり、編纂者が律の概念を故意に拡大したのである。

二つの事件は、どちらも、時の権力者が邪魔になる皇子を皇位継承候補者から排除した、という構図が同じである。持統天皇は皇位継承をめぐる紛争を有利に回避するため、皇太子の制度を導入した。これは、天皇の在位中に皇位継承者を決定しておくもので、持統天皇一一年（六九七年）珂瑠皇子（後の文武天皇）を最初の皇太子の位につけた。(28)その前、中大兄皇子や草壁皇子を皇太子と記すのは、編纂者の修飾である。

（二）律令制度盛期

次に、律令制度の盛期における、謀反の実例を探してみよう。これも安易ながら『続日本紀』を参照するのである。この『続日本紀』は、前半と後半の編纂過程を異にする。編纂に四〇年の歳月を費やし、全巻成立したのは、延暦一六年（七九七年）である。この第二の正史が対象とする時代は、大宝律令、養老律令の盛期といってよい。政争が続発した時代でもある。全四〇巻に及ぶ大量の記事は、謀反が出来したとき、どのような法的処理が行われたかを考察するのに適している。もっとも、これに対して、駆け足の調査のためか、謀叛を論じるのに適する記事が十分ではない。

まずとりあげるのは、天平改元前夜の長屋王の変である。神亀六年（七二九年）二月一〇日、左大臣の長屋王が「私学左道、欲傾国家」と、朝廷に密告する者があった。太政官の主宰者が、私かに左道を学んで国家（聖武天皇）を傾けんとすというのである。即夜朝廷は兵力を以て王の邸宅を包囲し、一一日朝舎人親王らを派遣して罪を窮問した上で、一二日王をして自尽させた。正室の吉備内親王、子息の膳夫王、桑田王、葛木王、鉤取王ら四人も自経（縊死）させた。一七日朝廷は官人七人を流に処して、事件の処分を終了した。一八日王の弟の鈴鹿王ら、縁坐するべき人々を赦免した[29]。

大宝律中、賊盗律の謀反大逆条が養老律と同じなら、同条は謀反を犯すと首従の別なく斬に処するが、縁坐は父子にしか及ぼさない。父子は没官、すなわち官戸（官の奴のこと）とする。また、大宝令中、獄令の決大辟条が養老令と同じなら、同条は皇族や上級官人の大辟（死刑）は、謀反、謀大逆、謀叛の三つを除いて私家で自尽することを聴している[30]。すなわち、謀反については私家の自尽を禁じている。律令の規定からみて、①謀反の罪ながら長屋王が私家で自尽を聴されたのは、特別の扱いである。②縁坐は本来父子没官なのに、妻の吉備内親王や内親王所生の子息が自経に処されたのは、これも特別扱いである。

時の最上位の権力者が、密告者として僅かに正史に名を残す下級官人の行為により、易々として謀反人の汚名の下に抹殺された。この発端からして、長屋王の変は異常な事件である。唐律を想起させるかのように、妻所生の子息らが自経させられる一方、妾の一人で藤原不比等の女（むすめ）が生んだ安宿王、黄文王、山背王の三人は赦免された。極端に異なる扱いである。

正史は、藤原氏らが長屋王を追い落し抹殺する様子を炙りだしている。平安初期、薬師寺の僧、景戒の『日本霊異記』も、次のように記している。元興寺の大法会のさい、長屋王が笏で貧相な一沙弥の頭をうち、出血する傷をおわせた。密告者があり、王は罪なくして囚われ殺されるよりはと思い、子らに毒薬をのませ縊り殺した後で、服毒自殺した。王の死骸は平城京外で焼き砕かれ河に流された(31)。景戒の記すこの因果応報譚は、子らを手にかけたのは父の王だというのである。正史は桑田王、葛木王、鉤取王が無位だという。三人は年少だったのかもしれない。唐律といえども、縁坐で年少者を死に処することはない。

次に、藤原氏が仕掛けたらしい同じ構図の事件が、奈良後期の井上内親王廃后、および他戸親王廃太子事件である。これも下級官人の自首に端を発し、宝亀三年（七七二年）三月二日、光仁天皇が皇后の井上内親王を巫蠱による謀反の罪にとい、皇后の位から退けた。内親王は、聖武天皇の皇女である。朝廷は、従犯たる側近二人の斬を免し遠流に処した(32)。養老律中、賊盗律の厭魅条は、厭魅（図形や人形）や符書（呪いの札）を造り呪詛して人を殺そうとすれば各々謀殺を以て論じ二等を減じ、造畜条は、蠱毒（呪いに使う種々の虫）を造畜すれば絞に処する、と定めている(33)。巫蠱というのは、おそらくこの二箇条を併称するものだろう。

五月二七日、天皇は、井上内親王による「魘魅大逆之事」が繰り返されたため、皇太子の位に「謀反大逆人之子」をおいておけないとして、他戸親王を退けた(34)。宝亀六年四月二七日、内親王母子は、和州宇智郡の幽閉先で同じ日没した。同じ日に没したというから自然死と考えにくい。事件の背後には、山部親王（後の桓武天皇）の立太子を実現させた藤原氏の群像が見え隠れする。

さて、長屋王の変や、井上内親王廃后事件は、どちらもでっち上げを疑われるのに対して、謀反の事実が確かにあったと認めてよいのは、奈良中期の橘奈良麻呂の変である。天平勝宝九年（七五七年）六月二八日の山背王の密告により、朝廷は橘奈良麻呂一味の数人を捕えて訊問し、謀反の企てを把握した。それは、奈良麻呂ら一味が七月二日夜、四〇〇人の精兵で挙兵し、孝謙天皇や皇太子の大炊王（後の淳仁天皇）の滞在する藤原仲麻呂の田村第を包囲し、仲麻呂を殺し、続いて光明子の皇太后宮を占拠し、駅鈴と御璽を奪った後、天皇を廃し、一味の塩焼王、道祖王、安宿王、黄文王の中から選んで天皇を立てる、というものである。厳重警戒の下、四日朝廷は奈良麻呂らを一網打尽とし、九日謀反に関与した嫌疑で藤原乙縄の身柄を拘束した。ここに謀反の企ては失敗し、一味は全員獄に下ったのである。(35)

孝謙天皇の朝廷が大宝律令に代え、養老律令を施行したのは、僅か一月前の五月二〇日のことである。これにより、奈良麻呂ら一味は養老律により罪をとわれるはずだった。養老律の謀反大逆条は、反を謀る陰謀ないしは予備の段階で、首従の別なく斬に処する。しかし、この変の経緯を詳しく記す『続日本紀』は、法的処理の入り口で、黄文、道祖、大伴古麻呂、多治比犢養、小野東人、賀茂角足らが拷問により「並に杖の下に死す」という記事をのせている。(36)養老令中、獄令の察獄之官条は、自白しない者に対する拷問を認める。(37)三度まで、杖の総数二〇〇までである。もっとも、養老律中、断獄律の議請減不合拷訊条は、皇族や官人について拷問を禁じている(38)から、道祖（廃太子）や黄文をはじめ、古麻呂らが皆、拷問の杖で撲殺されたというのは、異常な刑事手続きである。

このように拷問を多用する手続きをへて、朝廷は、奈良麻呂一味の処罰を決定した。安宿王を佐渡、佐伯大成を信州、大伴古慈悲を土佐へ流した。右大臣藤原豊成、乙縄の父子を九州へ左遷した。(39)その他、謀反の関与者や縁坐として、大伴、多治比、佐伯各氏の人々や、傭兵たる秦氏の人々ら、多数を流罪に処した。流罪者は、総数四四三人に上った。(40)

問題は、橘奈良麻呂の処罰である。不思議な話ながら、首謀者たる奈良麻呂が斬に処されたのかどうか、浩瀚な『続日本紀』に何一つ記事がない。この『続日本紀』の前半二〇巻は、藤原仲麻呂時代の「曹案」全三〇巻が原型であり、奈良麻呂の変を記す『続日本紀』の天平宝字元年紀は、この「曹案」の第三〇巻にあたる。ところが、光仁天皇の下で「曹案」を編纂し直すさい、第三〇巻は亡失していたという。仲麻呂らが滅亡し奈良麻呂らの関係者が朝廷に返り咲く中で、天平宝字元年紀は新たに書き直すしかなかった。次の桓武天皇の代に天平宝字元年紀を増補し、前に編纂ずみの後半二〇巻に併せて、二番目の正史、全四〇巻の編纂を終了した。[41] 編纂の複雑な過程において、奈良麻呂の最期は削られたまま、書き記されることがなかった。通説は、奈良麻呂も杖で撲殺されたのだという。[42]

奈良末期の氷上川継事件は、小さな謀反である。川継は、塩焼王を父とし、聖武天皇の皇女たる不破内親王を母とする。血筋は一級ながら中級官人にすぎない。兵仗をおび宮中に乱入した従者を捕えたところ、従者が川継の謀反を自供した。それは、天応二年（七八二年）閏一月一〇日夜、川継が衆を聚めて宮中に入り朝廷を傾けんとする、すなわち、桓武天皇に危害を加えようとしている、というのである。朝廷は、一四日川継を捕え、法により処断すると極刑となるが、光仁天皇崩御の諒闇（喪）の始めだとして、死一等を減じ伊豆へ流し、内親王や川継の姉妹を淡路へ流した。一八、一九の両日川継の一味を左遷、あるいは処分した。[43]

さて、謀反に止まらず反を実行し、大きな兵乱となったのが、藤原広嗣の乱である。大宰少弐の広嗣は、天平一二年（七四〇年）八月末、時政を批判する上表を提出し、兵をあげた。九月三日、朝廷は、大野東人を大将軍とし、五道の兵を徴発して、九州へ派遣した。一〇月九日、板櫃河畔で両軍が対峙したが、広嗣軍から投降者が続出し、征討軍が勝利した。広嗣は敗走したが、五島列島の島で捕えられた。一一月一日、東人は命じて広嗣を斬らせた。[44] 広嗣の乱の法的処理は、天平一三年紀に詳しい。死罪（斬罪）二六人、没官五人、流罪四七人、徒罪三二人、杖罪一七七人。[45]

それほど大規模ではないが平城京を震撼させたのが、奈良後期の藤原仲麻呂の乱である。恵美押勝の乱という方が、通りがよいかもしれない。道鏡を寵愛する孝謙上皇と、淳仁天皇を擁する仲麻呂の不和の中で、天平宝字八年（七六四年）九月一一日、仲麻呂が挙兵した。仲麻呂は、駅鈴と御璽の争奪に敗れ、江州へ走った。追討軍が勢多橋を焼いたため、仲麻呂は湖西を北上し、途中、氷上塩焼（塩焼王）を皇位につけ今帝と称した。一八日高島郡で両軍が激突し、仲麻呂軍が敗北した。追討軍は、仲麻呂を斬って首を平城京に運んだ。さらに、妻子や塩焼、一味の人々ら三四人を斬った。上皇が淳仁天皇を廃し淡路へ流したのは、一〇月九日である。[46]

このほかにも『続日本紀』の中に謀反の記事がある。一方、謀叛の記事はない。全四〇巻を対象とする詳細な索引は、謀反の語彙を一九箇所指摘するのに、謀叛の語彙は掲載しない。これは、朝廷や国衙が叛の陰謀や予備を把握できず、叛が実行されて初めて大騒ぎとなるためだろう。叛の字で索引を引き直すと、叛逆、叛賊、叛徒の三つの語彙がのせられている。叛逆は二箇所である。年代の順に並べると、次のようである。

天平宝字四年十一月、叛徒隠不首者、不在免限。――叛徒、隠れて首（もう）さない者は、
宝亀　六年十一月、討治叛賊、懐柔帰服。――叛賊を討治し、懐柔し帰服せしめる。
宝亀　七年　五月、出羽国志波村賊叛逆、与国相戦。――出羽国志波村の賊、叛逆し、国とあい戦う。
宝亀　八年十二月、出羽国蝦賊叛逆。[47]――出羽国の蝦賊、叛逆する。

最初は、橘奈良麻呂の変の一味で自首しない者は、大赦の中にいれないという記事。第二は、陸奥守鎮守将軍の大伴駿河麻呂が蝦夷を攻略したという記事。第三は、出羽志波村の蝦夷が叛乱し、出羽国の軍兵と衝突したという記事。最後は、出羽の蝦夷が叛乱したという記事、である。伝写の誤りでなければ、奈良麻呂の変は反徒と記すべきで、叛徒ではない。もっとも、宝亀一一年（七八〇年）三月、陸奥伊治城で按察使（あぜち）の紀広純

らを殺害した伊治呰麻呂の乱を、正史は叛ではなく「伊治公呰麻呂反」と記している(48)。蝦夷族長たる呰麻呂の乱は一見叛乱にみえるが、呰麻呂が伊治郡大領の職にあったから、やはり反乱なのかもしれない。

おわりに

西欧一九世紀以後の刑法典が各則冒頭におく大逆罪、内乱罪、外患罪と比較すると、唐律、大宝律、養老律のうち、大雑把なところ、大逆罪や内乱罪にあたるのが十悪や八虐の謀反であり、外患罪に近いのが同じく謀叛である。明治一三年刑法や明治四〇年刑法の内乱罪中邦土僭窃という概念は、おそらく謀反にもあたるし、謀叛にもあたる。ともあれ、本章は、古代日本の謀反や謀叛について考察を試みた。

大宝律は現存しないが、唐律と養老律の内容の近似性から、おそらく大宝律も養老律と内容が酷似するだろうと推測される。古代日本の律は、唐律の十悪中第一の謀反、第三の謀叛を、八虐第一、第三としてほぼそのまま受容した。罪名は同じで、注（構成要件）の内容もほぼ同じである。もっとも、十悪謀反の「謀危社稷」の社稷が古代日本に存在しないことから、皇帝の別称たる「国家」におきかえることをした。

このように十悪、八虐の謀反や謀叛の概念を捉えた上で、正史たる『日本書紀』や『続日本紀』の中に謀反や謀叛の実例がないか探した。前者の記事の多くは神話時代のもので実例を求めても無理があるが、後者の記事の中には、謀反、および反の実例が幾つもある。一方、後者の記事の中には、謀叛の実例はみあたらず、蝦夷の叛が散見されるくらいである。

このうち、謀反の実例を纏めておこう。謀反が反となり大きな兵乱となったのが、藤原広嗣の乱であり、藤原仲麻呂の乱である。どちらの場合も、軍事行動の最中、ないしは勝利を収めた時点で敵対者を荒っぽく処刑するため、これを法的処理といってよいか問題が残る。これに対して、長屋王の変、井上内親王廃后事件、氷上川継事件においては、大宝律や養老律の定める謀反の概念からすると、実際の運用は遥かに柔軟である。実際の刑の適用があるいは重く、あるいは軽い、柔軟さも止目される。異色なのは橘奈良麻呂の変である。奈良麻呂一味に対する拷問の猛々しさは、正史をよむ人の目を覆わせるものがある。

（1）小学館国語辞典編集部編『精選版日本国語大辞典』第三巻（二〇〇六年）八九九頁。

（2）前掲『精選版日本国語大辞典』第三巻六〇四頁。

（3）新訂増補国史大系『律』新装版（吉川弘文館、二〇〇〇年）律逸文・名例律一〇五頁。「謀と称するは二人以上。謀状顕彰なれば、一人と雖も二人の法に同じ」。

（4）国語辞典の執筆者が「謀反」にごく例外的な語釈、すなわち、誤りと評してよい語釈をふするのは、青木和夫氏が謀反条に「君主に対する殺人予備罪」という注解をふしたことに起因する。岩波書店、一九七六年発行の日本思想大系『律令』一六頁。謀反は、正確にいうと、君主その人に対する場合に限っても、殺人のみならず、暴行や傷害、さらに身体の拘束、退位の強制、などという行為の陰謀罪の段階で成立する。

（5）前掲『精選版日本国語大辞典』第三巻五九七頁。

（6）前掲『精選版日本国語大辞典』第三巻九〇〇頁。用例中『太平記』は、巻一の最後の段で「隠れ無（なか）りければ」とよむ。

（7）前掲『律』二頁。

（8）諸橋轍次編『大漢和辞典』修訂版第三巻（大修館書店、一九八四年）七三頁。

(9)前掲『大漢和辞典』第三巻一〇二二頁。
(10)鎌田正、米山寅太郎編『大漢語林』(大修館書店、一九九二年)三八六頁。なお、白川静編『字通』参照。本書は「犠牲を埋めて地鎮を行った建物」の意味だという。平凡社、二〇一四年発行の普及版、一四〇頁。
(11)前掲・日本思想大系『律令』一六頁。
(12)岡田英弘『歴史の読み方』(弓立社、二〇〇一年)四二頁。
(13)台湾中華書局『晋書』巻六六陶侃伝(第二版、一九七一年)八頁表。陶侃の事績は、さしあたり、岡崎文夫『魏晋南北朝通史、内編』東洋文庫版(平凡社、一九八九年)一六九〜一七一頁。
(14)日本古典文学大系『日本書紀』上巻(岩波書店、一九六七年)四二五頁。
(15)新日本古典文学大系『続日本紀』第二巻(岩波書店、一九九〇年)二〇四頁。
(16)滋賀秀三「訳註唐律疏議①」(国家学会雑誌第七二巻第一〇号、一九五八年)六二〜六三頁。
(17)律令研究会編『訳註日本律令』第二巻・律本文篇上巻(東京堂出版、一九七五年)四三頁、四四頁。本書は、唐律、養老律の律文を対照させている。
(18)律令研究会編『訳註日本律令』第五巻・唐律疏議訳註篇①(東京堂出版、一九七九年)三三〜三四頁。
(19)諸橋轍次編『大漢和辞典』修訂版第二巻(大修館書店、一九八四年)七一〇頁。
(20)滋賀秀三・前掲「訳註唐律疏議①」六五頁、前掲『訳註日本律令』第五巻・唐律疏議訳註篇①三六頁。
(21)前掲『日本書紀』上巻二六一頁。
(22)前掲『日本書紀』上巻四二五頁。注(14)と同じ。
(23)前掲『日本書紀』上巻二八七頁、二九九頁、三〇一頁。
(24)前掲『日本書紀』上巻三二一頁。広くしられるが、日本武尊はヤマトタケルノミコト、小碓王はオウスノミコとよむ。
(25)日本古典文学大系の『日本書紀』は、天理図書館所蔵の卜部兼右本を底本とする。本書上巻二六頁の解説によると、卜部家に代々伝えられた写本が室町後期の争乱の中で紛失した。そこで、卜部家本を書写した三条西本を兼右が書写し、他の諸本と対校した校訂本が、この本である。兼右は天文九年（一五四〇年）浄書をおえたという。
(26) 日本古典文学大系『日本書紀』下巻（岩波書店、一九六五年）三三五頁。
(27) 前掲『日本書紀』下巻四八一頁、四八七頁。
(28) 大平聡「古代の国家形成と王権」三〇〜三一頁。大津透編『王権を考える』（山川出版社、二〇〇六年）所収。珂瑠皇子は軽皇子とも記される。
(29) 前掲『続日本紀』第二巻二〇四〜二〇六頁。注(15)と同じ。長屋王の子息のうち、膳夫、後述の安宿、黄文（王）は順にカシワデ、アスカベ、キフミとよむ。
(30) 新訂増補国史大系『令義解』新装版（吉川弘文館、二〇〇〇年）三一三頁。決大辟条は、大辟（死刑）を東西二市や諸国の市で執行せよ、と定めている。
(31) 日本古典文学大系『日本霊異記』（岩波書店、一九六七年）一七二〜一七五頁。
(32) 新日本古典文学大系『続日本紀』第四巻（岩波書店、一九九五年）三七二頁。
(33) 前掲『律』六一頁、六三頁。
(34) 前掲『続日本紀』第四巻三八二頁。他戸（親王）はオサベとよむ。
(35) 新日本古典文学大系『続日本紀』第三巻（岩波書店、一九九二年）一九四頁以下。天平勝宝九年（正確には九歳）は八月天平宝字元年と改元。道祖（王）はフナトとよみ、天武天皇の孫、塩焼王の弟で、孝謙天皇の最初の皇太子。
(36) 前掲『続日本紀』第三巻二〇六頁。犢養、東人、角足は順に、コウシカイ、アヅマヒト、ツノタリ。
(37) 前掲『令義解』三二四頁。この察獄之官条は、拷問を認め、三度までと限る。一方、養老律中、断獄律の拷囚条は、回数は三度まで、杖数は二〇〇までを定めている。前掲『律』逸文一七四頁。
(38) 前掲『律』逸文一七三頁。大雑把には、議は刑事上の六議（皇族はこの中に入る）の特典、請は六議の親族や中級官人の特典、減は下級官人の特典。
(39) 前掲『続日本紀』第三巻二〇六頁以下。大成、古慈悲は順に、オオナリ、コシビ。

(40) 前掲『続日本紀』第四巻二九二頁。
(41) 笹山晴生「続日本紀と古代の史書」中、四八五頁以下の「続日本紀の成立」参照。新日本古典文学大系『続日本紀』第一巻（岩波書店、一九八九年）所収。
(42) 景戒は『日本霊異記』の中で、橘奈良麻呂が僧形を描き、これを的にして矢で黒眼を射る練習をしたのは、悪事を好んでもこれにすぎるものはない。後に奈良麻呂は天皇に嫌悪され、利鋭（刀剣）を以て誅殺された。すなわち、昔の悪行は、利鋭で殺される自らの運命の前兆だったと記している。前掲『日本霊異記』二九〇〜二九一頁。
(43) 新日本古典文学大系『続日本紀』第五巻（岩波書店、一九九八年）二二四頁以下。天応二年は八月、延暦元年と改元。
(44) 前掲『続日本紀』第二巻三六四頁以下。一一月三日、聖武天皇が詔して、広嗣の罪が明らかなので法により処決せよ、と命じたが、征討軍が軍事行動を展開する中で、広嗣の処刑は終っていた。
(45) 前掲『続日本紀』第二巻三八四頁以下。
(46) 前掲『続日本紀』第四巻二〇頁以下。
(47) 前掲『続日本紀』第三巻三六六頁、第四巻四六二頁、第五巻一四頁、第五巻五二頁。なお、新日本古典文学大系『続日本紀』索引・年表（岩波書店、二〇〇〇年）索引三四一頁参照。
(48) 前掲『続日本紀』第五巻一三八頁。伊治呰麻呂はイジノ（あるいは、コレハリノ）アザマロとよむ。

＊本章の中国史の記述は、宮崎市定『中国史』上巻（岩波全書、一九七七年）に負うところが多い。

二　中世日本における謀叛

はじめに――天皇御謀叛という奇語

古代中国の律は、社稷（皇帝）を危うくせんと謀る謀反と、国（本朝）に背き偽に従わんと謀る謀叛を明確に区別した。古代日本の律も、これに倣い、国家（天皇）に対する謀反と、国（本朝）に対する謀叛の二つを区別した。しかし、謀反は君主その人を危うくせんとする場合に加え、君主の位（君主権力や現王朝）を危うくせんとする場合を含むから、国に背く謀叛との区別が曖昧になりやすかった。広大な大地の遠隔の地に偽王朝が出現したり、あるいは蜿蜒たる国境の外から蕃族が侵入したりする大陸とは異なり、狭小な島国において概念の混同が起ることは免れなかった。

明治末期、文芸評論家の笹川臨風は「謀叛論」の中で、律の八虐は謀反と謀叛を明らかに分ち、謀反は「皇室に対する反逆なり」謀叛は「国に背く反逆を云へるなり」と捉えた上で「対外関係の薄くなれると、もに此二者は混同せられて、其間に又差別なし。苟くも当時の政府に対して戈を執るものは之を称して謀反人と呼べり。故に太平記には天皇御謀反と云へる奇語さへも生ずるに至れり」と論じた(1)。もっとも、ここで謀反を皇室に対する反逆だと捉えるのはその一面をみるにすぎず、謀反は君主に対する攻撃に止まらず、君主権力、ないしは現王朝の支配に対する攻撃を含意するから、政府に対して戈を執るものは、本来真正の謀反人である。臨風のいうこの点がひっかかるが、謀反と謀叛の混同が対外関係の希薄化に起因するという説明は、これまでの一般的な見方である。すなわち、対外関係の稀薄化に伴い二者を区別する必要も実益もなくなったというのである。

一方、この点について、古代史家の青木和夫氏は「反は手を裏返す意、叛は反と半を合せた字で、半は分ける意。従って反は積極的で君主や朝廷への攻撃、叛は消極的で君主や朝廷からの離脱を意味する」が「反と叛とのこのような区別に対応する日本語はなく、両者は漢字の音で区別するほかはなかった。一般に君主に対する反逆を意味する日本語のソムクは背を向ける意で、反より叛に近い。従って律令制が崩壊した平安後期以後は謀反も謀叛と書かれ、すべてムホンと読まれた」と説明している。[2] 青木氏の見方は、謀反と謀叛を区別する必要や実益がなくなったという事情とは別に、二つの言葉が元々混同されやすい事情を説明して説得的である。

平安後期の辞書、橘忠兼編『色葉字類抄』は、無（ム）の篇の畳字（熟語）の筆頭に「謀反」をおき、ムホンのルビをふし、次に「謀叛。同、背本朝」と記し、この同と背本朝を割り注で並べている。[3] これは、謀反と謀叛が同義で、どちらも本朝に背く、の意味だというのである。ここでは、謀反（ムヘン）と謀叛（ムホン）の読みも意味も、すっかり混同されている。その後、鎌倉初期に増補された『伊呂波字類抄』は、无（ム）の篇の畳字の中に、謀反でなく、謀叛を「謀叛。反同」と表示しておいた。[4] 反同（謀反も同じ、の意味）は割り注の細字である。これは、その頃謀反より謀叛の方が多用されたことを示している。

さて、軍記物語の傑作『太平記』は、作者も成立過程もはっきりしないが、何人かの作者の手で、何段階かの書き継ぎをへて、室町初期に成立したらしい。この『太平記』をみていくと、正中の変を描く巻第一も、元弘の変を描く巻第二や、巻第三も、謀反と謀叛を区別することなく併用している。[5] 底本は慶長八年（一六〇三年）の古活字本ながら、古活字本には作為なく元の写本の反の字、叛の字が保存されていると推測される。

反・叛の併用はよいとして、問題は『太平記』が後醍醐天皇の倒幕の企てを謀反や謀叛と表現していることである。律は君主が謀反の行為者の地位にたつことも、謀叛の行為者として偽王朝に従ったり蕃国に投じたりすることも論理的に想定していないから、作者が正中の変を描写して「君ノ御謀叛事ナラズバ」や「当今御謀反ノ事露顕ノ後」と表現するのを目にして、読者は思わずぎょっとさせられる。正に奇語である。[6]

この点を、昭和初期、法制史家の滝川政次郎氏が「鎌倉時代の謀反罪が王朝時代の謀反罪と異る点は、王朝時代の謀反罪が一天万乗の天皇に対する謀反罪なるに反して、鎌倉時代の謀叛罪が鎌倉将軍又は執権に対する謀叛罪であることである。故に後醍醐天皇が幕府の討滅を謀り給ふた正中の変の如きは、朝廷の律に拠れば、執権の謀反であるが、鎌倉の式目に拠れば、天皇の御謀反である。日本の国体から云つて、天皇御謀反といふ程、本末を顚倒した話はないが、南北朝時代の人は皆斯ういふ不都合な言葉を使つてゐたやうである」と論じた。[7]傍線は引用者がふしたもので、滝川氏がこの二箇所を「謀叛」と記した理由は明らかでない。しかし、氏が鎌倉時代の謀叛、または謀反が将軍や執権に対するものだとみるのは、ごく一面的な見方である。幕府の成立や承久の乱の敗北により朝廷の全国支配の枠組みが解体したのではなく、御成敗式目が養老律の上位に位置したわけではないから、氏の所論は粗雑な印象を拭えない。南北朝時代の人が皆こういう不都合な言葉を使っていたようだというのも、独り『太平記』から二、三の例をあげるにすぎない。

別の見方がある。それは、昭和中期、国文学者の釜田喜三郎氏が『太平記』巻第一、謀叛の初出の箇所、日野俊基が「謀叛ノ計略ヲ回サント思ケル処ニ」にふした補注の見方である。釜田氏は「この時代の『謀反』は臣が君に背く意には使ってはいない。単に兵を挙げることを『謀反』と称した」と記している。[8]しかし、前述の「君ノ御謀叛事ナラズバ」や「当今御謀反ノ事露顕ノ後」にあてはめると、天皇が挙兵する、あるいは、天皇が挙兵したことになり、この説明も十分といえない。氏の見方が成立するには、同時代の他の書物から用例が示されることが必要である。

玄慧や小島法師ら足利直義に近い学僧の手になる『太平記』と異なり、二条良基辺り北朝の上級公家が作者に擬される歴史物語の秀作『増鏡』は、後醍醐天皇の倒幕の企てを記しながら、これを謀反といわないし謀叛ともいわない。正中の変を描いて「事の起こりは、御門（みかど）世を乱り給はんとて、かの武士どもを召したる也とぞ、いひあつかふめる」と、[9]擬古文を以て表現したのである。それより一〇〇年遡る承久の乱も、後鳥羽上皇の倒幕の企てを描写して「さても院の思し構ふる事、忍ぶとすれど、やうやうもれ聞こえて、東ざまにも、その心づかひすべかんめり」と、[10]同じ書き振りである。

通説は『増鏡』と『太平記』の成立をほぼ同時代とみている。公家は倒幕の企てを、天皇が世を乱そうとしたと記し、武家方の学僧は天皇が謀叛を企てたと記した。天皇御謀叛が『太平記』にしか登場しない以上、その頃の人々が普通にこの表現を使っていたとみるのは、乱暴である。想起すると、承久の乱後一世紀続く朝廷と幕府の均衡を、天皇は打破しようとした。元弘三年（一三三三年）幕府滅亡という、朝廷の悲願達成の経緯を後世に伝えようとする『増鏡』が、何と、天皇が世を乱そうとしたと表現した。天皇は政治社会の秩序を覆そうとしたのだから、公武をとわず、この表現の方が人々の思いに近かったのかもしれない。

一　公家法の謀反

（一）前史

鎌倉幕府は平氏政権と戦う過程で誕生した。源氏の将軍が僅か三代で断絶した後、幕府は承久の乱（一二二一年）を戦い、朝廷を武力で制圧した。もっとも、幕府の成立により、あるいは、承久の乱の敗北により、朝廷の全国支配の枠組みが解体したのではない。幕府が朝廷に取って代ったのではないし、幕府の法が律令より上位の席をしめたのでもない。後者は、北条泰時が六波羅の重時へ送った書状の中で、御成敗式目は武家のために編纂したもので「これによりて京都の御沙汰、律令のおきて聊も改まるべきにあらず候也」と記した[11]ことで明らかである。式目や追加法の謀叛を考察する前提として、まず、律の定める謀反や謀叛を一瞥しよう。

古代日本の律は、八虐の第一に謀反をおき、第三に謀叛をおいた。謀反は国家を危うくせんと謀る罪で、これに対して、謀叛は国に背き偽に従わんと謀る罪である。大雑把なところ、謀反は大逆罪や内乱罪にあたり、謀叛は外患罪にあたる。刑は、謀反は反を実行に移さなくとも、首従の別なく斬に処する。謀叛は首が絞、従は一等を減じ遠流、叛を実行に移すと、首従の別なく斬に処するのである。

大宝律、養老律の盛期たる八世紀は、政争が続発した時代である。この時代、陸奥や出羽の蝦夷による、謀叛というより叛の実例はあるが、どれも平城京を震撼させるものではなかった。一方、続発する政争は、謀反や反の実例を、正史の中に詳しく記載させることになった。これをごく荒っぽく綴ると、合戦の中で斬りすてた藤原広嗣や藤原仲麻呂らを別として、朝廷は、謀反の罪により、長屋王を自尽させ、橘奈良麻呂らを撲殺し、和気王を絞殺し[12]、井上内親王を皇后位から退け、氷上川継を流刑に処した。他とは事情を異にする奈良麻呂の変の処分を除くと、これらはどれも律の定める「およそ謀反は皆斬」より処分が軽い。

平安初期、平城上皇と嵯峨天皇の対立は、兵力の動員に発展した。朝廷は機敏に兵力を動かし、上皇の挙兵の動きを封じた。三番目の正史たる『日本後紀』は、これを上皇の謀反と記すことをさけ、藤原仲成、薬子の兄妹の悪行だと記した。正史に大きく影響されたためか、後世これを薬子の変という。この変の最中、朝廷は仲成を右兵衛府に繋獄し、紀清成らに命じて射殺させた[13]。おそらく、弓で射たのだろう。正史は上皇への配慮から変の全体像を記していないし、射殺が律の手続きをへた処罰かどうかも記していない。後者は、律の定める刑に射殺はなく、正史の中に法的処理が行われた節がない。

古来、仲成以後、保元の乱（一一五六年）で平忠正、源為義らを斬に処するまで、朝廷が死刑を停止した、という話が語りつがれてきた。すなわち『保元物語』は、中院雅定らが「昔、嵯峨天皇の御時、左（右か）兵衛督仲成を誅せられしよりこのかた、久しく死罪をとゞめらる」とのべたと記し[14]、さらに『平治物語』も、藤原忠通が「むかし嵯峨天皇弘仁元年九月に、右兵衛督藤原仲成を誅せられしより、去ぬる保元々年まで、御門廿五代、年記三百四十七年、かの間、死せる者ふたゝび帰らず、ふびんなりとて死罪をとゞめられたりしを」と主張したと記している[15]。

平安時代を通して、朝廷は、謀反や大逆について、確かに死刑を停止したようにみえる。承和の変を、四番目の正史『続日本後紀』が、伴健岑、橘逸勢らが「反を謀り、事発覚す」と記しながら、続く頁で、逸勢に非人姓をふして伊豆へ流し、健岑を隠岐へ流すと記している[16]。どちらも遠流である。一方、応天門の変の場合、六番目の正史『日本三代実録』が、朝堂院の南門たる応天門の焼失を記し、伴善男、子の中庸らを大逆の罪により斬に処するところ、死一等を減じ善男を伊豆へ流し、中庸を隠岐へ流すと記している[17]。正史のいうように、この放火は、謀大逆（山陵・宮闕を毀たんと謀る）の大逆を実行したものである。さらに、平安中期、安和の変においても、源満仲が謀反人として密告した橘繁延らを、朝廷は土佐や隠岐へ流した。また、花山上皇に矢を放った事件においても、朝廷は藤原隆家を出雲へ左遷し、兄の伊周を大宰府へ左遷した。

律の謀反を論じて、駆け足で謀反や大逆の死刑停止の実例を一瞥した。この死刑停止と、平安時代の全面死刑停止は同一のことではないから、右の『保元物語』や『平治物語』のいうように弘仁・保元間の死刑の全面停止が事実なら、もはや謀反や大逆の死刑停止を論じる必要はない。法制史家の布施弥平治氏は「弘仁元（八一〇）年九月十一日、従四位上右兵衛督藤原仲成が死刑に処せられて以来、保元元（一一五六）年七月三十日、源為義が死刑に処せられるまで、三四七年の永きに及び、事実上死刑に処せられたものは一人もなかった」という。氏は平安時代、朝廷が強窃二盗をはじめ、すべての死刑を停止したというのである。[18]

もっとも、法制史家の利光三津夫氏は、平安時代の全面死刑停止を前提として、平安後期に成立した『日本紀略』から検非違使が強盗を捕え、追捕使が海賊を捕え、どちらも斬首して首を獄門にかけた記事を紹介し、朝廷がこれを賞したことを記して「検非違使、追捕使が犯人を捕えて、死刑を専断した」と論じている。[19]賊盗律強盗条は仗（武器）をもつ強盗は未遂が遠流、既遂なら贓一〇端が絞、人を傷すれば斬と定めるから、[20]強盗の多くや山賊・海賊は死刑に処して然るべき輩である。しかし、これらはおそらく捕縛のさい反撃にあって殺害し、首を獄門にかけたにすぎず、犯人追捕の官人による死刑の専断ではなかったのではないか。律の逸文をみると、捕亡律の中に罪人持仗拒捍条があり、捕縛のさい罪人が仗をもち拒捍すれば格殺し（闘って殺し）逃走すれば逐って殺すと定めている。[21]

保元の乱に続く平治の乱のさいも、朝廷は敗者を斬に処した。再度『平治物語』をみると、この物語は謀叛の大将たる藤原信頼を六条河原にひきだしたが、信頼の覚悟がきまらないため斬り手が斬れず、掻き首にした様子を描いている[22]。中世の開幕をつげる武者を投入した二つの乱の後始末として、朝廷は三五〇年近い死刑の停止を撤回したのである。

（二）鎌倉開府以後

初歩的な見方をすると、後白河上皇院政下の朝廷が、源義経ら捜索を名目として源頼朝の求める守護・地頭の設置を認めたのは、文治元年（一一八五年）一一月である。これは、朝廷が、入京した北条時政の率いる軍勢の力に屈したためである。その後、頼朝は、公家勢力や寺社勢力の抵抗する中、全国の軍事権・警察権を掌握することに努めた。頼朝が征夷大将軍に就任したのは、建久三年（一一九二年）七月のことである。

朝廷はなお、京都の警察権や、東国を除く全国の裁判権をもっていた。ところが、文治二年二月、在京の北条時政が、洛中の群盗一八人を六条河原で斬首した。時政は郎従に「およそ此の如き犯人は使庁（検非違使庁）に渡すべからず。直ちに刎刑に処すべし」と命じた[23]。翌三年九月、鎌倉から派遣された下河辺行平も、尊勝寺辺で捕縛した奇怪の者八人を同じく斬首した[24]。幕府が逸早く、京都の警察権を手の内に収めたのである。

死刑停止の撤回にもかかわらず、朝廷はこれら武者による手荒な処置に、おそらく釈然としない思いがあったのだろう。建久二年四月、延暦寺の衆徒が近江守護の佐々木定綱、二男の定重と争い、神輿を奉じて（殺害するため）定重らの身柄の引き渡しを求めて強訴してきた。朝廷はこれをうけいれず、定綱と定重ら子息三人を遠流に処し、郎従五人を禁獄に処することを決定したのである[25]。

同じ建久二年一一月、朝廷は、官人（検非違使か）に命じて、六条河原で洛中の強盗一〇人を鎌倉方の武士に引き渡させた。強盗は捕えても、死刑停止のため再犯する。これを関東へ送り、夷（えぞが）島へ流そうというのである。公家の一人は、この日の日記に「これ又死罪にあらず。将軍の奏請と云々。人以て甘心す」と記している。これも死刑停止の慣行を是とする心情を示している(26)。

ところで、平安中期以降、朝廷は、旧来の律令と別に、宣旨や太政官符などの形式で「新制」を発布し、これにより、政務を行った。時期が遡るが、建久二年三月、朝廷は、後鳥羽天皇の宣旨（新制）を発布した。天皇は年少で、実権は後白河上皇が握っていた。全一七条の一六番目が「一、京畿・諸国の所部の官司をして、海陸の盗賊ならびに放火を搦め進めしむべき事」という事書きをもつ。内容は、次のようである。

仰す、海陸の盗賊、閭里の放火、法律罪を設け格殺悪を懲す。しかるに頃者、姧濫なお繁く、厳禁するに拘らず、水浮陸行往々にして縦横の犯頻りに聞え、掠物放火比々として賊害の制いまだ止まず。ただに強窃の科を成すのみならず、兼ては亦闘殺の辜（つみ）に渉る。これ法官緩りて糺さず、凶徒習いて畏れなきの致すところなり。自今已後、慥かに前右近衛大将源朝臣、幷びに京畿・諸国の所部の官司等に仰せて、件の輩を搦め進めしめよ。抑も度々使庁に仰せらるると雖も、有司怠慢して糾弾に心なし。もしなお懈緩せば、処するに科責を以てせよ。もし亦殊功あらば、状に随いて抽賞せよ(27)。

盗賊や放火の輩を捕縛せよと、源頼朝や諸国の国司に発したこの命令は、律の内容を改めるものではなく、律の刑を改めるものでもない。死刑を執行せよというものではないし、死刑停止の慣行を継続せよというものでもない。鎌倉前期、寛喜三年一一月の後堀川天皇の宣旨は、全四二条を数える中で、第三二に「諸国に仰せて海陸の盗賊を追討せしむべき事」を掲げ、第三五に「京中の強盗を停止せしむべき事」を掲げているが(28)、事情は何ら変らない。この新制も、源朝臣に代り、四代将軍の左近衛権中将藤原朝臣を記す以外、律を改めるものでもないし、死刑の執行や停止を命じるものでもない。

源実朝が鶴岡八幡宮で殺された後、頼朝と縁続きの幼い藤原頼経が、幕府の求めにより新鎌倉殿として鎌倉に下向した。後鳥羽上皇が北条義時追討を五畿七道諸国に命じたのは、その二年後のことである。義時追討、正確には幕府打倒を命じる官宣旨（読み下し）は、次のようである。四月に践祚した仲恭天皇も幼く、朝廷は後鳥羽上皇の院政下にあった。

右弁官下す、五畿内諸国（東海、東山、北陸、山陰、山陽、南海、太宰府）

応（まさ）に早く陸奥守平義時朝臣の身を追討し、院庁に参り裁断を蒙らしむべき、諸国庄園守護人地頭等の事

右、内大臣宣す。勅を奉ずるに、近曾（ちかごろ）関東の成敗と称し、天下の政務を乱す。纔（わず）かに将軍の名を帯すと雖も、なお以て幼稚の齢にあり。然る間かの義時朝臣、偏えに言詞を教命に仮り、恣に裁断を都鄙に致し、剰（あまつさ）え己が威を輝かし皇憲を忘るるが如し。これを政道に論ずるに謀反と謂うべし。早く五畿七道の諸国に下知し、かの朝臣を追討せしめよ。兼て又諸国庄園の守護人・地頭等、言上を経べきの旨あらば、各院庁に参り宜しく上奏を経べし。状に随いて聴断せん。抑も国宰幷びに領家等、事を倫綍（りんふつ）に寄せ、更に濫行を致すなかれ。縡（こと）これ厳密にして違越せざれ、てえれば、諸国承知し、宣に依りてこれを行え。

承久三年五月十五日　　　　大史三善朝臣

大弁藤原朝臣(29)

朝廷は、北条義時を名指し、義時が執権として幕府の政務を執ることに、傍線をふしたように「謀反」の烙印をおした。これは、指摘するまでもなく、律が八虐冒頭におく謀反のことで、国家（天皇）を危うくせんと謀る者は皆斬に処する。しかし、問題は、朝廷（京都方）が果して幕府（鎌倉方）を兵力により圧倒できるか、どうかである。朝廷が軍事的に勝利を収めたとき、初めて謀反の罪が成立し処罰が可能となる。

幕府は、直ちに東海道、東山道、北陸道の三方から大軍を上洛させた。六月一五日、北条泰時らの率いる鎌倉方の主力が入京し、朝廷が義時追討の宣旨を撤回したため、官軍・賊軍の立場が逆転した。鎌倉後期、幕府の中で編纂した『吾妻鏡』は、七月一日以降、鎌倉方の手による京都方処罰の記事を掲載している。二日西面の武士四人を梟首し、五日一条信能を濃州遠山庄で刎首し、一二日は宣旨の起草者たる藤原光親を駿州加古坂峠で梟首し、一四日藤原宗行を駿州藍沢原で殺し、一八日藤原範茂を相州早河の底に沈め、二九日源有雅を甲州稲積庄で殺害した[30]。処罰の多くは鎌倉へ送る途中で殺したのである。

同じ七月のこと、幕府は、践祚して僅か数箇月、即位礼もない仲恭天皇を退位させ、後鳥羽上皇の院政に止めをさした。天皇は幼くして廃帝となった。仲恭天皇の諡号は明治政府が贈ったものである。幕府は、後鳥羽上皇を隠岐へ流し、順徳上皇を佐渡へ流した。律の考え方からすると、これこそ幕府が謀反の「反」を実行したものに他ならない。

二　武家法の謀叛

（一）御成敗式目

承久の乱後、貞永元年（一二三二年）八月、幕府は、執権北条泰時の下で、太田康連ら法曹系評定衆を起草者として、御成敗式目を編纂した。広くしられるように、後に『吾妻鏡』は、律令と比べ「彼は海内の亀鏡、是は関東の鴻宝なり」と記している[31]。一ツ書き全五一条中「謀叛」が含まれるのは、第三、第九、第一一の三箇条である。第三は大犯三箇条の一つとして、第一一は妻女の所領没収を招く夫の罪過の一つとして、それぞれ謀叛が記されている。これに対して、第九の規定が謀叛を正面から定める唯一のものである。読み下しを掲げると、次のようである。

一、謀叛人の事

右、式目の趣兼日定め難きか。且は先例に任せ、且は時議によりこれを行わるべし[32]。

式目の趣は本条の趣旨、ないしは内容。兼日は、あらかじめ。時議（時儀）はその時々の状況、あるいはその時その時の状況に対応する判断のことをいう。すなわち、第九は、謀叛人は前以て内容を定められない。謀叛人の概念も、謀叛人に対する刑も定められない。そのため、一方では先例に従い、また一方ではその時々の判断により処理するべきだというのである。

中世史家の笠松宏至氏は、泰時の下で、まず式目の五一箇条の篇目（事書き）が決定された後、起草者一同に篇目に対応する内容（本文）が諮問され、各答申案について審議が行われた。そのさい「謀叛人の事」は、次条の「殺害・刃傷罪科の事」の前におく「第一の重大犯罪であり、篇目の一つとしては逸することのできぬ事項であったが、実質的な処分規定を立案し得ぬまま、公布せざるを得なかったのであろう」という[33]。式目は五一箇条を整然と分類し配列するものではないが、一瞥してわかるように、社寺を巻首におき、次に守護・地頭の権限をおき、続いて所領知行、刑事、訴訟手続きをおくなど、大まかな分類はある。律が八虐第一に謀反をおいたのと同じく、式目も刑事の群の冒頭に謀叛をおこうとしたことは考えられるから、笠松氏の推測は外れていないのではないか。

御成敗式目は、元々、幕府が裁判規範として編纂したものである。そのため、式目は、基本的に幕府の支配の及ぶ武家社会を対象とした。第六「国司・領家の成敗は関東御口入に及ばざる事」という一条は、幕府が朝廷や本所の訴訟に容喙しないことを示したものである。これを前提とすると、第九の謀叛人の規定に具体的な内容を記すさい、律の謀反に倣って「鎌倉殿に反逆を謀ればその身死罪に処せらるべし」と記せばよい。

しかし、起草者はそうしなかった。式目は、第三「諸国守護人奉行の事」の条で、大犯三箇条をば「右大将家の御時定め置かるる所は、大番催促・謀叛・殺害人（付たり、夜討・強盗・山賊・海賊）等の事なり」と記している。この謀叛は、律の定める天皇、ないしは朝廷に対する謀反である。前述のように、右大将源頼朝は、文治元年一一月、朝廷から守護・地頭の設置を認められたし、建久二年三月の新制により、海賊・山賊・放火の輩の捕縛を命じられた。このようにして、全国の軍事権・警察権を武家が代って担当することにより、幕府は朝廷や庄園領主の支配の大本にくいこんだのである[34]。

源義経が奥州平泉へおち、その義経を藤原泰衡が襲って殺害した。文治五年七月一九日、頼朝は藤原氏追討のため、大軍を率いて鎌倉を出立した。頼朝は二月、三月、六月と三度、泰衡追討の宣旨を求めたが、後白河上皇がこれを渋り、勅許なしに出陣した。朝廷が後鳥羽天皇の宣旨を発したのは、七月一九日。その後、八月、平泉が陥落し、九月初め、泰衡は自らの郎従に殺害された。奥州に逗留する頼朝の下に宣旨（と院宣）が届けられたのは、九月九日である。宣旨は、泰衡らの「結構の至り、既に逆節に渉らんとするか」と反逆を認定し、頼朝に命じて「その身を征伐し、永く後の濫れを断て」と記していた[35]。奥州の雄たる藤原氏を倒すには、泰衡らが朝廷に弓をひく謀反人だ、という構図が必要とされた。守護の職務たる謀叛人の追捕も、幕府が担当する全国の軍事権・警察権も、朝廷の存在を抜きにしては成立しなかったのである。

結局、起草者は、第九の謀叛人の内容として、単純に、鎌倉殿（将軍）に反逆を謀ると記せない。鎌倉開府の頃に遡り、律に倣って、国家（天皇）を危うくせんと謀るとも記せない。しかも、厄介なことには、起草者全員の頭の中に、承久の乱の事後処理の記憶があった。京都方は北条義時を謀反人（謀叛人）として兵を募り、挙兵した。しかし、鎌倉方が入京した時点で官軍・賊軍の立場が逆転し、鎌倉方が京都方の処罰を行い、処罰は仲恭天皇の退位、後鳥羽上皇や順徳上皇らの配流にまで及んだ。これは律の謀反の罪の概念をこえる、いわば超法規的なやり方だった。このとき、朝廷の存在を前提とする謀反罪の概念が破綻した。

義時、泰時の有名な話をのせるのは『増鏡』である。鎌倉を発した泰時が翌日単騎立ち帰り、もし後鳥羽上皇自ら兵を率いてくるのに出会ったら、どのように進退すればよいかと尋ねた。義時は泰時に「まさに君の御輿に向ひて弓を引くことは、いかゞあらん。さばかりの時は、かぶとをぬぎ弓の弦を切りて、ひとへにかしこまりを申て、身をまかせ奉るべし。さはあらで、君は都におはしましながら、軍兵を給せば、命を捨て千人が一人になるまでも戦ふべし」と教えた[36]。この父子問答が何を典拠とするのか不明ながら、承久の乱後、幕府が容赦なく上皇を罰したことからみて、話の虚構性は歴然としている。

もっとも、鎌倉開府の少し後、謀反（または謀叛）が朝廷の存在を前提としない事例がある。後鳥羽上皇歌壇の中心人物たる藤原定家は、京都にいながら源実朝の和歌を指導した人でもある。この定家が日記の中で、将軍に対する反逆を謀反と、はっきり記している。鎌倉前期、建暦三年五月の和田合戦は、和田義盛が泉親衡の乱の処分を不満として実朝の御所や北条義時の邸宅などを襲撃したが、同族三浦義村らの裏切りにより、鎌倉を戦場として一族もろとも滅亡した事件である。定家は鎌倉の事件をきくと、親衡の乱を想起して「去んぬる春謀反の者結党の由、風聞・落書等あり。件の義盛その張本たり」と記している[37]。

一方、鎌倉の『吾妻鏡』は、和田合戦の二日目、北条義時らが発した御教書二通を掲載する。一通は、義盛らが「むほんをおこして、きみをい（射）たてまつるといへとも、へち（別）の事なき也」といい、続く他の一通も、同じく義盛らが「謀叛をおこすといへとも、義盛殞命（命をおとし）畢。御所（実朝）方別の御事なし」という[38]。このむほんも、謀叛も、右の日記の記述と同じく、律の定める概念から外れている。

ここで御成敗式目に戻ると、式目の第九は、謀叛人について刑を定めない。しかし、遠く保元の乱、近く承久の乱の先例によると、まず死罪に処するのだろう。第一〇の「殺害・刃傷罪科の事」が当座の諍論や遊宴の酔狂により、思いがけざることで「殺害を犯せば、その身死罪を行われ、幷びに流刑に処され、所帯（所領）を没収される」とする刑[39]の比較からは、謀叛の刑は死罪、罪状が軽いと流刑と定めるべきだった。それを式目は「且は先例に任せ、且は時議によりこれを行わるべし」として、裁量の余地を確保したのである。なお、問注所系統の式目講義の筆録の一書は、この点について「且ハ依時儀ト云ハ、一定（いちじょう）可殺者ナレトモ、一人殺テ大乱可起事ナレハ、ナダメユルシ、又殺マシキ者ナレトモ、一人殺テ悉クヨク可治事ナレハ、殺ス」と注釈している[40]。この一定は必ず、の意味。

（二）追加法

御成敗式目は、必ずしも体系的な法典ではなかったし、網羅的な法典でもなかった。幕府は必要に応じて種々の事項に関する法令を作り、関係者や関係機関へ通達した。式目を基本として、式目以後に（少数ながら以前を含む）立法した法令を追加法という。現在主として追加集により多数の法令が伝えられているが、謀叛に関する法令は僅かである。

①貞応元年（一二二二年）四月、幕府は、承久の乱以後の「国々守護人幷びに新地頭、非法禁制・御成敗条々の事」を作成した。一ツ書き全六条中、第二の条を読み下すと、次のようである。

一、謀叛人追討の事
　真偽を糺明し、実正に随い、沙汰致すべし。(41)

②嘉禄三年（一二二七年）閏三月、幕府は、諸国の守護・地頭の所務について追加法を作成し、六波羅探題へ通達した。この中に次の一条がある。

一、抑も謀叛・殺害人の資財所従は、守護所進止すべきなり。その跡田畠住宅は、預所・地頭あいともに沙汰致せしむべきなり。(42)

①は北条義時の単署、②は北条泰時、北条時房、二人の連署により発せられた。前者は謀叛人の概念を定めるものではなく、その刑を定めるものでもない。後者は謀叛人（と殺害人）について附加刑の扱いを定めるものである。式目第九は、この①を前提に「式目の趣兼日定め難きか。且は先例に任せ、且は時議によりこれを行わるべし」という内容になった。

③宝治元年（一二四七年）六月の宝治合戦は、頼朝以来の有力御家人たる三浦氏を、北条時頼が外戚の安達氏らと結んで攻撃し、鎌倉を舞台として戦いを繰り広げた末、三浦一族を滅亡させた事件である。当主の三浦泰村邸は奇襲され、防戦のさなか煙攻めにあった。泰村、光村の兄弟をはじめ一族揃って、頼朝の御影のある法華堂に退いて自刃した[43]。時頼は、六月五日、次に掲げる事書きを、六波羅の北条重時へ送った。

一、謀叛の輩の事

宗たる親類・兄弟等は、子細に及ばず召し取らるべし。その外京都の雑掌、国々の代官・所従等の事は、御沙汰に及ばずと雖も、委しく尋明し、注申に随いて、追って御計らいあるべし[44]。

④右の事書きは、六波羅探題が直ちに西国の地頭や御家人へ伝達したのである。①三浦一族の主立った親類や兄弟は、事情によらず召し取れ。②一族が京都におく雑掌や、一族が守護たる国々、一族の所領の代官・所従らは、御沙汰（処分）に及ばないが、詳しく調査し注進せよ。おって処分する。このとき、三浦氏が守護を務めるのは相模、河内、土佐の国々である[45]。京都の雑掌や西国の代官・所従ら、宝治合戦に参加しなかった人々に処分を拡大する必要はない。ところが、この機に乗じて人身や財産に対する侵害があったらしく、探題は、河州守護代に次の命令を発した。一部③の繰り返しである。

一、謀叛之輩為宗親類兄弟者、不及子細可被召取。其外京都雑掌、国々代官所従等事者、雖不及御沙汰、委尋明、随注申、追可有御計之由（これより読み下す）関東より仰せ下さるる所なり。この旨を存ぜしむべし。しかるに謀叛の被官の輩と称し、左右なく追捕・狼藉に及ぶの由、その聞えあり。事（こと）実ならば甚だ然るべからず。所詮その煩いを止め、子細を注申すべきの状件の如し。

宝治元年六月廿二日　　相模守（重時）

河内国守護代[46]

⑤右の命令は、やはり六波羅探題が河内一国に止まらず、西国全域へ伝達した。しかし、事態は沈静することなく、謀叛の被官の輩だとして、三浦一族の縁者や所従の人身や財産（特に所領・所職）が甲乙人（無権利者）らにより妨害されたらしい。幕府は、次に掲げる命令を北条長時へ通達した。このとき、重時が京都から鎌倉に戻り、連署に転じたのに代って、子の長時が新任の六波羅探題として、鎌倉出立を目前にしていた。

一、叛逆の輩の縁者幷びに所従等の事。甲乙人等のため、事を左右に寄せ、煩いを成すの条、甚だ然るべからず。早くその儀あるべからざるの旨、下知を加えらるべし。承引せざる人々においては、注申せらるべきの状、仰せにより執達件の如し。

宝治元年七月十九日　　左近将監（時頼）

相模守（重時）

相模左近大夫将監殿[47]（長時）

御成敗式目は、第九の条で、謀叛人は前以て内容を定められないとして、謀叛人の概念も、謀叛人に対する刑も規定しなかった。内容は無である。そのため、一方では先例に従い、また一方ではその時々の判断により処理するべきだというのである。③④⑤の追加法は宝治合戦の処理のためのもので、一見、第九の規定を具体的内容を以て定めるものではないようにみえるが、そうではない。①朝廷の存在を前提とする、謀反（または謀叛）の概念と訣別し、謀叛の対象は将軍（鎌倉殿）だと明示した。②京都の雑掌や国々の代官・所従ら、鎌倉の合戦に参加しなかった人々に処分を拡大しないことにより、連坐の範囲を限定した。

このように、謀叛が将軍に対する謀叛だとすると、謀叛は、将軍の生命や身体に危害を加える、あるいは将軍から追放するという、将軍その人に対する罪と、幕府を攻撃し、顚覆させるという、将軍の位に対する罪の二者を含むこととなる。前述の、和田義盛が実朝の御所を攻撃したのは、わかりやすい、前者の事例である。問題は後者の場合である。三浦一族の敵は執権の北条時頼であり、幼い将軍の藤原頼嗣ではなかった。しかし、一族の存在が幕府（将軍の位）を脅かすと、時頼らが位置づけたのである。広くしられるように、頼朝の没後、北条氏の執権や得宗の力は、常に将軍を凌いだ。

鎌倉時代を通して、鎌倉を舞台とする謀略や鎌倉を戦場とする抗争が繰り返された。その原因は、源氏の血筋が三代で途絶え、鎌倉殿として幼い公家や皇族を招いた無理にある。将軍が長じると、反執権、ないしは反得宗の核となり、幕府は、将軍や前将軍を京都へ送り返すことを繰り返した。すなわち、四代頼経、五代頼嗣、六代宗尊親王、七代惟康親王を、皆京都へ送り返した。公家を作者とする『増鏡』は、惟康が逆輿（さかさごし）にのせられ、送還される様子を描写して「将軍、宮こ（都）へ流され給」う、と記している[48]。昔、承久の乱で上皇らに謀反の罪を被せたと同じく、歴代の将軍にも謀叛の罪を被せたのである。

おわりに

律の定める謀反や謀叛は、朝廷の軍事組織が崩壊し軍事上の実力が著しく低下した中世には、刑罰による制裁を期待できない単なる言葉と化した。武者の時代の幕を切って落したのは平清盛。武者の手で幕府を創建したのは源頼朝。頼朝は、朝廷権力の簒奪者でありながら、一貫して朝廷に恭順の姿勢をとり続けた。頼朝以来の幕府の姿勢を激変させたのが、承久の乱の処理である。幕府は、幼い天皇を退位させ、院政の主宰者たる上皇を遠島へ流した。これは、唯一の軍事組織をもつ幕府が、謀反の「反」を実行したものに他ならない。承久の乱は朝廷と幕府の力学を逆転させたのである。

とはいえ、幕府の成立や承久の乱の敗北により、朝廷の全国支配の枠組みが解体したのではない。幕府が朝廷に取って代ったのでもない。朝廷は、東国を除くにしても、依然として全国を支配し行政を行った。ただ、現実に謀叛がおきたら、朝廷には抑える実力がなく、軍事権・警察権を簒奪した幕府が朝廷に代ってこれを鎮圧するしかなかった。そのさい謀叛は、朝廷の存在を前提とするものだったに違いない。その意味で、この言葉は死語でなく、生きている言葉だった。もっとも、天皇や朝廷に対する反逆を朝廷自らの軍事力で鎮圧し、朝廷自らの手で制裁する、という律の想定から、現実は大きく食い違っていた。

承久の乱の後、幕府は、御成敗式目を編纂し、その中に謀叛人の篇目をおいた。篇目をおきながら、謀叛人は前以て内容を定められないとしたから、内容は無に等しかった。そのため、何か事がおきたら、容易に謀叛人として制裁を加えることができた。そして宝治合戦の後、幕府は、追加法を発した中で、謀叛の対象は将軍（鎌倉殿）だと明示した。朝廷の存在は眼中になかった。

幕府は、承久の乱の処理で、超法規的に天皇、上皇をはじめ、京都方の公家や武士を大量に処罰した。その次は、宝治合戦の後の追加法で謀叛の概念を明示しながら、将軍という将軍に謀叛の嫌疑をかけては、京都へ送還した。又ぞろ超法規的処理を行ったのである。想起すると、承久の乱の後、幕府は後堀河天皇を擁立したばかりか、第一皇子の四条天皇が夭折すると、次に後嵯峨天皇を擁立した。持明院統・大覚寺統の迭立の後も、幕府の意向が皇位決定を左右した。幕府が外から干渉して朝廷の主宰者を誰にするか決定権をもったのである。北条氏の後継たる足利氏の下で、学僧が「天皇御謀叛」の奇語を使ったのも、決して故なしとしない。

（1）笹川臨風「謀叛論」一頁。本論は、田岡嶺雲『明治叛臣伝』の序文としてふされたものである。日高有倫堂、一九〇九年発行。なお、嶺雲の書物は、河野広中や奥宮健之らを論じたものである。
（2）日本思想大系『律令』（岩波書店、一九七六年）四八九頁、補注6f「謀反と謀叛」。
（3）前田育徳会尊経閣文庫編『色葉字類抄』二巻本（八木書店、二〇〇〇年）二三〇頁。本書は、原本の写本（年代不明）を鎌倉後期、室町前期の二度の伝写をへて、永禄八年（一五六五年）書写したもの。小学館国語辞典編集部編『精選版日本国語大辞典』第三巻（二〇〇六年）は、むほん【謀叛・謀反】の項（九〇〇頁）補注で『色葉字類抄』が「謀叛ムホン、背朝也」と「謀反ムヘン、賊乱分」を区別する、と記している。補注の参照する『色葉字類抄』と尊経閣文庫本が異なるらしく、後者は区別がない。
（4）正宗敦夫編『伊呂波字類抄』第五巻（現代思潮社・日本古典全集復刻版、一九七八年）无篇四一葉裏。この復刻版の原本は、一九三〇年の発行。
（5）試みに、日本古典文学大系『太平記』第一巻（岩波書店、一九六〇年）を参照すると、巻第一は謀反を三回、謀叛を七回使用し、巻第二と巻第三を併せて謀反を四回、謀叛を三回使用している。
（6）前掲『太平記』第一巻四八頁、七〇頁。当今（トウギン）は今上天皇、すなわち後醍醐天皇のこと。
（7）滝川政次郎「内乱罪・謀反罪の字義及び沿革」（歴史公論第二巻第一二号、一九三三年）一二三頁。引用中、謀反・謀叛の表記は原文どおり。
（8）前掲『太平記』第一巻四三頁、補注四三四頁。補注の謀反の表記は原文のとおり。本文「謀叛ノ計略ヲ回（めぐら）サント思ケル処ニ」の表記と、なぜか異なる。
（9）日本古典文学大系『神皇正統記・増鏡』（岩波書店、一九六五年）増鏡四三一頁。
（10）前掲『神皇正統記・増鏡』増鏡二七二頁。東（ひんがし）ざまは、鎌倉の方（方角）の意味。
（11）日本思想大系『中世政治社会思想』上巻（岩波書店、一九七二年）四〇～四一頁の「北条泰時消息」。
（12）和気王は舎人親王の孫で、仲麻呂の謀反を密告した功により、参議・兵部卿となった。天平神護元年（七六五年）皇位を窺い、紀益女を使って称徳天皇、道鏡の二人を呪詛したという。朝廷は、王を伊豆へ配流する途中絞殺した。新日本古典文学大系『続日本紀』第四巻（岩波書店、一九九五年）八六頁以下。
（13）新訂増補国史大系『日本後紀』（吉川弘文館、一九六六年）八七頁。薬子は服毒自殺。
（14）さしあたり、古活字本保元物語。日本古典文学大系『保元物語・平治物語』（岩波書店、一九六一年）三七九頁。
（15）さしあたり、古活字本平治物語。前掲『保元物語・平治物語』四五八頁。
（16）新訂増補国史大系『続日本後紀』（吉川弘文館、一九六六年）一三七頁以下。
（17）新訂増補国史大系『日本三代実録』（吉川弘文館、一九六六年）一九三頁以下。
（18）布施弥平治『修訂日本死刑史』（巌南堂書店、一九八三年）一六二頁以下。薬子の変の直後、大同（五年）を弘仁と改元。
（19）利光三津夫「平安時代における死刑停止」二二一～二二二頁。慶応通信、一九六七年発行の『律令制とその周辺』所収。氏が『日本紀略』からひく記事は、前播磨掾惟文王による傷害犯たる藤原斉明（同罪の弟保輔は逃亡）の梟首、阿州海賊追討使源忠良による海賊一六人の梟首、検非違使（氏名不詳）による強盗の梟首である。吉川弘文館、一九六五年発行の新訂増補

国史大系『日本紀略』後篇一五三～一五四頁、一七四頁、二六一頁。
(20) 新訂増補国史大系『律』新装版（吉川弘文館、二〇〇〇年）六九～七〇頁。端は布の単位。幅二尺四寸×長さ四丈二尺である。なお、前掲『律令』五八一頁、補注1f「端」参照。
(21) 前掲『律』一六七頁。
(22) 前掲『保元物語・平治物語』二四五頁。
(23) 新訂増補国史大系『吾妻鏡』前篇・新装版（吉川弘文館、二〇〇〇年）一九八頁。原文は漢文。
(24) 前掲『吾妻鏡』前篇二七八頁。行平は、朝廷からの要請により、頼朝が洛中の群盗鎮圧のため千葉常胤と二人京都へ派遣した御家人である。上皇近臣の藤原経房は、二人の上洛後洛中が静謐となったと鎌倉に報じてきた（二七七頁）。
(25) 前掲『吾妻鏡』前篇四三七頁以下。しかし、対馬に流されるはずの定重は、衆徒の鬱憤が強烈なため、五月二〇日、江州辛崎辺りで梟首された。梶原景時が執行した（四四四頁）。
(26) 日野資実『都玉記』建久二年一一月二二日条。東京大学史料編纂掛編『大日本史料』第四編之三（東京大学出版会・復刻版、一九六九年）七四二頁。原文は漢文。ちなみに、文暦二年（一二三五年）七月、幕府は、六波羅探題へ通達した追加法の中で、夜討・強盗の張本は断罪せよ、その他枝葉の輩は夷島へ流すから関東へ送れ、と命じている。佐藤進一ら編『中世法制史料集』第一巻・鎌倉幕府法・補訂版（岩波書店、一九六九年）九九頁。
(27) 日本思想大系『中世政治社会思想』下巻（岩波書店、一九八一年）二一～二二頁。原文は漢文。後白河上皇院政下、治承二年（一一七八年）七月の太政官符（新制）も、全一二条の九番目が、同じく陸海の盗賊や放火の輩を捕縛せよという命令である。佐藤進一ら編『中世法制史料集』第六巻・公家法・公家家法・寺社法（岩波書店、二〇〇五年）一六～一七頁。
(28) 前掲『中世法制史料集』第六巻九五頁、九六頁。原文は漢文。
(29) 東京大学史料編纂掛編『大日本史料』第四編之十五（東京大学出版会・復刻版、一九七二年）九二〇～九二一頁。原文は漢文。内大臣は源通光。将軍とあるが、鎌倉殿をいう。藤原頼経の将軍宣下は、嘉禄二年（一二二六年）一月である。教命は鎌倉殿の命令。皇憲は朝憲と同じく朝廷の法。国宰は国司。倫綍は天皇の言葉。綍は宣旨の内容。大弁は藤原資頼。

（30）前掲『吾妻鏡』前篇七九一頁以下。本書は、承久三年七月一日条で「合戦張本衆公卿以下の人々、断罪すべきの由宣下の間、武州（北条泰時）早くこれを相具し、関東に下向すへきの旨、面々の預人等に下知す」と記している（七九一頁）。原文は漢文。

（31）新訂増補国史大系『吾妻鏡』後篇・新装版（吉川弘文館、二〇〇〇年）一一八頁。原文は漢文。

（32）日本思想大系『中世政治社会思想』上巻（岩波書店、一九七二年）一三頁。原文は漢文。

（33）前掲『中世政治社会思想』上巻四三二頁、補注9。

（34）さしあたり、西田友宏『鎌倉幕府の検断と国制』（吉川弘文館、二〇一一年）一六頁以下。

（35）前掲『吾妻鏡』前篇三五〇〜三五一頁。原文は漢文。宣旨中「結構之至、既渉逆節者歟」の結構は企て、至は果て、逆節は反逆である。

（36）前掲『神皇正統記・増鏡』増鏡二七三頁。本書は、承久の乱の前、上皇の近臣や、北面・西面の武士が、弓箭兵仗の練習にあけくれたと記している（二七一頁）。

（37）藤原定家『明月記』建暦三年五月九日条。東京大学史料編纂掛編『大日本史料』第四編之十二（東京大学出版会・復刻版、一九七二年）四九七頁。原文は漢文。同年八月一一日条は「関東謀反の輩、将軍の幕下を夜襲し、すでに以て滅亡す云々」という巷説を記している（五六五頁）。

（38）前掲『吾妻鏡』前篇六八三頁、六八五頁。原文は和文。引用にあたり、変体がなを平がなに直した。

（39）前掲『中世政治社会思想』上巻一三〜一四頁。故殺を定める、第一〇の規定中「或依当座之諍論、或依遊宴之酔狂、不慮之外若犯殺害者」の「不慮之外」は論理的にはおかしいが、外は単に不慮を強める語。

（40）池内義資編『中世法制史料集』別巻・御成敗式目註釈書集要（岩波書店、一九七八年）二二六頁。引用は「御成敗式目注、池辺本」による。濁点の有無は原文どおり。なお、六二四頁以下の解題参照。

（41）前掲『中世法制史料集』第一巻・鎌倉幕府法六一頁。原文は漢文。前掲『吾妻鏡』後篇三頁参照。

（42）前掲『中世法制史料集』第一巻・鎌倉幕府法四六九頁。原文は漢文。前掲『吾妻鏡』後篇五二頁参照。

(43)前掲『吾妻鏡』後篇三八〇～三八二頁。
(44)前掲『中世法制史料集』第一巻・鎌倉幕府法一六〇頁。原文は漢文。前掲『吾妻鏡』後篇三八三頁。
(45)永原慶二監修『岩波日本史辞典』(一九九九年)一四五五頁以下の鎌倉幕府将軍諸職表(守護)。
(46)前掲『中世法制史料集』第一巻・鎌倉幕府法一六〇頁。原文は漢文。所詮は、こうなったからには。
(47)前掲『中世法制史料集』第一巻・鎌倉幕府法一六一頁。原文は漢文。前掲『吾妻鏡』後篇三九四頁。
(48)前掲『神皇正統記・増鏡』増鏡三九三頁。著者は『とはずがたり』により、惟康京都送還の場面を描写したという。益田宗「吾妻鏡の伝来について」三一四頁以下参照。吉川弘文館、一九七七年発行の、中世の窓同人編『論集中世の窓』所収。

三　近世日本における叛逆

はじめに――逆罪は叛逆か

律の八虐中、冒頭三つの罪名は順に、謀反、謀大逆、謀叛である。古くから明法家は漢音を外し、呉音を多用した。謀の字の読みは漢音でボウ、呉音でム、反の字の読みは呉音でヘン、またはホンである。大逆の語の読みは呉音でダイギャク、叛の読みは漢音でハン、呉音でバンながら、慣用としてホンとよむ。これら三者の読みは順に、ムヘン、ムダイギャク、ムホンである。

謀反は国家（天皇）を危うくせんと謀るをいい、謀大逆は山陵・宮闕を毀さんと謀るをいう。謀反と、謀の字を除く大逆の二つを併せて、反逆（ヘンギャク）と称する。これは、賊盗律縁坐条の「僧尼および婦人、もしくは官戸・陵戸・家人・公私の奴婢、反逆を犯せば、ただその身を坐す」という、律文の中の言葉である。謀反や大逆を、僧尼、婦人、五色の賤が犯すと、その一身を坐（つみ）するだけで、他の人に罰を及ぼさない。謀反も大逆も刑は皆（首従の別なく）斬だから、縁坐しない行為者を示す必要から二虐を一括しても、併称たる反逆もやはり刑は皆斬である。[1]

ところが、第二の正史『続日本紀』は、早くも橘奈良麻呂の変の後、孝謙天皇の勅の中で「比者（このごろ）頑なる奴、潜かに反逆を図る」と記している。[2]この反逆は元の意味と異なり、反逆を図ると記して、謀反の意味に用いている。一方で、同じ『続日本紀』が、光仁朝、蝦夷の蠢動を「出羽国志波村の賊、叛逆す」や「出羽国の蝦賊、叛逆す」と記している。[3]しかし、叛逆（ホンギャク）という言葉は、律文の中にみあたらない。大逆も叛も陰謀（や予備）の段階で首は絞、従は一等減、実行に移すと首従の別なく斬という共通性はあるが、立法上二虐を一括する必要はなく、叛逆は律文の反逆に似せた造語である。

平安後期以後、広く謀反と謀叛の混同が生じ、これに伴い、反逆と叛逆の二者も混同された。読みも、謀反はムホン、反逆はホンギャクとなった。この反逆と叛逆は併用され、鎌倉幕府の『吾妻鏡』は、源頼朝の奥州征伐のさい「奥州泰衡、日来与州（義経）を隠容するの科、すでに反逆を軼（すぐ）るなり」と記しながら、泰衡が殺害された後、その郎従「大河次郎兼任以下、去年窮冬以来、叛逆を企つ」と記している。[4]

さて、叛逆（または反逆）法制の歴史研究は数が少ない。手元にあるのは昭和初年の研究で、①裁判官として著名な垂水克己氏の若き日の「日本叛逆罪立法の沿革」と、②法制史家滝川政次郎氏の「内乱罪・謀反罪の字義及び沿革」である。[5]前者は司法資料第一二五号、垂水訳『大逆罪に関する比較法制資料』の附録で、いわば叛逆法令集であり、後者は一般の歴史雑誌に収められたものながら、学術論文に近い内容をもっている。

近世日本の叛逆法令として、二人が一致してあげるのは、①最初の武家諸法度中、第四の「国々大名、小名幷諸給人、各相抱士卒有為叛逆殺害人告者、速可追出事」と、②御定書中、条文の各項冒頭に「公儀江対し候重キ謀計」をおく、第八一の「人相書を以御尋に可成もの之事」の二箇条である。[6]どちらも『徳川禁令考』の表記のとおり掲げた。なお、慶長の終り、最初の武家諸法度発布の頃も、叛逆の読みはホンギャクである。正確にいうと、ホンギャクか、ホンゲキである。[7]逆の字は呉音でギャク、漢音でゲキながら、いつ頃ホンゲキの読みが登場したのか、はっきりしない。

ここで、この武家諸法度の第四をどのように読み下せばよいのか。読み方が難しく迷うのは、真ん中「各相抱士卒有為叛逆殺害人告者」の箇所である。①明治前期、司法省編纂の『徳川禁令考』は、返り点で叛逆殺害人を括っているから、叛逆・殺害人たりと告げあらば、とよむ。②これより早く、天保年間編纂が終った、江戸幕府の『徳川実紀』は、国史大系本を参照すると、第四「国々大名小名幷諸給人各相抱之士卒有為反逆殺害人告者速可追出事」とある。(8) 各相抱之（の）士卒の之が一字多く、読点はふされていない。これも返り点で反逆殺害人を括っているから、読みは同じである。

ところが、近年になって読みが変った。③近世史家の髙埜利彦氏が、武家諸法度の内容を説明して、第四の条を「かかえている士卒に叛逆をなし、殺害人の告があったならすみやかに追い出すべき事」とよんでみせた。(9) ④近世史家の小宮木代良氏も、史料集の中でこの箇所を、ルビをふして「はんぎやくをなし、さつがいにんのつげあらば」とよんだ。(10)

しかし、昔の読みも近年の読みも、無理がある。武家諸法度発布の四年前、大御所家康が京都で、在京の大名ら二二人から三箇条の誓紙を提出させた。この第三「各国にめしつかふ諸士もし反逆するか、人を殺傷するかのよしうたふる（訴える）もの、互に査検し召つかふべからず」の読みに倣い、(11) ここでは、第四の条を次のようによむ。

一、国々の大名、小名、幷びに諸給人、各々相抱える士卒に叛逆を為し、人を殺害するの告げあらば、速やかに追い出すべき事。

話を元に戻そう。大坂夏の陣の後、江戸幕府は、最初の武家諸法度により、諸大名に「おのおの相抱える士卒に、叛逆を為し、人を殺害するの告げあらば、速やかに追い出すべき」ことを命じた。本文と一体をなす注釈において「それ野心を挟む者は、国家を覆すの利器、人民を絶やすの鋒剣たる、豈に允容するに足るや」と[12]、立法理由を示している。野心を挟む士卒は危なくて允容できない（許せない）というのである。

この武家諸法度は、幕府が大名・小名に遵行を命じた行為規範である。違反すれば只ではすまないが、罰則はおいていない。一方、御定書は、幕府が刑事裁判を行うための裁判規範で、多くの条文は犯罪と対応する刑罰を規定している。しかし、右の「人相書を以御尋に可成もの之事」という一条は、犯人を全国捜査する犯罪は何々かを定めるにすぎない。これによるのは、①「公儀江対し候重キ謀計」をはじめ、②主殺し、③親殺し、④関所破り、四罪である。⑤本条は第五の項をおき、人相書による捜査をしりながら囲いおき、または召し使いなどにしていると獄門に処する、と定めている[13]。

右の「公儀江対し候重キ謀計」は、一見したところ、昔の武家法の将軍（鎌倉殿）に対する謀叛の類いをさすようにみえる。しかし、二者は意味が異なる。鎌倉殿に対する謀叛は将軍に対する加害と同時に、幕府に対する攻撃を含んだ。律の謀反が天皇と王朝を分離しなかったのと同じ事情である。これに対して、公儀え対し候重き謀計は、徳川将軍と全く別個に、公儀に対する攻撃を想定していた。これは、公儀の概念が豊臣秀吉や徳川家康という個人を離れて成立したことに由来する[14]。公儀とは、頑丈に構築された幕藩体制の下、幕府をさし、幕府の機構をさし、全国を支配する幕府の権力をさした。

江戸幕府法上、最も重大な犯罪のうち、公儀え対し候重き謀計に続くのが、主殺し、親殺しである。この二つを併せて、逆罪という。江戸中期の御定書は、旧悪免除（公訴時効）を適用しない幾つかの犯罪の筆頭に「逆罪之もの」をあげている[15]。主殺しも、親殺しも、百姓や町人ら庶民は磔である。幕府法は主従や親子という封建的身分秩序を重視し、これに対する犯罪を死刑の中で最も重い磔刑としたのである。

逆罪は近世になって突然登場したものではない。中世の開幕を予告する『保元物語』は、源義朝が父の為義を斬る羽目に陥り「綸言おもくして父の頸をきらば、五逆罪の其一を犯すべし。不孝の罪を恐れて詔命を背ば、又違勅の者に成ぬべし」と[16]、逡巡する様子を描いている。この逆罪は仏教社会の概念で、無間地獄におちる極悪の罪をいう。義朝のいう五逆罪は、①父を殺す、②母を殺す、③聖者を殺す、④仏身を傷つける、⑤教団の和合を破り分裂させる、五つの行為をいう。ここに主殺しはない。一般社会の主殺しが、いつ、どのように逆罪の概念の中に入ったのか、はっきりしない。

垂水克己氏は、御定書について「之に依つて徳川一代の訴訟及ひ刑法を知ることが出来るが、叛逆罪に関する規定は甚だしく少ない」と記し、叛逆規定として、①第一五、出入扱願取上ざる品竝扱日限之事中、第五の項の逆罪の者、②第一八、旧悪御仕置之事中、第一の項の逆罪の者、③第八一、人相書を以御尋に可成者之事中、第一の項の公儀え対し候重き謀計、三箇条をあげる。この三箇条をあげた上で、垂水氏はさらに、①②の「逆罪之もの」や、③の「公儀江対し候重キ謀計」に傍点をふしている[17]。②を例にとれば、次のようである。傍点を傍線に代えて引用する。

○十八、旧悪御仕置之事

一、逆罪の者

一、邪曲にて人を殺候者

一、火附

一、……

（以下、略）

垂水氏は「公儀江対し候重キ謀計」に加え、逆罪も叛逆だというのである。しかし、主殺し、親殺しは、氏のいうように、叛逆だとみてよいのか。言葉は時代の経過の中で、さす内容が上昇したり下降したりするし、使途が変化したりする。昔は侍所長官を補佐する所司代の名称が後に京都を支配する上級役職の名称に上昇し、昔は武家社会の花形の地位を示す御家人の名称が後に御目見以下の幕臣の名称に下降した。本来天皇・朝廷に対する犯罪たる謀叛や叛逆が時をへて鎌倉殿や足利将軍に対するものに下降するのも、あるいは、天皇や将軍と無関係に、一か八かの行為を謀反勝負と称して使途が変化するのも、不思議なことではない。そのため、滝川政次郎氏[18]が武家諸法度第四の条文を引用して、この「叛逆人は、幕府及び諸大名に対する叛逆人の意である」と指摘する[19]のも、ごく自然な話である。

事実、島原の乱を正史たる『徳川実紀』が土民一揆や百姓一揆と記すのに対して[20]、新井白石は、これを『藩翰譜』の中で「只管の土民百姓等反逆せし」と表現した[21]。白石は、島原の百姓一揆を領主に対する叛逆だと捉えたのである。この見方は、叛逆する対象が松倉や寺沢という大名・小名に下降し、叛逆者も武士ではなく、百姓にまで下降している。

話を元に戻そう。逆罪、すなわち、主殺し、親殺しは、果して叛逆か。御定書は、主として百姓や町人の犯罪と刑罰を定めた法典である。武士や僧侶の規定もあるが、基本的には百姓・町人の法典である。御定書の親殺しは、叛逆の概念から外れる。御定書の主殺しも、商家の主人、職人の親方、あるいは、地方（じかた）の地主という被害者を想起すれば、これも同じく叛逆の概念から外れる。おそらく逆罪と大逆罪の言葉の近似性が、垂水氏の思い違いを招いたのではないか。さらに時代が降ると、明治維新直後の法令の中に逆罪を君父を弑する大逆と表現するものがあるが[22]、これも単に主殺し、親殺しをさすにすぎない。

一　江戸前期の叛逆

（一）武家諸法度①

紀州藩は、榊原篁州や高瀬学山ら学者がでて、明律研究が盛んに行われた。この環境に育った徳川吉宗は法律を好んだ。御定書は、吉宗の命により、老中松平乗邑の下で三奉行が編纂を行い、寛保二年（一七四二年）一応終了した。寛保の御定書は残っていない。その後も増補、改訂を行い、家重の宝暦四年（一七五四年）最終的に確定した。宝暦の御定書は、天保期の校合本が「棠蔭秘鑑」と題される写本として残っている[23]。

御定書は、第八一「人相書を以御尋に可成もの之事」の第一に「公儀江対し候重キ謀計」を掲げながら、これに対する刑を定めなかった。これは、法典の体裁上、磔刑を以て罰する主殺し、親殺しに前置して、公儀に敵対する犯罪の存在を抽象的に記したにすぎない。すなわち、幕府法の代表的刑法典には、政治犯罪を処罰する具体的規定が全くなかったのである。法制史家の平松義郎氏は、御定書には「不敬罪・内乱罪は出てこない。謀反の罪も刑も幕府は規定しなかった。このような事件を予測することさえ不敬とされた」と論じている[24]。公開しない法典の中で「予測することさえ不敬」という点がよくわからないが、何ら説明はない。

法がなくても、罰則がなくても、事件はおきる。寛永の島原の乱、慶安の由井正雪の変、天保の大塩平八郎の乱などが、それである。しかし、頑丈に構築された幕藩体制の下で、幕府が強く警戒するべきは庶民や牢人ではなく、軍事力をもって全国に展開する大名・小名だったことは、指摘するまでもない。武家諸法度は行為規範に止まるとはいえ、幕府は遵行を命じて違反者を処罰することにより、叛逆の芽を早期に芟除できた。

この機能があるため、歴代将軍が発令した武家諸法度は、全国の大名・小名に叛逆の陰謀や予備という嫌疑をかける恰好の道具となった。最初の武家諸法度は、豊臣氏滅亡後の慶長二〇年（一六一五年）七月、二代将軍の秀忠が、伏見城に召集した諸大名の前で、崇伝をして、①文武弓馬の道、専ら相嗜むべき事に始まる、全一三条をよみあげさせた[25]。
①と同じく、⑫諸国諸侍、倹約を用いらるべき事や、⑬国主、政務の器用を撰ぶべき事は、表面諸大名に奨励する事項を示した条文、⑨諸大名、参勤作法の事は、参勤交代のさい率いる人数を限る条文である。残り九箇条は、諸大名に対して禁止する事項を示した条文である。⑦は隣国に事寄せ、自国における新儀や徒党を禁止する規定でもある。この九箇条の読み下しを、次に掲げる。

②「群飲佚遊（いつゆう）を制すべき事」
③「法度に背く輩、国々に隠し置くべからざる事」
④「国々の大名、小名、幷びに諸給人、各々相抱える士卒に叛逆を為し人を殺害するの告げあらば、速やかに追い出すべき事」
⑤「自今以後、国人の外、他国の者を交り置くべからざる事」
⑥「諸国の居城、修補を為すと雖も、必ず言上すべし。況や新儀の搆営、堅く停止せしむる事」
⑦「隣国において新儀を企て、徒党を結ぶ者これあらば、早く言上致すべき事」
⑧「私（わたくし）に婚姻を締（むす）ぶべからざる事」

⑩「衣装の品、混雑すべからざる事」
⑪「雑人、恣に乗輿すべからざる事[26]」

広島城の無断修補を咎められ、元和五年（一六一九年）六月、所領の芸州・備後二国を没収されたのが、外様大名の福島正則である。秀忠の事績を記す「台徳院殿御実紀」は、正則の悪行を特記し「あまつさへ居城広島に於て、恣に城櫓壁壘を増築し、天下の大禁を犯す」と大書している[27]。京都の秀忠が「正則今度の命を聞て、対捍の挙動せんときは、速に人数を発し誅戮を加ふべき旨」を命じてきたため、江戸愛宕山下の正則邸に上使が入る日、蒲生忠郷らの人数が邸外を囲み、先手組が山上に鉄砲を並べた[28]。幕府の強大な軍事力の前に、正則は除封の命令を拒むことなく、信州川中島などに四万五〇〇〇石の小領を給され、蟄居においこまれた。

続く元和九年二月、幕府は、家門大名の松平忠直を改易し、豊後萩原へ流した。忠直は、家康の孫で、秀忠の甥にして女婿、北の庄を居城とし、越前一国を領地とした。右の「台徳院殿御実紀」は、忠直の強暴の振る舞いをはじめ、酒色の耽溺、家臣の濫誅を『藩翰譜』の記事を基礎として記している。中でも忠直が「参観朝聘の礼をもつとめず」という点を特筆している[29]。無論、武家諸法度違反である。

寛永九年（一六三二年）六月、幕府は、外様大名の加藤忠広を改易し、肥後一国を没収した。三代家光の事績を記す「大猷院殿御実紀」は、表向き「忠広近年行跡不正にして、その上府にて生れし幼息を、大喪（同年一月秀忠没）の折からひそかに母子共に居城にをくり、公を蔑如する挙動いちじるし」ことを理由としながら、嫡男の光広が老中土井利勝を首謀とする謀反の企てに同意せよという内容の偽書を作成し、家士をして一、二の幕臣の門内になげいれさせたことをも記している[30]。この偽書が本物なら、忠広は光広を「各々相抱える士卒に叛逆を為し人を殺害するの告げあらば」に準じて、追い出すか、斬り捨てるかするしかなかった。幕府は、忠広を出羽庄内へ、光広を飛驒高山へ配流し、忠広に一万石、光広に一〇〇人扶持を給した。光広は秀忠の外孫（実は家康の女、振姫の孫）で、一五、六歳にすぎなかった。

（二）武家諸法度②

元和九年（一六二三年）七月、徳川家光が上洛し、伏見城で将軍宣下をうけた。秀忠が大御所として健在な間は、実権はなお秀忠の掌中にあった。寛永六年（一六二九年）九月、幕府は、前の武家諸法度を改め、全一一条の新令を発令した。これは、⑤自今以後、国人の外、他国の者を交り置くべからざる事と、⑨諸大名、参勤作法の事、以上二箇条を削除し、⑪乗輿を許す範囲を少し広げたものである[31]。

秀忠没後、家光は、代始めとして、寛永一二年六月、新たな武家諸法度を発令した。すなわち、江戸城に召集した諸大名の前で、林道春をして、全一九条をよみあげさせた。終ると家光が出座し、諸大名に「神祖、台徳院殿、両代の法令、年月をふる事既に久しければ、今度損益刪定して令せらる。各此旨を守るべし」と命じたのである[32]。すなわち、慶長二〇年法が家康の発令、寛永六年法が秀忠の発令という解釈である。

新令は、①文武弓馬の道の初条に続き、②大名・小名に対して、参勤交代を制度化した。③新規の城郭搆営を禁止し「居城の隍塁石壁以下敗壊の時、奉行所に達し、その旨をうくべし」と定め、順位をくりあげた。⑥旧令を改め「新儀を企て、徒党を結び、誓約を成すの儀、制禁の事」という一条をおいた。隣国を外し、よそごとではなく、正面から新儀の企て、すなわち叛逆の陰謀・予備の類いを禁止したのである。これに伴い、例の「各々相抱える士卒に叛逆を為し人を殺害する」の条をくりさげ、⑫条文も改め「本主の障りこれある者は、相抱えるべからず。もし叛逆、殺害人の告げあらば、これを返すべし」と直した[33]。この改正により、幕府の関心が、まず諸大名の新儀の企て、叛逆の企てにあり、次に程度がおちるが、諸大名の家臣中の叛逆者にあることをはっきりと示したのである。

この新令は、幾つも行為規範を加えた。④江戸や他国の変事のさい「在国の輩はその所を守り（幕府の）下知を相待つべき事」や、また、⑭所領で「非法を致さず、国郡を衰弊せしむべからざる事」や、あるいは、⑮道路や駅馬、舟や梁（橋）などの往還の整備、⑯私の関所、津留の禁止、⑰五〇〇石以上の大船建造の禁止、などである。中でも、⑲重要なのは「万事江戸の法度の如く、国々所々において遵行すべきの事」である。幕府が全国に行う法令を発する場合、諸大名に対して領内における遵行を命じるものである。例えば、文政八年（一八二五年）二月の無二念打払令、がそうである。

一方、寛永九年九月、幕府は、江戸城で諸番頭、諸奉行らを集め、全九条の諸士法度を発令した。これは、①侍の道油断なく、軍役等相嗜むべき事に始まる、簡略な行為規範である。幕府は麾下の人々が叛くとは考えないから、叛逆に関する規定はみあたらない。④僅かに「徒党を結び、或は荷担し或は妨げをなす儀、停止の事」の条をおいたが[34]、これは単に徒党を禁止する規定にすぎない。

家光は、同じく代始めとして、寛永一二年一二月、新たな諸士法度を発令した。すなわち、江戸城に旗本全員を召集し、林道春をして、全二三条をよみあげさせた[35]。これは、①忠孝を励まし、礼法を正し、常に文道武芸を心がけ、義理を専にし、風俗を乱るべからざる事以下、公私に及ぶ詳細な行為規範である。しかも、これに違反すると、咎の軽重を糺し罪科に処する、と結んでいた。新令は、⑲徒党禁止の規定や、⑫武家諸法度と同じように「本主の障あるもの、これを相抱えるへからす。叛逆、殺害、盗賊人の届あらは、急度これを返すへし」の条を、抜かりなくおいていた[36]。

(三) 叛逆の事例

江戸前期の叛逆中、規模の大きなものが、寛永一四、五年(一六三七、八年)の島原の乱である。肥前島原も対岸の肥後天草も、キリシタンの多い地域である。島原は松倉勝家、天草は肥前唐津の寺沢堅高の領地で、領主の収奪と弾圧、領民の反抗という図式が共通していた。寛永一四年一〇月、島原の一揆が蜂起し、これに天草の一揆が呼応して、総数一万二〇〇〇人に膨れあがった。一揆勢は、益田時貞を大将とし、原の廃城に入って籠城した。包囲する寄せ手へ矢文を送り「我々国郡を望み利慾のため反逆を企しにあらず。たゞ此宗門をふみつぶし給はんとの事ゆへ、止事(やむこと)を得ずして防戦する」と主張した。[37]

幕府は、板倉重昌を上使として島原へ派遣した。加藤氏除封に伴う、細川氏の肥後転封のさい、重昌が熊本城引き渡しの役を務めた経歴のためである。しかし、寄せ手の九州諸大名は小身の重昌の命令に服さず、城攻めは徒に犠牲者をふやした。幕府が老中の松平信綱らを上使として派遣すると、重昌は信綱らの到着に先立つ、寛永一五年元日、総攻めを行い、城中からの銃弾にあたり戦死した。信綱は、一二万四〇〇〇人の軍勢を以て遠攻めを行い、城中の兵糧や矢玉のつきた二月、総攻めを行い、原城を陥落させた。信綱は、時貞をはじめ一揆勢の首を残らず梟首し、改宗を拒む者は女も子供も斬首したのである。[38]

江戸前期の叛逆中、幕府顚覆を企てたのが、慶安四年(一六五一年)の由井正雪の変である。同年四月、家光が死去したとき、四代の家綱は一一歳だった。駿州出身の兵学者、正雪を首魁とし、槍術家の丸橋忠弥ら、多数の牢人が荷担し、江戸および京坂で挙兵する。正雪は東照宮のある久能山を占拠し、東西に命令を発して、幕府の顚覆を図る、という筋書きである。[39]

慶安四年七月、江戸では、町奉行所が忠弥、門弟三人、妻子らを捕縛し、駿府では、捕吏が正雪の旅宿を包囲した。旅宿で正雪と従者八人が自刃した。続いて、駿府では一味二五人を投獄し、江戸では一味五七人、妻子ら一〇〇余人を投獄した。八月、鈴ケ森で忠弥ら二九人を磔、七人を斬刑に処した。正雪ら自刃した一〇人（一人増加か）の首を、安倍川の河原に晒した。九月、鈴ケ森で二三人を磔や梟首に処した。(40)

二　江戸中期・後期の叛逆

（一）御定書

平松義郎氏は「謀反の罪も刑も幕府は規定しなかった」と指摘する一方、これに続き「政治的犯罪は『公儀を恐れざる致し方』などと概括するか、あるいは関所破、鉄砲の不法使用などを理由に極刑を科す例であった」と説明する。(41) 公儀を恐れざる致し方で極刑を科するなら、刑法典は一切不要である。ともあれ、御定書は関所破りや鉄砲の不法使用など、叛逆に結びつく犯罪を幾つおいていたのか。

ここで、一つ確認しておくことがある。武家諸法度が大名・小名の行為規範であり、御定書が幕府が刑事裁判を行うための裁判規範だったことは、前述のとおりである。すなわち、前者の名宛人は諸大名で、後者の名宛人は幕府の刑事裁判にあたる諸奉行である。裁判規範は一般に行為規範を含むことが多いが、御定書は「奉行中の外他見あるべからざる」法典だから、行為規範を含んでも本来の行為規範といえない。ただ重要なのは、刑罰の制裁下「かくあらざるべし」と禁ずる行為をするのが、幕府御料の百姓・町人ら大勢の庶民や、旗本・御家人だということである。万石以上の大名でも、大名私領の人々でもない。

①御定書は、第八一の「人相書を以御尋に可成もの之事」の五項中、第一に「公儀江対し候重キ謀計」を特筆する。本条が犯人を全国捜査する犯罪の冒頭に、公儀え対し候重き謀計を掲げたのは、編纂者がこれを幕府法上最も重大な犯罪だと認識したためである。これには、叛逆の陰謀、ないしは予備という含意がある。慶安事件のさい、由井正雪捜索のため、幕府は正雪の人相書を各所に配布した[42]。

②第二〇「関所を除（よけ）山越いたし候もの幷（ならびに）関所を忍通候御仕置之事」は、幕府のおく関所をよけ山をこえた者をその所において磔、案内者も同じ所において磔、関所を忍び通った者を重き追放と定めている[43]。忍び通るというのは、関所役人の目を盗んで通ることをいう[44]。重追放は遠島につぐ重い刑罰で、関八州をはじめ山城・摂津・肥前や東海道筋・木曽路筋など広汎な地域を構い、立ち入りを禁じた。

幕府は諸大名に関所の設置を禁じながら、江戸を防衛するため、自らは全国主要街道の五、六〇箇所に関所を設置した。そのうち、東海道の箱根、今切（新居）の関所、中山道の碓氷、木曾福島の関所を重視した。これらの関所は、俗にいう「入り鉄砲に出女」を厳しく検問した。又ぞろ慶安事件を例にあげると、捕吏が丸橋忠弥を捕縛すると、井伊直孝、松平信綱が話しあい、直ちに箱根と碓氷の二関を固めさせた[45]。

ちなみに、御定書は、第八七の「重科人死骸塩詰之事」の条により、刑の執行までに死亡した死骸を、防腐のため塩詰めにする重科は何々かを定めている。これは、①主殺し、②親殺し、③関所破り、④重き謀計、四罪である。順位の異同はあるが、右の人相書を以て全国捜査する犯罪と一致する。ずっと後の話ながら、大坂町奉行所は大塩平八郎の死骸を塩詰めにしておき、裁判の後、磔の柱にかけたのである。

③第二一「隠鉄炮在之（これある）村方咎之事」は、隠し鉄砲の所持者や発砲者を、居住地・発砲地を基準にして、江戸一〇里四方や御留場内は遠島、関八州は中追放、関八州の外は所払いと定めている。遠島は伊豆七島

の一島へ流し、[46]中追放は武蔵・山城・摂津や東海道筋などを構い立ち入りを禁じ、所払いは居村・居町から追放した。表題の隠し鉄砲のある村方は、名主・組頭を重き過料や急度叱りに処した。一見してわかるように、本条は、農村の威筒（おどしづつ）や山村の殺生筒について鉄砲改めを不法にさける庶民を罰する規定であり、武士や牢人らの鉄砲所持を罰して叛逆を防遏しようというものではなかった。

④第二八「地頭江対し強訴其上致徒党逃散之百姓御仕置之事」は、地頭（旗本）へ強訴し、徒党を致し、逃散する百姓が出来すれば、頭取は死罪、名主は重き追放、組頭は所払い、惣百姓は過料と定めている。死罪は、首を刎ねる。徒党は、武士や牢人なら叛逆に発展することがあるかもしれない。しかし、本条は、単なる百姓一揆を想定するにすぎない。

⑤第六二は謀書・謀判の条で、文書偽造や印判の偽造・盗用の犯人を引き回しの上獄門と定め、第六七は似せ金銀の条で、通貨偽造も同じく引き回しの上獄門と定めている。どちらも、叛逆の過程で実行されることがあるかもしれないが、通常の犯罪である。第七〇の火附けも、第七一の人殺しも、無論、通常の犯罪である。御定書を通読しても、叛逆に結びつく犯罪や禁止事項はほとんどみあたらない。

（二）　叛逆の事例

江戸中期、飢饉による百姓一揆や打ち毀しが全国で多発した。しかし、幕藩体制の下、幕府や諸大名に対して叛逆を企てる者は現れなかった。もっとも、叛逆の陰謀と目されたものに、垂加神道家、竹内式部の宝暦事件がある。事件は、式部の門弟の公家衆が『日本書紀』神代巻を年少の桃園天皇に進講したのが発端である。式部が邪説を講じ、門弟公家衆に謀反の志があるという風説が広まったため、関白近衛内前らは、宝暦八年（一七五八年）七月、式部を所司代に告発する一方、正親町三条公積、徳大寺公城、烏丸光胤らに対して止官・永蟄居などの処分を強行した[47]。幕府は、宝暦九年五月、式部を重追放に処した。

九代家重の事績を記す「惇信院殿御実紀」は、式部が兵書や武事を教習し、堂上の子弟等「みづからの家学をばをしやりて、日ごとに馬にのり、弓を射たりしにより、堂上の子弟等身に似つかはしからぬことこのむとて咎かうぶり、式部は府にめされて追放たれぬ」と記している[48]。しかし、事件の本質は垂加神道の尊王精神から朝廷権力の回復を説く、式部の思想の危険性にあった。朝廷上層部は、幕府を憚って、式部と公家衆を排除したのである。式部は、明和事件（一七六七年）に連坐し、八丈島へ流される途中、病死した。宝暦、明和、二つの事件は直接の繋がりはないが、どちらも早くに芽生えた尊王斥覇思想が弾圧された事件である。

さて、江戸後期には、幕府に公然と弓をひく、正確には弓ならぬ、大砲を打っ放す者が出現した。無論、大塩平八郎の乱である。平八郎は著名な陽明学者で、大坂町奉行所元与力である。天保の飢饉に際して町奉行に窮民救済策を上申したが、とりあげられないばかりか逆に叱責をうけた。天保八年（一八三七年）二月、近郷近在の村々に、富商の金銀や諸大名蔵屋敷の俵米を分配するという檄文をまき、救民の旗印を掲げて、門弟や民衆らと蜂起した。平八郎の率いる一党は、市内の富商を襲い、各所を砲撃した。しかし、大坂城代土井利位配下の城兵や、東西町奉行所の人数により、一日のうちに鎮圧された[49]。

大塩の乱は、大塩門弟を名乗る越後柏崎の生田万の乱や、大塩味方を標榜する摂州能勢の百姓一揆などを誘発した。大坂町奉行所元与力の蜂起は幕府に衝撃を与えたというのが、通説である。ところが、一二代家慶の事績を記す「慎徳院殿御実紀」は、大塩の乱について記すところがない。もっとも、よく探してみると、関連記事が辛うじて二つある。①天保八年一一月「六日こたび大坂にして徒党を結び、乱妨せしものあるによて、勘定方のものをかしこにつかはさる」の記事、②天保九年八月「廿一日大坂叛徒乱妨のをりの事褒せられて、土井大炊頭美濃国兼光の御刀賜はり、松平甲斐守、青山因幡守御詞を下され、大坂定番遠藤但馬守は鞍鐙を下さる」の記事がそれである[50]。勘定方を派遣したのは、大塩の乱で焼失した町々の復興のためだろう。土井利位は大坂城代から所司代をへてこのとき西丸老中、松平（柳沢）保泰は大和郡山、青山忠良は丹波篠山の大名である。

（三）藩法

幕府は、元禄一〇年（一六九七年）七月、万石以上の大名に自分仕置令を発令した。これは、各大名に領内の仕置を認めながら、同時に幕府の仕置に準じることを求めたものである。領内仕置の権限は、正確には、各大名の家中・領民を対象とする、属人主義による刑罰権を認めたものである。幕府は秘密主義を原則とする。それでいて、各大名に幕府法準拠を求めるのは、矛盾する二つの政策を同時に果そうというのである[51]。

この前提の下、独自の藩法を立法する大名があった。刑法典に限ると、①御定書に倣うもの、②明律を模範とするもの、③二者を折衷するもの、などに分類できる。代表例としては、①は亀山藩の議定書、②熊本藩の刑法草書、③紀州藩の国律、がある。ここで成立の順に並べると、刑法草書は宝暦四年（一七五四年）四月、議定書が寛政元年（一七八九年）六月で、国律が享和年間（一八〇一～一八〇四年）以降である。

①熊本藩は長崎に近く、舶載の書籍を入手する便があったため、江戸中期・後期に、明律や清律の研究が盛んだったことでしられる。刑法草書[52]を一見すると、笞刑や徒刑をおくのは、明律[53]に範をとったものである。名例を首編とする八編中、盗賊、詐偽、犯姦、闘殴、人命、雑犯の六編も、明律（の刑律）一一部中の六部の立て方と近似する。しかし、刑法草書は、冒頭に明律が冒頭掲げる十悪を掲げないし、そのためか、盗賊編中に明律賊盗部のおく謀反大逆条や謀叛条をおいていない。刑法草書には叛逆の規定も、叛逆に類する規定も、みあたらない

のである。

②丹波亀山は山陰道の要地で、幕府はこの地に譜代大名をおいた。議定書が編纂されたとき、藩主松平信道は寺社奉行で、御定書は座右にあった。議定書[54]は、御定書一〇三箇条に対して八九箇条。各条の選定、各条の内容など、多くの点で御定書を模倣する。例えば、議定書は乾第一四「旧悪幷再犯御仕置之事」の条で、旧悪免除を認めないものとして、次のように[55]逆罪を筆頭に七つあげるが、これは御定書第一八「旧悪御仕置之事」と同じである。坤第三〇「重科人死骸塩詰之事」の条は主殺し、親殺し、重き謀計を掲げるが、これは御定書第八七の中の関所破りを外したものである。議定書には、この重き謀計を除き、叛逆や類する規定はない。

〇十四、旧悪幷再犯御仕置之事
一、逆罪之もの
一、邪曲ニて人を殺候もの
一、火附
一、……
（以下、略）

③御三家の一つ、紀州藩の国律[56]は、名例律から連及律まで一八律の構成である。名例に続く公式から関津まで六律のうち、衛禁を除き、他の五律の名称は、明律の吏律、戸律、礼律、兵律の中の部の名称と同じで、これに続く盗賊以下、人命、闘殴、訴訟、詐偽、犯姦、雑犯、捕亡、断獄の九律は、明律（の刑律）一一部中の九部の立て方と近似する。

それればかりでなく、国律は冒頭、明律と同じく十悪八議を掲げている。十悪中三悪を国律の表記どおり並べると、第一が「社稷を危めんと謀るをいふ」謀反、第二が「宗廟宮殿を破んと謀るをいふ」謀大逆、第三が「本国ニ背き潜ニ他国ニ従んと謀るをいふ」謀叛である。[57] しかし、三悪を掲げながら、盗賊律の中に謀反大逆条や謀叛条がない。ただ、断獄律の中に十悪や強盗以外は、立春から秋分まで死刑執行をみあわせる規定がある。

この国律は一方で、御定書を模倣する。例えば、国律は名例律中「旧悪可追咎者」の条をおき、御定書第一八と同一の七罪をあげている。関津律中「関所難通類（通り難き類い）山越いたし候者」の条をおき、これも御定書第二〇と同じく、山越えした者は磔、忍び通った者は追放、と定める。[58] 同じく人命律の主殺し鋸挽きの上、磔も、親殺し引き回しの上、磔も、無論、御定書第七一とほぼ同じである。

ところで、これまで幕府法や藩法を一瞥して、叛逆をおく法令がないか、叛逆に結びつく規定がないか探してきた。実は、探し物の読みが何か、これをしらずに探してきたのである。前述のように、江戸幕府初期、叛逆の読みは、ホンギャクか、あるいはホンゲキだった。二世紀半をこえる歳月の間、この読みが果して変化したのかどうか、よく確かめることをしなかった。明治二二年、大槻文彦が初版を発行した『言海』は、叛逆という言葉を採取しなかった。そのため、むほん（表記は、謀叛）一つがあるだけで、[59] ホンギャク、ホンゲキ、ハンギャクの音にあたる言葉は、ない。戯作者、染崎延房の明治八年発行の『近世紀聞』は、禁門の変で一橋慶喜が長州藩が「斯の如くに反逆の体を露はしたる上は御誅伐の外あるまじ」と、関白らに主張したと描写して、この反逆にホンギャクのルビをふっている。[60] 江戸時代を通して、読みは、ホンギャクだったかもしれない。

おわりに

古代日本の律は、中国の律に倣い、謀反や謀叛を冒頭に大書した。犯罪に対応して、厳酷すぎる刑罰をおいたことは記すまでもない。中世日本は公家政権と武家政権が併存していた。武家政権たる鎌倉幕府もまた、御成敗式目の中に、謀叛人の篇目をおいた。しかし、謀叛人の実質的な内容は、容易に定めなかった。古代国家の成立から九〇〇年の歳月をへて、強力な幕藩制国家が成立した。頑丈に構築された幕藩体制の下で、江戸幕府は古代の律のような体系的な叛逆法制を整備したのか、あるいは、鎌倉幕府のように関心を示さなかったのか。大雑把に調べてみた結果は、どちらかというと、江戸幕府もあまり整備しなかった。

江戸時代、幕府は、武家諸法度により諸大名を統制した。広く大名・小名を対象とする刑法典を立法することはなかったが、武家諸法度元和令（慶長二〇年）は、各大名の家中に叛逆者がいると告げる者があれば追放せよと定めたし、隣国で新儀を企てる者があれば報知せよと定めた。同じく寛永令（寛永一二年）は、各大名を名宛人として新儀の企て、すなわち叛逆の陰謀、ないしは予備を禁じたのである。

江戸中期、幕府は、御定書を編纂し、刑事裁判の基本法典とした。御定書には叛逆を罰する規定がなく、そのため、幕府が謀反の罪も刑も規定しなかったという見方がある。もっとも、この御定書は、①人相書により犯人を全国捜査する犯罪の第一に「公儀江対し候重キ謀計」を掲げたし、②刑の執行のため死骸を塩詰めにする重科の中にも重き謀計を掲げた。どちらも、叛逆の陰謀や予備を含意していたに違いない。

江戸全期を通して、幕府は、親藩大名や譜代大名に加え、外様大名を動員することにより、常に強大な軍事力を誇った。どの大名も叛逆を企てる力をもたなかった。百姓、キリシタン、牢人ら、時には幕臣が叛旗を翻したが、幕藩体制は動揺しなかった。幕府が叛逆法制を整備する必要は、なかったのかもしれない。しかし、時代が降って、長州藩や薩摩藩が軍事力を以て叛旗を翻したとき、幕府の軍事的優位は脆くも崩れさっていた。

（1）新訂増補国史大系『律』新装版（吉川弘文館、二〇〇〇年）五六頁。原文は漢文。縁坐条は、唐律賊盗律縁坐条を母法とする。唐律でも無論、謀反と大逆を併せて反逆という。
（2）新日本古典文学大系『続日本紀』第三巻（岩波書店、一九九二年）二一〇頁。原文は漢文。
（3）新日本古典文学大系『続日本紀』第五巻（岩波書店、一九九八年）一四頁、五二頁。原文は漢文。なお、蝦賊はエミシとよむ。
（4）新訂増補国史大系『吾妻鏡』前篇・新装版（吉川弘文館、二〇〇〇年）三三三頁、三六七頁。原文は漢文。与は予と同意で、与州は予（豫）州のことである。一般に伊予国をいうが、この場合は伊予守源義経をいう。
（5）垂水克己「日本叛逆罪立法の沿革」は、司法資料第一二五号（一九二八年）の附録。滝川政次郎「内乱罪・謀反罪の字義及び沿革」は、歴史公論第二巻第一二号（雄山閣、一九三三年）所収。
（6）武家諸法度は、司法省蔵版『徳川禁令考』前集第一巻（創文社、一九五九年）六一頁。御定書は、司法省蔵版『徳川禁令考』別巻（創文社、一九六一年）所収の「棠蔭秘鑑」一一七～一一八頁。後者は、平かな、片カナが交じる。
（7）日本イエズス会の長崎版・日葡辞書の発行は、徳川家康将軍就任の慶長八年（一六〇三年）である。土井忠生ら訳『邦訳日葡辞書』（岩波書店、一九八〇年）二六〇頁の、Fonguiacu ホンギャク、Fonguegi ホンゲキ。
（8）新訂増補国史大系『徳川実紀』第二篇（吉川弘文館、一九七六年）五五頁。
（9）髙埜利彦「幕藩制国家成立期」二九一頁。新体系日本史『国家史』（山川出版社、二〇〇六年）所収。
（10）歴史学研究会編『日本史史料』③近世（岩波書店、二〇〇六年）六九頁。史料は漢文。

(11) 新訂増補国史大系『徳川実紀』第一篇（吉川弘文館、一九七六年）五五一頁。なお、前田家文書によると、この誓紙第三は「一、各、拘置（かかえおく）諸侍已下（いか）若為叛逆殺害人之由、於有其届者（その届あらば）互可停止相拘（互いにあいかかえ停止すべき）事」と記される。前掲『日本史史料』③近世六六頁。小宮木代良氏は、返り点で叛逆殺害人を括った上で「はんぎやくせつがいにん」とルビをふしている。すなわち、もし叛逆・殺害人たる（為）の由、とよんでいる。

(12) 前掲『徳川禁令考』前集第一巻六一頁。原文は漢文。

(13) 前掲『徳川禁令考』別巻一一七〜一一八頁。

(14) さしあたり、尾藤正英『江戸時代とは何か』（岩波書店、一九九二年）五八頁以下。なお、詳細は、深谷克己「公儀と身分制」参照。佐々木潤之介ら編『大系日本国家史』③近世（東京大学出版会、一九七五年）所収。

(15) 前掲『徳川禁令考』別巻六五頁。逆罪について、さしあたり、平松義郎『近世刑事訴訟法の研究』（創文社、一九六〇年）四〜五頁、一一〜一二頁。

(16) 日本古典文学大系『保元物語・平治物語』（岩波書店、一九六一年）保元物語一四三頁。

(17) 垂水・前掲「日本叛逆罪立法の沿革」二五〇頁以下。前掲・司法資料第一二五号所収。

(18) 穎原退蔵著、尾形仂編『江戸時代語辞典』（角川学芸出版、二〇〇八年）一一九三頁。なお、三好一光編『江戸語事典』はこれを無本勝負と表記する。青蛙房、二〇〇四年発行の新装版八二七頁。後者は元手なしの勝負で、謀反と関係しない。

(19) 滝川・前掲「内乱罪・謀反罪の字義及び沿革」一二四頁。滝川氏の読みは『徳川実紀』や『徳川禁令考』と同じ。

(20) 新訂増補国史大系『徳川実紀』第三篇（吉川弘文館、一九七六年）七五頁。

(21) 新井白石『藩翰譜』柳生宗矩の項、日本の思想『新井白石集』（筑摩書房、一九七〇年）一〇一頁。只管は、ひたすら。

(22) 明治元年一〇月の行政官布達、内閣記録局編『法規分類大全』刑法門①（原書房、一九八〇年）一四頁。

(23) 寛保、宝暦の御定書については、服藤弘司『公事方御定書研究序説』（創文社、二〇一〇年）一四頁以下、一九頁以下。

(24) 平松義郎『江戸の罪と罰』（平凡社ライブラリー、二〇一〇年）九三頁。なお、原本は一九八八年発行。

(25) 前掲『徳川実紀』第二篇五五頁。最初の武家諸法度の起草者は、崇伝、林羅山（道春）の二人。

(26) 前掲『徳川禁令考』前集第一巻六一～六二頁。原文は漢文。なお『徳川実紀』第二篇の武家諸法度は、⑤国人が国民、⑦早く言上が早速言上、⑧婚姻を締ぶが結ぶ、⑨参勤が参覲など、小異がある（五五～五六頁）。
(27) 前掲『徳川実紀』第二篇一六三頁。福島正則除封の記事は、同頁～一七三頁。正則除封について、笠谷和比古「大名改易論」第一節が詳しい。笠谷『近世武家社会の政治構造』（吉川弘文館、一九九三年）所収。
(28) 前掲『徳川実紀』第二篇一六四頁、一六七頁。
(29) 前掲『徳川実紀』第二篇二一一頁、二四六～二四七頁。松平忠直の行状は、菊池寛に小説の材料を提供した（忠直卿行状記、一九一八年）。
(30) 前掲『徳川実紀』第二篇五四六頁、五四九～五五〇頁。府は江戸をさす。加藤忠広除封について、笠谷・前掲「大名改易論」第二節が詳しい。光広は翌寛永一〇年、高山で没。なお、土井利勝自ら創作したという謀反回状については、前掲『藩翰譜』徳川忠長の項、前掲『新井白石集』一二五～一二六頁。
(31) 前掲『徳川実紀』第二篇四六六～四六七頁。前掲『徳川禁令考』前集第一巻六三頁。
(32) 前掲『徳川実紀』第二篇六八三～六八四頁。なお『徳川禁令考』前集第一巻は、武家諸法度（寛永一二年）として、耶蘇宗門の禁止、不孝の輩の処罰の二箇条を含め、全二一条を掲載する（六三～六五頁）。
(33) 前掲『徳川禁令考』前集第一巻六三～六五頁。原文は漢文。禁令考と実紀は、小異がある。
(34) 前掲『徳川実紀』第二篇五六七頁。前掲『徳川禁令考』前集第一巻七一頁。原文（禁令考）は、漢文の交じる和文。実紀の原文は和文。実紀と禁令考は、表現が大きく異なる。
(35) 前掲『徳川実紀』第二篇六九七～六九八頁。
(36) 前掲『徳川禁令考』前集第一巻七一～七三頁。原文は漢文の交じる和文。なお、実紀と禁令考は表現が大きく異なる。
(37) 前掲『徳川実紀』第三篇八四頁。一揆勢が宗門のためやむなく反逆する、と記したことに注意。
(38) 前掲『徳川実紀』第三篇八三頁以下、九〇頁以下、一〇三頁。
(39) 新訂増補国史大系『徳川実紀』第四篇（吉川弘文館、一九七六年）一八頁。

(40) 前掲『徳川実紀』第四篇一七〜一八頁、一九頁、二二頁、二九頁。さらに九月、駿府で、正雪の父母、妻、兄弟らを処刑した。竹内誠ら編『日本近世人名辞典』（吉川弘文館、二〇〇五年）一〇九五頁。村井益男氏の執筆。
(41) 平松・前掲『江戸の罪と罰』九三〜九四頁。
(42) 前掲『日本近世人名辞典』一〇九五頁。人相書は、正雪の年齢、身長、髪形、顔の色、目や唇の様子を印象的に記載している。人相書による全国捜査については、平松・前掲『近世刑事訴訟法の研究』六五五頁以下。
(43) 前掲『徳川禁令考』別巻六六頁。御定書の条文は、本書所収の「棠蔭秘鑑」による。以下、頁数の引用を略する。
(44) 藤沢衛彦『日本刑罰風俗図史』復刻版（国書刊行会、二〇一〇年）三一頁。藤沢氏は早くに忘れられた民俗学者。
(45) 前掲『徳川実紀』第四篇一八頁。
(46) 京都、大坂、西国、中国より遠島に処する場合は、薩摩や五島の島々、あるいは、隠岐、壱岐、天草へ流す。
(47) 公積、公城、光胤らの処分は、幕府・所司代の承認下に行ったものではなく、朝廷が専行した。一般に公家に対する刑罰権の行使は、幕府の同意が必要とされた。この点、さしあたり、平松・前掲『近世刑事訴訟法の研究』三〇八頁以下。
(48) 新訂増補国史大系『徳川実紀』第九篇（吉川弘文館、一九七六年）七二五頁。宝暦事件について、高埜利彦「幕藩制国家安定期」三三五頁以下。前掲『国家史』所収。
(49) 森鷗外の作品の中に、平八郎の蜂起の一日を描いた歴史小説がある。秀作ながら、歴史小説である。これにふされた附録は、二次史料とはいえ興味深い。この「大塩平八郎」も「附録」も一九一四年の発表。
(50) 新訂増補国史大系『続徳川実紀』第二篇（吉川弘文館、一九七六年）三四二頁、三六四頁。なお、平八郎捕縛を指揮した鷹見忠常（泉石）は陪臣（土井利位の家老）たるを以て、褒賞の対象でなかった。
(51) 自分仕置令について、平松・前掲『近世刑事訴訟法の研究』三頁以下。幕府法準拠については、三七頁以下。
(52) 刑法草書は、京都大学日本法史研究会編『藩法史料集成』（創文社、一九八〇年）三五九頁以下。
(53) 明律は、さしあたり、荻生徂徠著、内田智雄ら校訂『律例対照、定本明律国字解』（創文社、一九六六年）。
(54) 議定書は、前掲『藩法史料集成』二九一頁以下。

（55）前掲『藩法史料集成』三〇八〜三〇九頁。
（56）国律は、前掲『藩法史料集成』二四三頁以下。
（57）前掲『藩法史料集成』二四四頁。憲法学者渡辺治氏は、藩法で十悪をおくと、謀反の社稷とは誰をさすのか。仮に藩主に擬すると、天皇や将軍の存在をどのように考えるのか。謀叛の本国とはどの領域をさすのか。藩の領域か日本国か。など困難が生起すると指摘している。渡辺「天皇制国家秩序の歴史的研究序説」（社会科学研究第三〇巻第五号、一九七九年）一〇四頁以下。
（58）前掲『藩法史料集成』二四六頁、二五六頁。
（59）大槻文彦編『言海』ちくま学芸文庫版（筑摩書房、二〇〇四年）一一三九頁。むほん「謀叛。八虐ノ一。君主ニ叛キテ兵ヲ起スコト」。
（60）新日本古典文学大系・明治編『明治実録集』（岩波書店、二〇〇七年）近世紀聞三八頁。

四　明治前期における叛逆

はじめに——不祥の条規という伝説

慶応三年（一八六七年）一二月、朝廷は討幕派が主導権を握り、王政復古の大号令を発した。慶応四年一月の鳥羽・伏見の戦いで勝ちを拾って成立した新政府は、古色蒼然たる太政官制度を採用した。復古的制度は政策にも影を落とし、新政府は明律・清律（明律、清律は内容上大差がない）を模倣する刑法典を編纂した。明治三年の新律綱領、六年の改定律例がそれである。

二つの刑法典には、母法にある謀反大逆条もなく、謀叛条もなかった。足元の覚束ない新政府（廃藩置県後は新の字を外そう）が、なぜ自らの存在を脅かす叛逆を防遏し、叛逆者を罰する規定をおかなかったのか。これに関する「伝説」がある。それは、新律綱領の草案を閲読し、賊盗律中に謀反大逆条をみつけた副島種臣が「本邦の如き、国体万国に卓越し、皇統連綿として古来かつて社稷を覬覦したる者なき国においては、かくの如き不祥の条規は全然不必要である。速に削除せよ」と命じたため、起草者が謀反大逆条や関係規定を悉く削りさったという話である。(1) これは、国学的国体論の潑剌たる様子を髣髴とさせる伝説である。

この話は、明治・大正の法学畑の大御所、穂積陳重が『法窓夜話』の第八話「副島種臣伯と大逆罪」と題した中に登場する。この副島の話には種本がある。夜話の出版は大正五年（一九一六年）のことである。法制官僚として有名な村田保が、法学協会雑誌に「法制実歴談」と題する回顧談を発表したのは、大正三年である。問題の箇所は、およそ次のようである。

○村田保「法制実歴談」

是より先き、同年（明治三年）八九月頃、新律の草案完成するや参議副島種臣之を閲読して、草案賊盗律中に謀反大逆の箇条あることを見、一喝して曰く、本邦に於ては、皇統連綿として古来社稷を危くしたる者なし。是れ不祥なれは速かに削除すへしと。依て草案中より之れに関する条目は悉く除去したり。(2)

村田は新律綱領の草案起草者の一人である。村田の実歴談と、穂積の夜話の前後関係は、このようにはっきりしている。穂積が村田の実歴談の記述を借用したのである。実歴談の読者は東京大学関係者に限られるが、夜話は初版から二〇年で一三版に達したというから、多数の読者に恵まれた。大正期や昭和前期には新律綱領編纂の内幕に関する史料は、ほとんど発表されていない。そういう中で、副島の一喝は伝説と化した。

これまでの一瞥からわかるように、新律綱領の草案には、母法と同じように賊盗律中に謀反大逆条がおかれていたのである。明治二年一〇月七日の太政官達は、刑部省に対して、新律起草については「専ラ寛恕ノ御趣意ニ原（もとづ）キ、凡叛逆、人命、強盗、放火等ヲ除ノ外、可成丈ケ流以下ニ処シ、竟ニ刑無刑ニ期シ候様被遊度聖旨ヲ奉体シ撰定可致旨、御沙汰候事」と命じた。(3)新政府は叛逆罪をおく予定だった。

刑部省で起草にあたったのは、水本成美、長野文炳、鶴田皓、村田保らである。明治三年六月一四日、刑部省は一度草案を提出したが、草案は刑部省に戻されたらしい。刑部省は引き続き修正を重ね、九月一九日、上裁により、八虐六議を削除した。これにより、草案の編纂をおえた。そこで太政官（新政府）は、参議の副島種臣を委員長とする審査会議を設けた。起草者もこれに参加した。この会議による削除や修正の条項を整理し、刑部省が再訂草案を提出したのが、一〇月五日。天皇の御前でよみあげる儀式をへて、一二月二〇日、太政官は、これを新律綱領と名づけ、諸官衙に頒布したのである。(4)

ところで、副島の「古来かつて社稷を覬覦したる者なき国」という発言がとびだしたのは、この会議のことである。記紀神話の中には、妹の狭穂姫を使い垂仁天皇から皇位を簒奪しようとした狭穂彦王がいるし、安康天皇を殺した眉輪王もいる。歴史時代に入ると、蘇我馬子が東漢駒を唆し崇峻天皇を殺害し、橘奈良麻呂らが兵力を以て孝謙天皇の廃位を企て、さらに道鏡が皇位を覬覦した。副島の主張は非歴史的主張にすぎない。

非歴史的主張に基づく副島の一喝が会議を動かしたのは、何か事情があったに違いない。新政府は、明治二年一〇月には叛逆規定を予定しながら、明治三年九月の会議で（新政府の一員たる）副島参議の手で草案中の謀反大逆条を削除させたのだから、この不整合に対して疑いが生じるのは自然な話である。副島は漢学にも国学にも優れたが、ここでは名分を重んじる国学者として国体論を力説した。よもや副島の独走ではないだろう。

この間の事情を説明するものとして、八虐六議の削除がある。これは、刑部省が明治三年九月（日闕）草案中の八虐六議の削除論・存置論を併記し、どのように扱うべきか、太政官を通じて上裁を求めた。太政官は、九月一九日、上裁をえて「虐議ノ目可删旨被仰出候事」と指令した。これにより、刑部省は草案中の八虐六議を削除したのである。(5)

広くしられるように、八虐は、律がその冒頭、律の中から支配秩序を脅かす重大犯罪を撰んで大書したものである。①謀反、②謀大逆、③謀叛、④悪逆、⑤不道、⑥大不敬、⑦不孝、⑧不義、八つをいう。これに続く六議は、議（特別の裁判手続きと減刑）という特典をうける資格を分類した、①議親、②議故、③議賢、④議能、⑤議功、⑥議貴、六つをいう。新政府の最初の刑法典たる仮刑律は、冒頭八虐六議を掲げていた。

四半世紀前、法制史家の霞信彦氏は、この「八虐六議条の削除意見の裏面に、法適用の平等を唱える仏刑法の影響が、存在したという論は、憶測の域に止まるものとは思われない。しかしながら、当時の漢学を学んだ多くの編纂者・政府要人を説くにあたって、削除理由としてヨーロッパ法の正当性を以て、これを説くことは、至難の技である。それ故に、多少の無理は承知の上でかの雍正帝の上諭という資料に依拠し、該条削除を何らの異議もなく円滑に行なおうとした立法者の一部の意図を推測することは、決して不自然ではない」と論じた[6]。霞氏は六議の削除を論じて、八虐の削除を論じない。フランス刑法の影響を推測するのも強引すぎる。

霞氏の立論は無理がある。そのため、同じく法制史家の水林彪氏が「新律綱領・改定律例の全編に、法適用の平等ではなく、かえって不平等が貫かれている」と指摘して、すぐ霞氏の見方を否定した。もっとも、水林氏の関心は、八虐の削除にある。氏は、明治三年六月八日の太政官沙汰を引用して、沙汰の中の「国事ニ係リ、順逆ヲ誤リ、犯罪ニ至」るとは「律の用語でいえば、謀反・謀大逆・謀叛であるが、維新の激動の過程で、多くの人々によってなされたこの種の犯罪に対して、天皇は寛大な処置をもって臨もうとしていることを、新律綱領頒布の直前の法令がのべている」と論じ、綱領が清律の謀反大逆条、謀叛条、造妖書妖言条を「あえて継受しなかったのは、当然であった。そして、このことは、八虐条全体の削除をも結果したのだと考えられる」と推測したのである[7]。

水林氏が国事犯に対する天皇の寛典をもちだし、このため、謀反大逆条、謀叛条などが削除され、それが八虐や六議の削除に波及したというのは、実は事の順序が逆である。繰り返しになるが、八虐六議の削除は明治三年九月一九日で、審査会議（同年九月二〇日開始）において副島の一喝により謀反大逆条や関係規定が削除されたのは、その後のことである。

戊辰戦争を惹き起したのが薩長か旧幕府方かは、論じる価値が乏しい。勝てば官軍、という。それなら、勝者たる官軍が敗者たる旧幕府方の主要な人々を厳重に処分したかというと、処分しなかった。それは、社会の急激な変動を恐れる新政府が、旧支配層に対する厳罰を望まなかったためである。明治二年九月二八日、天皇は特旨を以て、輪王寺宮、徳川慶喜、奥羽越列藩同盟の藩主らの罪を赦し、明治三年一月五日、天皇は、慶喜の旧家臣や、列藩同盟藩主らの旧家臣ら、六〇〇〇人の罪を赦し、あるいは軽減した(8)。叛逆罪を予定する明治二年一〇月七日の太政官達は、この間に入る事項である。刑部省は事態が流動的なのを慮って、明治三年九月（日闕）八虐六議の存廃を稟議し、九月一九日、新政府は削除を命じた。この流れの中で、副島の一喝が登場したが、時代が降ると、当時の政治的必要性は後景に退き、副島の国学者としての風貌が伝説として語られてきたのである。

一　明治前期の叛逆法令

（一）仮刑律

新政府は、戊辰戦争を戦いながら、広がっていく支配地に府県を設置した。府県では、旧幕府の御定書により刑事裁判を行い、急場を凌いだ。府県以外の諸藩は、前代と同じく、藩法を以て刑事裁判を行った。そのような中で、新政府は、部内で仮律、あるいは、仮刑律と称する刑法典を編纂した。仮刑律は、刑法事務局（慶応四年二月設置）が原案を編纂し、刑法官（同年閏四月設置）が次々と修正を施したものである(9)。

この仮刑律と、御定書・藩法の関係は、はっきりしない。おそらく、御定書は各府県の刑事裁判の準則、藩法は各藩の刑事裁判の準則で、仮刑律は各府藩県から刑事裁判事項を伺い来ったとき、刑法事務局や刑法官が回答する上での準則だったのだろう。この点、明治中期『法規分類大全』刑法門の編纂者は、頭注で「仮律ハ刑法官ノ仮定ニシテ天下ニ布告セシ者ニアラス」と注記している[10]。新政府は、戊辰戦争を有利に展開して、明治と改元した慶応四年九月、会津藩に城下の盟を迫り、明治二年五月、五稜郭を陥落させ、全国支配を実現した。仮刑律の効力は、潜在的に全国に及ぶことになった。

仮刑律は、明律、清律、御定書や、熊本藩刑法草書の影響下に編纂された。そのため、仮刑律と御定書・藩法の調整が必要になった。新政府は、明治元年一〇月三〇日、各府県・各藩に対して刑事裁判は新律布令まで御定書など旧幕府の刑律によることを命じた[11]。戦乱の中、実効性は明らかでない。一一月一三日には、重ねて当面の刑罰体系と重大犯罪の科刑について通知した。刑罰は死・流・徒・笞の四刑各三等（死刑は梟首、刎首、絞首の三等）とし、火刑は廃止し、磔刑は「殺君父ノ大逆罪」を除き廃止する、というのである[12]。この大逆罪は、八虐の一つたる謀大逆を実行に移すことではなく、主殺し、親殺しをさす、前代の逆罪をいう。

さて、前述のように、仮刑律は、冒頭八虐六議を掲げていた。八虐は①謀反から⑧不義まで、養老律と同じである。六議は①議親から⑥議貴まで、これも同じ。仮刑律の賊盗律冒頭二箇条は、次のようである。

○謀反大逆

凡謀反及ヒ大逆ヲ謀ルモノハ已行未行首従ヲ分タス皆【磔、即決】其財産ハ官ニ没ス。（以下略）

○謀叛

凡謀叛既ニ行フモノハ首従ヲ分タス【皆斬、即決】其財産ハ官ニ没ス[13]。（以下略）

条文中の【括弧】は付箋で、謀反大逆条の皆【磔、即決】はその右に細字で「梟首」と記されている。謀叛条の【皆斬、即決】も同じくその右に細字で「皆刎首、即決」と記されている。この細字が、付箋により隠された元の文字を示すのか、付箋の内容を再度改めたものを示すのか、はっきりしない。謀反大逆条の【磔、即決】の付箋は、細字に刑一等を加えている。

御定書に謀反や大逆の規定はなく、刑法草書の盗賊編にも謀反や大逆の規定はない。明律や清律は謀反大逆条が「およそ謀反および大逆は、共に謀る者は首従を分たず皆凌遅して死に処す」と定め、謀叛条が「およそ謀叛は、共に謀る者は首従を分たず皆斬す」と定めている。[14]明国、清国の凌遅処死（四肢を切断し後に死に致す残虐刑）は日本になく、仮刑律は磔刑を以てこれに代替させたのである。

（二）新律綱領・改定律例

新律綱領の頒布は明治三年（一八七〇年）一二月二〇日で、改定律例の頒布（太政官布告第二〇六号）は明治六年六月一三日である。改定律例は、新律綱領を修正し増補するものである。二つの刑法典は、六年七月一〇日より並んで施行された。改定律例の施行により、新律綱領が廃止になったのではない。二つの刑法典は、一五年一月一日、刑法（いわゆる旧刑法）の施行まで、効力を有した。

前述のように、新律綱領は八虐六議を掲げず、謀反大逆条・謀叛条をおかなかった。謀反大逆条を欠くことについて、法制史家の藤田弘道氏は「この規定がなくとも、かかる犯罪が生じたときには、名例律下・断罪無正条条によって、厳罰に処しうる途が開かれていたことはいうまでもない」と論じている。[15]新律綱領や改定律例研究の第一人者の指摘ながら、藤田氏の指摘は正しいのか。

名例律下には確かに断罪無正条の条がある。罪を断じるさい正条がない場合「他律ヲ援引比附シテ、加フ可キハ加ヘ、減ス可キハ減シ、罪名ヲ定擬シテ、上司ニ申シ、議定ツテ奏聞ス」[16]という規定である。この条は、一見してわかるように、清律の断罪無正条の条、罪を断じて正条なき者は「他律ヲ援引シテ比附ス。加フ応キト減ス応キト罪名ヲ定擬シ、議定シテ奏聞セヨ」[17]を下敷きにしている。

明律も、断罪無正条の条をおき、罪を断じて正条なき者は「律ヲ引テ加ス応ク減ス応ニ比附シテ、罪名ヲ定擬シ、刑部ニ伝達シテ、議定シテ奏聞ス」と定めている。この条を、荻生徂徠は「引律比附とは、律の本文になきときは、律意を以て律の文の似よりたるを引て合はするを比附と云。もとよりとくとあわぬゆへ、或は等を加へ或は等を減じて、何の刑に行んと云ふ罪名を定め擬（あて）て、刑部まで申達するなり」[18]と、わかりやすく解釈している。徂徠のいうように、援引比附するには近似する条文が必要である。しかし、謀反大逆条には近似する条文がみあたらず、藤田氏の指摘は宙にういてしまう。

この援引比附は、近代刑法学のいう類推解釈である。類推解釈を行うには類推する元の規定が存在しなければならない。藤田氏の指摘、ないしは見方は誤っている。これは、外山事件の司法的処理を一瞥すると、はっきりする。明治四年三月、公卿の外山光輔らの陰謀が発覚した。外山らは京都で挙兵し、京都や大阪を占拠し、神戸の外国人居留地を襲撃した後、高野山で十津川郷士らと合流して紀州へ進撃しようと企てたという。外山事件を担当する京都府は、八月二七日審理をおえ、少参事の谷口起孝の名で「新律中正条無之、又援引比附可仕律条も不相見、依て府において見込は不相立候」と、司法省に上申し指揮を仰いだ[19]。すなわち、類推解釈するにも近似する規定がないというのである。結局、司法省は、朝憲を憚らず容易ならざる隠謀を企てた始末、不届き至極だとして、外山に自尽の判決を下した。外山は一二月三日、京都で自尽させられたのである。

さて、改定律例も、新律綱領と同じように明律・清律を模倣する刑法典である。[20] 八虐六議を掲げず、謀反大逆条・謀叛条をおかなかったことも、新律綱領と同じである。そのため、明治一五年一月、刑法の施行まで、天皇制や政府の存立、存続を脅かす政治犯罪の分野に法の欠缺があった。これを解消しようとしたのが、左院が編纂した校正律例稿の謀反大逆律である。

昭和中期、法制史家の手塚豊氏が、校正律例稿という刑法草案について研究を発表した。手塚氏は、校正律例稿は明治七年一月以降、左院で編纂が始められ、七年一〇月ないしは一二月、確定稿が成立したことや、これが僅かに西欧刑法の内容を摂取しながら、依然として東洋法系刑法に属することを明らかにした。[21] この刑法草案は物にならなかったが、賊盗律の冒頭に、次のような謀反大逆律をおいた。第一項は、天皇（実は政府）の裁量権を文字にして形式上法の欠缺をなくし、第二項は、新律綱領の中から（一度はおいて）削った謀反大逆条の構成要件を広げるのである。

○校正律例稿

　謀反大逆律

　　謀反大逆律左ノ如ク創定スヘシ

凡謀反及ヒ大逆ヲ謀ル者ハ事由ヲ開具シ奏聞シテ上裁ヨリ取ル

若シ法度ヲ変革シ及ヒ君側ノ姦臣ヲ掃除スル等ニ託言シ衆ヲ聚メ兵ヲ弄シ官ニ抵抗シ若シクハ賊兵ヲ援ケ或ハ軍器銭粮ヲ供給スル者モ亦同[22]

（三）　臨時暴徒処分例

新政府の成立後、一〇年の間、全国各地に大小の叛逆、ないしはその予備や陰謀が発生した。明治三年五月の雲井龍雄陰謀事件、明治四年三月の愛宕通旭、外山光輔の陰謀事件、明治七年二月の佐賀の乱、明治九年一〇月の神風連の乱、秋月の乱、萩の乱、明治一〇年二月（から九月）の西南戦争、が主要なものである。西南戦争と同時進行の大江卓・林有造や陸奥宗光の陰謀事件も、後に発覚した。

新律綱領・改定律例は、前述のように、重大な政治犯罪の分野に法の欠缺があった。政府（もはや新政府ではない）は何ら法の制約をうけることなく、叛逆やその予備・陰謀を処分することが可能だった。しかし、神風連の乱、秋月の乱、萩の乱がほぼ同じ時期に続発すると、政府としては、熊本、福岡、萩の各臨時裁判所の判決のばらつきをなくす一定の基準が必要になった。そこで立案されたのが、臨時暴徒処分例である。

この臨時暴徒処分例をみる前に、佐賀の乱の司法的処理を一瞥しておこう。立案のさい、佐賀の乱の裁判例が参照されたためである。明治七年二月、江藤新平ら旧佐賀藩士が挙兵し、佐賀県庁を占拠した。この報せが届くと、内務卿の大久保利通が兵馬・刑罰の両権を一手に掌握し、佐賀にのりこんだ。乱鎮圧後の三月一四日、裁判を担当する権大判事の河野敏鎌が、大久保の求めにより提出した意見書の中に、次のような記述がある。

窃に案ず律令反逆等の条を不被設は深き御趣意も可有之候へ共、現今逆徒有之上は特に其罪を処せざるを得ず。新律兇徒聚衆条あるも、其所犯の大小軽重大に径庭ありて敢て比附援引すべきにあらず。依て清律を参考仕候に曰く、謀反及大逆但共謀者不分首従皆陵遅処死云々、謀反（叛の誤り）但共謀者不分首従皆斬とあり。然れども各々国体の異なるあれば、亦此の律を余り引用することを得ず。依て彼此の権衡且つ方今の情勢を斟酌量定仕り、首は梟、従を三等に分ち、其の重き者は斬、其の軽き者は懲役終身、尤も軽き者懲役十年、其の止だ附和随同する者は懲役百日（士族は除族に止む）御処断相成候ては如何御座候哉。[23]

河野は、まず新律綱領・改定律例は反逆（叛逆）の条を設けていない。新律綱領の兇徒聚衆条は、今回逆徒の所犯と隔たりがあり、これを比附援引してはならない。次に清律の謀反大逆条の処罰、謀叛条の処罰は此れ此れながら、国体が異なるからこれも参考にできない。そこで、兇徒聚衆条と逆徒の所犯の権衡を考え、政治的考慮を働かせ、首は梟、従を三等に分ち、などと提案したのである。

広くしられるように、新律綱領の兇徒聚衆条は、主として百姓一揆を罰する規定である。造意者は斬、従は流三等、従にして人を殺し、火を放つ者は絞に処し、附和随行者や、現場助勢者は罪にとわない。改定律例の兇徒聚衆条例は、これを修正し増補する。第一五一条で兇徒聚衆の従（流三等を換刑し懲役一〇年）にして情が軽い者は懲役三年に処する。第一五二条で附和随行して火を放つ者は懲役一〇年、牆屋（塀や家屋）を毀す者は懲役七〇日に処し、現場助勢者は勿論（罪にとわない）の律を改め、懲役三〇日か四〇日かに処し、贖罪（数円）を許す。河野意見書は首が梟、従が斬、懲役終身、最軽で懲役一〇年だから、より重罰の提案である。

佐賀の乱の頃、刑事裁判は、まず口供書を作成する。自白をとるのである。次に事件が何罪にあたり、何刑に処するか、これを記す擬律書を作成する。口供書と擬律書を併せたものを罫案という。裁判官は罫案を以て裁判所長ら上司に伺いをたてる。これを批可をうけるといって、この文書を批可書という。上司は朱書で可、否、批を記し、裁判官に戻す。可で戻ってくると、裁判官は、口供書に基づき裁判言渡書を記し、判決を言い渡すのである。これが否や批で戻ってくると、問題の箇所を練り直し、擬律書を書き直す。裁判官は、可をうけて判決を言い渡すのである[24]。

佐賀の乱の裁判は、四月五日に急設した佐賀裁判所が行った。四月八日、九日、江藤らを審問し、四月一三日早朝、河野敏鎌が判決を言い渡した。江藤と島義勇が梟首、副島義高ら一一人が斬首。一三人は佐賀城内で直ちに斬首され、江藤・島の首は刑場に晒された。河野が擬律伺（擬律書）を大久保に提出し、征討総督の東伏見宮がこれを可としたのは四月八日。河野が断刑伺（判決案か）を大久保に提出し、東伏見宮がこれを可としたのが四月一二日である[25]。首魁二人が梟で、従のうち一一人が斬という判決からみて、河野の擬律伺・断刑伺は、三月一四日の河野意見書の内容と同旨のものだったに違いない。

さて、明治九年一〇月、神風連の乱、秋月の乱、萩の乱が続発すると、政府（正院）は、熊本、福岡、萩の三箇所に臨時裁判所を開いた。司法卿の大木喬任を福岡へ出張させ、大木の指揮の下、小畑美稲、巌谷龍一、岩村通俊を各裁判所長とし、賊徒の裁判にあたらせた[26]。このとき、司法省は、大木らにもたせる、賊徒処分例を急遽立案した。すなわち、一一月（日闕）司法省は「国事犯の儀、律に明文なきを以て時に臨んて欽裁あること其例たり。即ち愛宕通旭及ひ佐賀県暴動等の件の如し。依之今般の儀も右先例に依り欽裁可有之儀と存候に付、佐賀県暴動御処断の例、幷に現律兇徒聚衆の条に照し左の大目の通り取調候間、右に拠り御処断被仰付可然哉、至急御評議有之度」として[27]、処分例案を提出した。一一月八日、政府は、この司法省案を何ら修正することなく認可した。これを、後に『法規分類大全』の編纂者が、臨時暴徒処分の例と命名したのである。

この臨時暴徒処分例は、一ツ書きにして五箇条、次のようである。愛宕通旭（公卿）も、国学者の比企田源二らと兵力を以て政府顛覆を企てたという。外山事件と同じ時期に発覚し、同じ明治四年一二月に処罰された。

○臨時暴徒処分例（明治九年一一月八日）

一、朝憲ヲ紊乱センコトヲ企テ、兵器ヲ弄シ衆ヲ聚メ以テ官兵ニ抵抗シ及ヒ官兵ヲ殺傷セシムル者、首及ヒ従ト雖モ首ト同ク画策ヲ主（つかさ）トル者、斬
一、従ハ懲役十年、其軽キ者懲役三年
一、脅縦ニシテ諸般ノ雑役ニ供スル等ノ者ハ論セス
一、罪人ヲ蔵匿スル者等ノ如キハ定律ニ依ル
一、右大目ニ依リ情罪ヲ斟酌シテ軽減スルコトヲ得ル(28)
（注）脅「縦」は脅従の誤り。「情罪」は罪情の誤りか、得「ル」は衍字か。

第一条は、兇徒聚衆条の造意者は斬に処すると、愛宕事件の比企田のように従と雖も首と同じく画策を主どる者（佐賀の乱の副島らも）は首と同科に処する、を一条に併せた規定である。第二条は、同じく兇徒聚衆条の従は懲役一〇年と、兇徒聚衆条例第一五一条の情軽き者は懲役三年、を併記した規定である。第三条は、脅された従という点を考慮し、佐賀の乱の諸般の雑役に服する者はその罪をとわない(29)、に倣った規定である。なお、この処分例には梟首がない。これは、処分例案提出の四箇月前、元老院が可決した「死刑ヲ絞ニ止ムルノ意見書」の中に、惨のまた惨なる梟首の存置は論外だと記されていたことが(30)、あるいは、影響したのかもしれない。

二　叛逆の事例

戊辰戦争から西南戦争まで、明治の始めは、叛逆や、その予備や陰謀の連続である。戊辰戦争は、イギリスをはじめ欧米六箇国が局外中立を宣言した、内戦である。すなわち、内戦の敗者が叛逆者となる。このため、政府を攻撃する他の事件や士族反乱とは、範疇を異にする。ここでは戊辰戦争を外し、西南戦争までの、叛逆やその予備・陰謀をざっと一瞥しよう。

①米沢藩士雲井龍雄は、東京芝二本榎に帰順部曲点検所をおき、諸藩脱藩の徒を鎮撫すると称して、実は同志を募り挙兵を企てたという。明治三年五月、新政府は雲井を捕え米沢に幽閉し、東京府は点検所に集まる人々を召喚して取り調べたところ、雲井らの陰謀が判明した。新政府は、一二月二六日、これを謀反の罪にとい、雲井を梟首とし、一味の一一人を斬首、一九人を准流・徒刑・杖刑に処した。(31)

②愛宕通旭も外山光輔も、公卿である。愛宕は、東京で政府顚覆を企てたとして、明治四年三月、比企田源二らと一緒に捕縛された。一味も次々と捕縛された。外山は、京都で挙兵し各地へ転戦を企てたとして、同じ明治四年三月、これは一網打尽となった。この二者が気脈を通じていたかどうかは、明らかでない。政府は、一二月三日、公卿二人を自尽、比企田ら七人を斬首、二三人を終身禁獄、二一六人を（有期の）禁獄に処した。(32)

③佐賀の乱は、不平士族暴発の嚆矢に位置する。この乱は、旧佐賀藩の不平士族が征韓党（江藤新平が党首である）や憂国党（島義勇が党首）を結成し、明治七年二月一五日夜、二党が協力して佐賀城内の県庁を襲撃して始まった。一週間後、朝日山や寒水村の戦いで官軍が賊軍を破ると、烏合の衆たる賊軍は敗走した。まず内務卿

の大久保利通、続いて東伏見宮が佐賀にのりこみ、急遽裁判所を設置し大勢の捕縛者の裁判を行わせた。前述のように、四月一三日、裁判所は、江藤・島を梟首、副島義高ら一一人を斬首に処した。さらに、一五九人を懲役や禁錮に処し、一万一二三七人を免罪とした(33)。

④熊本の敬神党は、幕末の肥後勤王派の流れをくみ、国粋保存を主張して政府の欧化政策を非難した。神風の故事を振り回し、神風連と称された。明治九年三月の廃刀令に強く反発し、一〇月二四日、大田黒伴雄の率いる二〇〇人が県令・鎮台司令長官を殺害し、鎮台を攻撃した。翌日、鎮台兵が神風連を迎撃し、市街戦で神風連を撃破した。大田黒は被弾し自刃した。二八人が戦死し、八六人が自刃したという(34)。

⑤神風連の乱が誘発したのが、秋月の乱、萩の乱である。秋月の宮崎車之助は、熊本の神風連や萩の前原一誠らと気脈を通じていた。神風連蹶起の報せが届くと、明治九年一〇月二六日、宮崎、今村百八郎の兄弟、磯淳らの率いる旧秋月藩の不平士族は、一八〇人で挙兵した。報国と大書する白旗を先頭に、萩の同志と合流するため進軍したが、小倉営所兵に大敗し、英彦山へ敗走した。宮崎ら、幹部は自尽した(35)。

⑥萩の前原一誠は元参議・兵部大輔で、旧長州藩の不平士族によりその領袖に担がれた。これも神風連蹶起の報せが届くと、明治九年一〇月二七日、一〇〇人ばかりで挙兵した。東上して政府の奸吏を芟除しようと、殉国軍を編成し須佐から浜田へ出帆したが、大風のため須佐に戻り、萩へ航行して山口分営兵と戦った。前原ら幹部は萩を脱出したが、石州・雲州の境の宇龍港で捕縛された(36)。

これら神風連の乱、秋月の乱、萩の乱は、熊本、福岡、萩においた各臨時裁判所が「臨時暴徒処分例」により裁判を行った。一二月三日、各裁判所は判決を下し、神風連の乱は浦楯記ら三人を斬首、四八人を懲役、秋月の乱は今村ら二人を斬首、一四四人を懲役、萩の乱は前原ら八人を斬首、六四人を懲役に処した。斬首は即日執行した。懲役に処せられた者は総計二五六人、放免された者は総計四八四人である(37)。

⑦西南戦争は、維新後、不平士族が惹き起した叛乱中、最大のものである。この戦争は、明治一〇年一、二月の交、私学校生徒の暴発に端を発し、二月一五日、西郷隆盛が総数一万五〇〇〇の兵を率いて鹿児島を進発したことから、九州各地をまきこむ内乱になった。二月一九日、天皇は京都行在所（先帝式年祭で京都滞在）で暴徒征討令を発し、有栖川宮（熾仁）を征討総督、山県有朋、川村純義を征討参軍に任命し、第一、第二旅団を編成し熊本へ派遣した。官軍が田原坂の堅塁をぬいたのが、三月二〇日。続いて四月一六日、官軍が熊本鎮台（熊本城）の賊軍の包囲をとき、山県らが入城した。九月二四日、城山が陥落した。[38]

戦争の続く中、空前規模の裁判は、兵馬・刑罰の両権を一手に掌握する有栖川宮の下、実務の統括者たる河野敏鎌や輔佐役の小畑美稲らが中心となって行った。九州臨時裁判所を福岡（後、長崎に移す）におき、臨機出張所を鹿児島、熊本、萩、大分、宮崎などにおいた。裁判上準則としたのは、前年一一月の「臨時暴徒処分例」である。この点については、明治一〇年四月七日、河野・小畑の二人が政府に伺い書を提出して、正確に確認したところである。この伺い書は五箇条あるが、問題の第二条を次に掲げる。四月一〇日、政府は、第二条について伺いの通りと指令した。そして政府は、同じ日、この指令を征討総督府へ達した。

〇河野・小畑伺い（明治一〇年四月七日）

第二条　国事犯処刑律ノ儀ハ昨明治九年熊本県暴徒処分ノ節一時規定ノ律ヲ以テ処断相成候処、今般ノ如キモ右律例ニ照準比較シ夫々御処分可相成哉

〇指令（四月一〇日）

第一条、第二条、第三条、伺ノ通[39]

（第四条、第五条　略）

征討軍は明治一〇年一〇月初め、次々に東京に凱旋し、有栖川宮は一〇月一〇日に凱旋した。河野や小畑らは遅れて、一一月八日に帰京した。河野らが天皇に奉呈した刑名表（処分表のこと）は、九州臨時裁判所における処分の概略を記したものである。すなわち、斬首二二人、懲役一〇年三一人、七年一一人、五年一二六人、三年三八〇人、二年一一八三人、一年六一四人など、有罪二七六四人、免罪四万二四九人、無罪四四九人である。(40)

おわりに

明治維新で成立した新政府は、数年で廃藩置県を断行し、当初の諸藩連合に立脚する政治権力を急速に独自の政治権力へと変質させていった。廃藩に成功した新政府に、もはや新政府という呼称はふさわしくない。政府は紆余曲折をへながら、欧米諸国に倣い社会の近代化を進めていった。しかし、維新後一四年間の二、三の刑法典は、数世紀前の明律・清律に倣うものだった。明律も、清律も、謀反大逆条や謀叛条をおいていた。政府は戊辰戦争の後始末という政治的必要性を優先させ、これら二箇条を刑法典から外した。そのため、新律綱領も、改定律例も、何とも不恰好な刑法典になった。

意外なことに百姓一揆の数は、一〇年平均でみると、江戸時代より明治に入っての方が多い。政府がうちだす新しい政策に反対して、各地で百姓一揆がおきた。地租改正反対一揆や血税一揆がそれである。政府は、兵力や警察力、あるいは地域の士族を動員して鎮圧した。しかし、百姓一揆は政府を脅かすものではなかった。政府を脅かすものは、兵力を以てする叛逆や、その予備・陰謀だった。しかも、明治の始めは、叛逆や、予備・陰謀が続発した。政府は、法の欠缺から何ら法的な制約をうけることなく、次々におきる叛逆や予備・陰謀を、苛酷なほど厳重に処罰して回った。明治の始めは、各地の刑場に多数の生首が転がった。

(1) 穂積陳重『法窓夜話』岩波文庫版（岩波書店、一九八〇年）四二頁。本書は「草案『賊盗律』中に謀反、大逆の条あるを発見して」と、一箇条か二箇条か紛らわしい。謀反、大逆の間の「読点」は原本にもある（有斐閣、一九一六年）二六頁。

(2) 村田保「法制実歴談」（法学協会雑誌第三二巻第四号、一九一四年）一四二頁。原文はカタカナ書き。なお、漢字の送りが揃っていない。

(3) 内閣記録局編『法規分類大全』刑法門①（原書房、一九八〇年）四頁。引用中「刑無刑ニ期シ候様」は、刑（ハ）無刑ニ期シ候様の脱字か。

(4) 新律綱領の編纂過程は、藤田弘道「新律綱領編纂考」が詳しい。藤田『新律綱領・改定律例編纂史』（慶応義塾大学出版会、二〇〇一年）所収。

(5) 前掲『法規分類大全』刑法門①一一九頁。この頁に八虐六議の削除論・存置論を併記する刑部省稟議の全文が掲載されている。なお、削除論の論拠として、雍正帝の上諭が参照されている。

(6) 霞信彦「仮刑律『八虐六議』条の削除について」一五七頁。霞『明治初期刑事法の基礎的研究』（慶応通信、一九九〇年）所収。本論文の題名は、仮刑律ではなく、新律綱領の八虐六議条の削除とする方が適切ではないか。

(7) 水林彪「新律綱領・改定律例の世界」五二一頁、五二一～五二二頁。日本近代思想大系『法と秩序』（岩波書店、一九九二年）所収。この太政官沙汰は、内閣官報局編『法令全書』明治三年（原書房、一九七四年）二三二頁。

(8) 宮内省臨時帝室編修局編『明治天皇紀』第二巻（吉川弘文館、一九六九年）二〇〇～二〇二頁、二五〇頁。

(9) 手塚豊「仮刑律の一考察」一六頁。手塚著作集第四巻『明治刑法史の研究』上巻（慶応通信、一九八四年）所収。初出は一九五〇年。
(10) 前掲『法規分類大全』刑法門①五五頁。
(11) 前掲『法規分類大全』刑法門①一四頁、行政官布達。
(12) 前掲『法規分類大全』刑法門①一一五頁、太政官達。
(13) 前掲『法規分類大全』刑法門①六二〜六三頁。謀反大逆条の「已行（実行に移す）未行」は割り注。引用のさい、原文の已行を已行に訂正した。
(14) 荻生徂徠著、内田智雄ら校訂『律例対照、定本明律国字解』（創文社、一九六六年）三六一頁以下。律令研究会・島田正郎編『熊本藩訓訳本、清律例彙纂』第三巻（汲古書院、一九八一年）三〇七頁以下。二箇条とも「但共謀者不分首従」の但の字の和訳に迷い、訳出していない。
(15) 藤田・前掲「新律綱領編纂考」四〇〜四一頁。
(16) 前掲『法規分類大全』刑法門①一五七頁。
(17) 律令研究会・島田正郎編『熊本藩訓訳本、清律例彙纂』第一巻（汲古書院、一九八一年）四一五頁。原文は漢文。
(18) 荻生・前掲『明律国字解』一一五頁。
(19) 田中時彦「愛宕・外山ら陰謀事件」二四五〜二四六頁。我妻栄ら編『日本政治裁判史録』明治・前（第一法規、一九六八年）所収。原文はカタカナ書き。
(20) 改定律例は上諭中に「各国ノ定律ヲ酌ミ」の句がある上、全三一八条の逐条式を採用したことから、フランス刑法の影響があるという見方があるが、これは疑わしい。西欧刑法の影響の有無は、慎重な検討が必要である。
(21) 手塚豊「校正律例について」一五九頁以下。手塚・前掲『明治刑法史の研究』上巻所収。初出は一九四九年。
(22) 岡琢郎編『日本近代刑事法令集』中巻（司法資料別冊第一七号、一九四五年）三三九頁。
(23) 大島太郎「佐賀の乱」三四九〜三五〇頁。前掲『日本政治裁判史録』明治・前所収。原文はカタカナ書き。
(24) 小泉輝三朗著、礫川全次校訂『明治黎明期の犯罪と刑罰』（批評社、二〇〇〇年）五四〜五五頁。

(25) 大島・前掲「佐賀の乱」三五一～三五二頁。

(26) 司法省編『司法沿革誌』(原書房、一九七九年)三八頁。本書は小畑を福岡、巖谷を熊本の各所長とするが、おそらく逆である。宮内省臨時帝室編修局編『明治天皇紀』第三巻(吉川弘文館、一九六九年)七三二頁の記事により、本文のように訂正する。

(27) 前掲『法規分類大全』刑法門①三七七～三七八頁。原文はカタカナ書き。

(28) 前掲『法規分類大全』刑法門①三七八頁。

(29) 司法省は処分例案を提案するさい、五箇条中、前三箇条についてそれぞれ立法理由を附記した。第三条は「右ハ先年佐賀県暴動一件、諸般ノ雑役ニ服スル者其罪ヲ問ハスト云ニ照ラス」である(前掲『法規分類大全』刑法門①三七八頁)。

(30) この意見書は、明治九年七月九日、元老院において、斬首を残すべしとする慎重論を一蹴して、多数で可決し、即日上奏の手続きをとった。天皇は奥羽地方巡幸中だった。元老院で意見書案を提案したのは、佐賀の乱で賊徒に梟首や斬首の判決を下した河野敏鎌(議官)である。明治法制経済史研究所編『元老院会議筆記』前期第三巻(元老院会議筆記刊行会、一九六八年)一五六頁。

(31) 田中時彦「雲井龍雄ら陰謀事件」一六〇頁以下。前掲『日本政治裁判史録』明治・前所収。謀反の罪名は、太政官修史館編『明治史要』全(東京大学出版会、一九六六年)二三〇頁。処分の内容・人数について、前掲『明治天皇紀』第二巻三八二頁。なお、准流は、流刑に換える役限の長い徒刑。准流法(前掲『法規分類大全』刑法門①一一九～一二〇頁)参照。

(32) 田中・前掲「愛宕・外山ら陰謀事件」一二九頁以下。前掲『日本政治裁判史録』明治・前所収。処分の人数は、本論文による。本論文の数字と、前掲『明治史要』や、前掲『明治天皇紀』第二巻の数字は区々で、一致しない。

(33) 大島・前掲「佐賀の乱」三三八頁以下。太政官修史局編『明治史要』附表(東京大学出版会、一九六六年)は、一一九頁で、梟首二人、斬首一〇人、懲役一四〇人、除族二四〇人、禁錮七人、免罪一万七一三人と記している。

(34) 大島太郎「神風連の乱・秋月の乱・萩の乱」三七五頁以下。前掲『日本政治裁判史録』明治・前所収。前掲『明治史要』四五七～四五八頁。

(35) 大島・前掲「神風連の乱・秋月の乱・萩の乱」三七八頁以下。前掲『明治史要』は、四五八頁で、挙兵の人数を四〇〇人ばかりとする。
(36) 大島・前掲「神風連の乱・秋月の乱・萩の乱」三八〇頁以下。前掲『明治史要』は、四五八頁で、挙兵の人数を二〇〇余人とする。
(37) 大島・前掲「神風連の乱・秋月の乱・萩の乱」三八八頁。前掲『明治史要』四六二頁。
(38) 西南戦争を論じる書物は枚挙に遑がない。概略は、前掲『明治史要』四七一頁以下、宮内省臨時帝室編修局編『明治天皇紀』第四巻（吉川弘文館、一九七〇年）二五頁以下。近年の書物として、猪飼隆明『西南戦争』（吉川弘文館、二〇〇八年）。
(39) 内閣記録局編『法規分類大全』官職門⑩（原書房、一九七八年）三七九～三八〇頁。なお、二人が第一条（略）で、九州臨時裁判所の裁判に武官は一切関係しない、という保証をとりつけたことに注意。
(40) 前掲『明治史要』附表一八一～一八二頁の「賊徒処刑及免罪表」による。なお、司法省編『日本帝国司法省第三刑事統計年報』明治一〇年（刊年不詳）八五頁裏～八六頁表の刑事訴訟第五九表は、頭注で「九州臨時裁判所ニテ処断シタル国事犯罪者ノ刑名ヲ以（テ）罪状、種族、貫籍、年齢ニ対照ス」として、詳しい数字を掲げている。種族は士族か平民かの別。これは一〇年末までの数字だから、数がふえる。斬首二二人、懲役自五年至一〇年一九九人、自一年至三年二七六九人、自一〇日至一〇〇日一五二人、除族三一〇人、免罪四万一七〇一人である。婦女として懲役自一〇日至一〇〇日一〇人、免罪六人と細書されるのは、内数。

五　大逆罪、内乱罪の創定

はじめに——君主と国家の分離

古く唐律は、社稷を危うくせんと謀る謀反を十悪の筆頭に掲げて、謀反という犯罪が全犯罪中最悪のものたることを示した。社稷は直接皇帝という尊号をさすのを憚ったものである。唐律においては、謀反は、皇帝その人に対する攻撃のみならず、皇帝の位、すなわち現王朝に対する攻撃を含んでいた。ここでは、君主の概念と王朝の概念が区別されていなかったのである。

目を中世イングランドに転じると、プランタジネット朝、一三五一年の反逆法は、公然たる行為により国王を殺す意思を示すこと、国王に対して戦いをしかけること、国王の敵対者に追随すること、主としてこれらの事項を反逆罪と定めた[1]。この反逆法において、王朝の存立・存続が国王の安全を中心として構成されていることからみて、ここでも、君主と王朝は概念上区別されていなかったらしい。

近世フランスは、ブルボン朝のアンシャン・レジーム下、刑法典と称するものが存在しなかった。ただ、裁判の規範として、①君主に対する反逆罪、②神に対する反逆罪、③私人に対する諸犯罪という、三群の可罰的行為があった。この第一群にさらに二類の別があり、第一類は国王や家族の殺害、および国家の主権・安全に対する侵犯、の二者を含んでいた。[2]すなわち、ここでも、君主と国家（王朝）は一つに括られていた。

フランス革命後、立憲君主制の下で、一七九一年刑法が、初めて君主と国家を分離した。国境にオーストリアやプロシアの軍靴の音が迫りくることを予感して、この刑法は大逆罪を含む全犯罪のうち、君主と分離した外患罪を各則冒頭におき、[3]これを最も重視しなければならなかったのである。ナポレオンの一八一〇年刑法も、七月王政下の一八三二年の改正法も、同じように国家の外的安全をその内的安全より重視した。その上で、この改正法は、大逆罪と一括りのものとして、政府顚覆、王位継承順序の変更、王権への武力反抗を目的とする内乱罪をおき、第二帝政下の一八五三年の改正法も、一八三二年改正法の内容を大きく修正することがなかった。[4]

明治日本が参照するフランス刑法、正確には、一八五三年改正法中、大逆罪・内乱罪の条文は、第三部、第一編、第一章、第二節、第一款の冒頭二箇条である。詳しくは、第三部重罪軽罪および処罰、第一編公事に対する重罪軽罪、第一章国家の安寧に対する重罪軽罪のうち、第一節国家の外部安寧に対する重罪軽罪、第二節国家の内部安寧に対する重罪で、第二節第一款が「皇帝及皇室ニ対スル危害及陰謀」と題されている。

○フランス刑法（一八五三年改正法）

第八十六条　皇帝ノ生命若ハ身体ニ対スル危害ハ殺親罪ノ刑ニ処ス

第二項以下、略（皇族の生命・身体に対する危害、皇帝・皇族に対する不敬）

第八十七条　政府又ハ帝位継承ノ順位ヲ顚覆シ若ハ之ヲ変更シ又ハ公民若ハ住民ヲ煽動シテ皇帝ノ権力ニ対シ武器ヲ執ラシムルヲ目的トスル危害ハ隔離流刑ニ処ス[5]

（注）第八八条、危害の定義。第八九条、第八六条・第八七条の予備・陰謀。

ベルギーがオランダから独立したのは、一八三〇年のことである。ザクセンから初代国王を迎え、立憲君主国の政体を採用した。一八六七年の刑法は、これも大逆罪と内乱罪を一括りにして配置した。内乱罪は、フランス刑法に倣い一部修正して、建国法や王家継統法の変更、王権への反抗、議会（両院もしくは一院）の顚覆を目的とする挙兵とした(6)。

プロシアを核として、一八七一年、ドイツの統一が実現した。一八七一年の刑法（一八七〇年の北ドイツ連邦刑法）は、これもドイツ皇帝・各邦君主に対する大逆罪と、暴力を以てするドイツ帝国・各邦の国憲や即位順序の変更、同じく暴力を以てするドイツ帝国・各邦の領地の合併・分割という内乱罪を、やはり一括りにして配置した。しかも、この内乱罪は、概念上大逆罪に包摂されていた(7)。

オランダの一八八一年刑法や、イタリアの一八八九年刑法の大逆罪・内乱罪の扱いも、フランス刑法やドイツ刑法と径庭がない(8)。ヨーロッパは一九〇〇年の時点でサンマリノ、スイス、フランスを除いて、他の国々は君主国である。そのため、右にざっと一瞥した二、三の刑法典のように、あるいは他の国々の刑法典も君主国の歴史をひきずっていたか、と想像される。

さて、唐律に戻ると、十悪の最初の三つは、①社稷を危うくせんと謀る謀反、②宗廟・山陵・宮闕を毀たんと謀る謀大逆、③国に背き偽に従わんと謀る謀叛である。この罪名と注（構成要件）に対して、賊盗律の中に刑罰の条文がある。賊盗律を開くと、第一条が謀反大逆条で、同条は①②を括って、謀反および大逆は皆斬に処すると定めている。すなわち、反を謀るか大逆を実行に移すかすると、首従の別なく斬刑に処するのである。

時代が降ると、明律や清律は、十悪第一、第二の罪名も、注の内容も修正することなく、謀反大逆条の「謀反大逆」の四字を以て一罪とし、謀反を王朝（国家）への攻撃、大逆を皇帝への攻撃として、前代の解釈を大きく変更した[9]。これは、律の条文の字面をそのままにしながら、解釈により君主と王朝を判然と分離したことを意味している。

この解釈が近世日本に入った。明治日本もこの解釈をうけついだ。明治の早い頃、司法省の刑法草案編纂会議で、ボアソナードが政治犯の死刑廃止を力説する[10]一方、天皇に対する罪をフランス刑法の殺親罪の刑（死刑）に倣うよう主張したさい、編纂委員らが大逆罪と内乱罪は罪質が異なるとして別々の章においたのは、明律や清律の謀反・大逆の概念が下地にあった。この方針を政府の刑法草案審査局が踏襲したため、明治一三年の刑法（旧刑法）は大逆罪と内乱罪を別々の章においた。もっとも、審査局はボアソナードの主張に反して、内乱罪に死刑を科したのである。

それまで新律綱領も改定律例も、八虐を掲げず謀反大逆条をおかなかった。明治一三年刑法は、罪刑法定主義を採用して、大逆罪をおき、内乱罪をおいた。しかし、この二罪を分置したのは、一九世紀ヨーロッパの刑法典に例をみないやり方である。歴史的にみると、このやり方は、大逆罪という一括りの犯罪の中から内乱罪を分離した、という意味をもっている。

一　大逆罪、内乱罪の創定

新律綱領も改定律例も明律・清律を模倣しながら、編纂時の政治的事情により、八虐を掲げず、謀反大逆条をおかなかった。明治一三年刑法が各則冒頭、第二編第一章皇室に対する罪の中心に大逆罪をおき、第二章国事に関する罪の第一節内乱に関する罪として内乱罪をおいたのは、政治的事情への配慮より西欧刑法を模倣する必要性が勝り、さらに編纂者らが西欧刑法の採用する罪刑法定主義を認識したことによる。

ただ、大逆罪という言葉は、明治一三年刑法のどこにもみあたらない。みあたらないが、第二編第一章の初条たる第一一六条の天皇、三后、皇太子に対する罪のうち天皇に対する罪を、明律や清律の大逆の概念を以て一般に大逆罪と称した。一方、内乱罪という言葉は、第二章第一節の節名にあるし、第一節の初条たる第一二一条の構成要件の中に朝憲紊乱の目的で「内乱ヲ起シタル」者とある。すなわち、この刑法が名づけ親である。

（一）フランス法の模倣

明治一三年刑法、いわゆる旧刑法の編纂は、明治八年（一八七五年）九月、司法省が編纂委員（刑法草案取調掛）を任命して緒についた。同時に、ボアソナードにフランス刑法を講義して貰い、これを受講することを開始した。しかし、独力の編纂が失敗すると、明治九年五月、ボアソナードに章節毎の原案を提出して貰い、これを審議していく方式に改めた。総則に続き、各則の編纂に入ると、編纂委員らが強く希望して、各則冒頭に天皇に対する罪をおくことを決定した[11]。ボアソナードが第二編第一章天皇に対する罪の章の原案（第一案）として起草したのは、全七条ある。中心となるのは、次の三条である。

○原案、和訳

第一条　日本天皇、皇后並皇太子ノ身体ニ対シタル重罪又ハ軽罪ハ卑属ノ親其尊属ノ親ノ一人ノ身体ニ対シ重罪又ハ軽罪ヲ犯シタル如ク第〇〇条ニ従ヒ処断ス

第二条　皇威ヲ覆スヲ目的トナス重罪ハ重流刑并〇〇円ニ至ルマテノ罰金ニ処スルコトヲ得

第三条　皇嗣ノ順序（正確には、皇位継承の順序か）ヲ換ヘルヲ目的トナス重罪ハ軽流刑并〇〇円ヨリ〇〇円ニ至ル罰金ニ処ス[12]

これはフランス刑法に倣い起草したものである。第一条は第八六条を、第二条・第三条は第八七条を下敷きにしている。第八七条「政府ヲ覆ス」の箇所を削除したことについて、ボアソナードは「日本は皇統連綿の国体に付、其政府を覆す者は即皇威を覆すものなり。依て皇威を覆す云々の語中に政府を覆す云々のことをも含畜するものと為し之を省きたる訳なり」と説明した。[13]編纂委員らはこの説明がよくわからず、纂集長の鶴田皓が皇威の原語は何かと尋ねると、通訳を務める名村泰蔵がオトリテ・アンペリアルだと答えた。[14]すなわち、ボアソナードは第二条のこの箇所を、原語（前掲和訳は「皇帝ノ権力」とする）どおり綴ったのである。

編纂委員らは依然「皇威ヲ覆ス」の意味が理解できず、天皇を殺したら、天皇のオトリテを滅ぼし、第二条の罪に入るのではないか、という。ボアソナードは「皇威の原語は天皇一身に係るへきにあらす。其系統に迄係るへきものなり」と答えるとともに、そのような疑いがあるなら、皇威を覆すをディナスティ、和文で皇朝を覆すと記せばよいと教えたのである。[15]

ボアソナードと編纂委員らは、右の三条を含む第一章は、第四案まで作成した。この第四案を、第一稿（明治九年々末成稿）の各則第一章「天皇ノ身体及ヒ主権ニ対スルノ罪」の各条とした。最初の第一一八条「天皇皇后及ヒ皇太子ノ身体ニ対シタル犯罪ハ卑属ノ親其尊属ノ親ノ身体ニ対シテ犯シタル重罪軽罪ニ同シ」は、原案第一条と同じ、少なくとも仏文は同じである。原案の第二条・第三条は、第一二〇条「皇室ヲ顚覆シ又ハ皇権ヲ拒絶シ若クハ減損シ又ハ皇嗣ノ順序ヲ紊乱スルコトヲ目的ト為ス犯罪ハ重流ニ処シ且五千円以下ノ罰金ヲ附加ス」として一条に纏めた[16]。この皇室は、仏文ではディナスティである。

　このように第一稿は、各則第一章に第一一八条君主に対する大逆罪と、第一二〇条王朝に対する謀反罪（内乱罪）の二つを併記した。ボアソナードがフランス刑法第八七条のグヴェルヌマンを回避し、代ってディナスティを選択したことから[17]、第一稿の内乱罪は母法よりさらに君主制国家の刑法にふさわしい内乱罪として表記されたのである。

　もっとも、第一二〇条内乱罪の刑を流刑に止めることは、原案第二条の審議時から、編纂委員らは「日本にては従前内乱を起したる罪は特別に取扱ひ総て死刑に処すへきこと丶為す。故に今後と雖も之れに死刑を廃し流刑に処するは太た不都合なり」と強く異論を唱えた。しかし、ボアソナードが現在ヨーロッパ各国は政治犯に死刑を科さないと頑強に主張したため、編纂委員らは一先ずボアソナードの主張に従ったのである[18]。

（二）内乱罪の分離

　ボアソナードによるフランス刑法の講義は、明治八年九月から九年五月まで、約八箇月行われた。編纂委員らの求めに応じて、ボアソナードはまず、刑罰論を展開した。冒頭、今回編纂する草案は「国事犯と通常の犯罪とを区別すへき積なるや。仏国にては通常の犯罪に比すれは国事犯の者に於て其取扱ひを寛宥にすることあり」と説明した[19]。この国事犯は、クリム・ポリティク（政治犯）の和訳だろう[20]。

　国事犯の取り扱いのことは、ボアソナードが第七五条「仏蘭西ニ抗敵シテ武器ヲ所持セル仏蘭西人ハ総テ死刑ニ処ス」を講じて、同条を「政事の罪と為す時は死刑にあらす。通常の罪と為す時は死刑なり。千八百四十八年の布告を以て政事の罪に死刑を廃せることは国民一般皆知る処なり」と説明した[21]ように、フランスにおける政治犯の死刑廃止をさしていた。もっとも、この布告が二月革命時の二月二六日の布告をさすのか、あるいは、政治的事件における死刑廃止を宣言した、一八四八年一一月四日の第二共和制憲法の第五条をさすのか、通訳を通す遣り取りのため、どちらともわからない[22]。

ボアソナードは、講義の中で、第八六条「皇帝ノ生命若ハ身体ニ対スル危害」は「其犯罪の事柄は極重きものなれとも矢張通常の罪と見做すなり」と説明し、編纂委員らがこれは国事犯ではないかと尋ねるのを、通常犯だとして退けた[23]。第八六条が殺親罪の刑として死刑を科する以上、ボアソナードとしては、これを通常犯だというしかなかったのだろう。続いてボアソナードは、一八五三年の刑法改正時の事情を振り返り、第八六条の皇帝に対する危害（アタンタ）はナポレオン三世の威権を憚って死刑を廃止できなかったことや、その時の議論は二説あって、このアタンタを国事犯中の例外規定とする意見が多数だったことを説明したのである[24]。

一方、ボアソナードは、第八七条政府顛覆などを目的とする危害を講じて「第八十七条は醇粋の国事犯と云うへきものなり。国事犯とは何となれは政府を覆へし政体を一変せんとすることを謀るものなり。例へは共和政事の時なれは王政と為さんとし、王政の時なれは共和政事と為さんとする等のことなり。又は皇帝の即位の順序を紊たし、帝権を拒み、政府を覆へさんとの目的の意ある者なり」と説明した[25]。これぞ醇粋の国事犯、真正の政治犯だ、というのである。ただ、ボアソナードが「本条を改正せし千八百五十三年の頃は三世『ナポレヲン』在世中のことなり。故に之は其王家の為めに用ふへき法律なり」というのは、政治犯の死刑廃止を定める第二共和制憲法第五条の下で、一八五三年六月の改正が単に元の死刑を隔離流刑に改めたにすぎない[26]から、紛らわしく誤解を招きかねない説明である。

さて、明治一〇年一月に始まる第一稿の見直しのさい、編纂委員らはボアソナードから教わったフランス刑法の知識をよく記憶していた。そのため、第一一八条天皇・皇后・皇太子の身体に対する犯罪と、第一二〇条皇室顚覆・皇権拒絶・皇嗣順序紊乱を目的とする犯罪を同一の章におくことについて、編纂委員らは「此第百十八条は通常罪にして第百二十条は国事犯なり。其通常罪と国事犯と性質の異りたる罪を同しく此第一章中に混同して置くは太た不都合ならすや」と論じて、別々の章におくことを主張した。すなわち「第百十八条の罪は尊属の親に対する罪に同しと為す（死刑）故に、国事犯を流刑に処すへき原則に抵触せんとす」というのである。[27]

ボアソナードが第一一八条「天皇の身体に対したる罪は通常罪と国事犯と二つの性質を帯ひたる者」で、第一稿は国事犯の性質を重視したのだと反論したが、原則論に忠実な編纂委員らは納得しない。編纂委員らは「一体第百十八条の罪を尊属の親に対する罪に同しと為したるは、畢竟日本の人民は天皇を親とし（て）戴き之を尊ひ且親む所の主意に基きたるものなり。然らは飽迄私罪と見做さゝるを得さるへし」と迫ったため、ボアソナードの方が分が悪くなった。その結果、第一一八条を第一章に残し、今一つの第一二〇条を、フランス刑法第九一条の内乱罪に倣う第一三四条と併せて別章におくこととした。[28]

（三）朝憲紊乱への階梯

ここで又ぞろ時の流れを遡る。フランス刑法の講義が第九一条「公民若ハ住民ヲシテ武装セシメ又ハ互ニ武器ヲ執ラシメ以テ内乱ヲ惹起スルヲ目的トシ又ハ一乃至数個市町村ニ於テ侵略、殺戮若ハ掠奪ヲ為スヲ目的トスル危害ハ死刑ニ処ス」に及ぶと、ボアソナードは、第八七条と比べ「本条は其主意最も広し」として、国民の宗教上の争乱や議院設立のための紛擾を例示した。編纂委員らが地方住民が賦税の適否を論じて一揆を起した場合も第九一条の内乱に入るのか尋ねると、ボアソナードはそれは前段でなく、後段の一個ないし数個のコミューンの箇所にあたると答えた。[29]

その後、各則の編纂のさい、編纂委員らはボアソナードに、第二章外患罪に続き、第一章天皇の身体・主権に対する内乱と別に、第三章としてその他の内乱罪の条文をおくことを求めた。編纂委員らは佐賀の乱や神風連の乱に言及して、減税一揆や地租改正反対一揆を内乱罪と同列に扱うのは過酷だと主張した[30]。ボアソナードはこの点に留意して、フランス刑法第九一条以下に倣い原案（第一案）を起草した。

この原案を審議して第二案を作成し、第二案を第一稿の各則第三章「内乱ニ関スル罪」の各条とした。第三章全一一条中、中心となるのは、最初の第一三四条「院省地方各官署ノ権ヲ傾覆若クハ変乱シ又ハ各官署ノ布令ヲ廃シ若クハ中止セシムルノ目的ヲ以テ内乱ヲ起シタル者ハ軽流ニ処ス但犯人未タ其目的ヲ遂ケスト雖モ仍ホ本条ニ従テ処断ス」である[31]。この院は、太政官正院をいう。

繰り返しになるが、第一稿の見直しのさい、編纂委員らは第一二〇条を第一章から外し、第一三四条と併せて別章におくこととした。その上で「日本のコンスチ、ーシヨンに対したる国賊は第百三十四条の一地方一部落に限りたる内乱にあらす。即不庭（逞）の徒にて日本の朝憲を紊乱するものなり。故に此第百二十条の罪に入れて論せさるを得さるへし。然るに其明文なし」とか「一体此第百二十条の皇室を顚覆し又は皇権を拒絶し云々の罪は全く日本国一般の政体に関する罪なり。故に朝憲を紊乱するとか又（は）建国法を紊乱するとかの主意を示すへき適当の語を用ひんことを要す」とか主張して、ボアソナードに書法を直すよう求めた[32]。

ボアソナードが日本には未だ建国法というものがなく「其建国法の有無に拘わらす広く係るへき為め矢張皇権を拒絶し若しくは減殺すると記する方宜しからん」と諭したが、編纂委員らは皇権云々と記すと日本人は意味がわからないから「日本文にては朝憲を紊乱するとか又は蔑如するとか記せんとす」と強く主張した。結局、通訳の名村が、仏文はそのままにし、和文を朝憲蔑如と記すことにして折り合いをつけたのである[33]。

なお、名村は蔑如は字の意味が軽く後日修正すると補足した。しかし、蔑如は蔑む、ないがしろにする、朝憲の蔑如は朝憲を憚らないことだから、名村の語感はともかく、朝憲蔑如は朝憲を乱す朝憲紊乱とさしたる違いはない。江戸幕府は、政治犯を「公儀を恐れざる致し方」として処罰した。これに対して、明治政府は、愛宕通旭らの政府顚覆の陰謀も、江藤新平、前原一誠ら不平士族の反乱も「朝憲を憚らざる」陰謀、逆意として処罰したし、大小切騒動など明治初年に多発した百姓一揆についても「朝憲を憚らざる」所業と常套句を振り翳して処罰したのである[34]。

さて、第一稿の見直しは、明治一〇年一月より行われた。司法卿の大木喬任が臨時暴徒処分例をもち、属僚を率いて西国へ下り、その指揮の下、各臨時裁判所で神風連の乱、秋月の乱、萩の乱を処断してきて、僅か一箇月のことである。この処分例は、第一条「朝憲ヲ紊乱センコトヲ企テ、兵器ヲ弄シ衆ヲ聚メ以テ官兵ニ抵抗シ及ヒ官兵ヲ殺傷セシムル者、首及ヒ従ト雖モ首ト同ク画策ヲ主トル者、斬」と定めた。処分例は、愛宕通旭らの画策や江藤新平らの挙兵という国事犯の事例と、朝憲紊乱の言葉を結びつけたもので、第一稿の見直し中も西郷隆盛らの挙兵にさいして九州臨時裁判所や出張所が裁判の準則として使用していたものである[35]。すなわち、不逞の徒を処断する処分例第一条の文頭を各則内乱罪の第一二〇条にもってくれば、その意味するところがわからない者はいない、という話である。

修正されたはずの第一二〇条は校正第一案の第一三三条で、その構成要件は「本朝ヲ顚覆シ又日本管内ニ於テ皇権ヲ拒絶シ又天皇ノ特権ヲ減損シ又皇嗣ノ順序ヲ紊乱スルヲ内乱ノ目的トナシタル重罪」である。何か手違いがあったのか、天皇特権[36]を除いて、これは第一稿の第一二〇条と同じである。そのため、編纂委員らは、皇権の拒絶と天皇特権の減損を併せて朝憲の蔑如と記し、第一三三条を和文で、①国家を顚覆すること、②朝憲を蔑如すること、③皇嗣順序を紊乱すること、以上三事を記すよう求めた。そうしないと、皇権拒絶と天皇特権減損は区別がはっきりしない、というのである[37]。

ボアソナードは、オトリテ（権力）とプレロガチーブ（特権）は区別が明らかであり、オトリテは日本の土地の一部を占拠して皇権を拒絶する類いをいい、プレロガチーブは天皇に属する議員（元老院議官？）選挙や条約改正の特権を減損して行わせない類いをいう、と説明した。しかし、編纂委員らは「其二事を特書すれは各特別に示す訳なれとも、仮令特書せさるとも日本文にて朝憲云々と記する時は右二事の主意に係るは勿論、国事犯中何事にも通し用ゆへきの便利あらんとす」と主張した。[38] そこでボアソナードが、皇権の拒絶はドイツ刑法第八一条第四項の「領地の全部又は一部を非理に云々領せしめんとしたる」という主意と同じだと説明したため、編纂委員らはドイツ刑法を参照し、第一三三条の和文を「国家ヲ顚覆シ邦土ヲ僭窃シ其他朝憲ヲ蔑如シ若シクハ皇嗣ノ順序ヲ紊乱スルコトヲ目的ト為シ」と記すことにして、この議論を決着させたのである。[39]

一方、校正第一案の第一三四条「官（官は括弧の中に記される）院省地方各官署ノ権又ハ其長官ヲ顚覆シ又ハ変更シ又ハ其官署ニ於テ政事上又ハ行政上ニ付処分シタル法度ヲ廃止又ハ中止スルヲ目的トナシ内乱ヲ起シタル者ハ前条ニ記載シタル区別ニ従ヒ各々一等ヲ減ス」について、編纂委員らは、官署の権を直さないと、第一三三条の朝憲蔑如と区別しにくいと指摘した。[40] これは太政官（明治一〇年一月正院の称、廃止）をはじめ中央官署の権力の顚覆・変更と、第一三三条の朝憲蔑如の区別を懸念したのである。しかも、編纂委員らは「日本文の朝憲蔑如の語は、所謂不応為の罪名と同しく国事犯中何事にも通し用ゆへきものなれは、到底其区別を為し難し。故に之れは裁判官の監定に任せ置くへし」といって、朝憲蔑如が、情理において為すをうべからざる不応為の罪と同じく、内容が確定されない一般条項としての利便性をもつ、という認識を口にしたのである。[41]

このようにして、内乱罪の条文がほぼ固まってきた。ここで一つ確認しておくのは、編纂委員らが朝憲の二字を「コンスチ、ーシヨン」や「建国法」と同義のものとして草案にもちこんだことである。しかも、朝憲蔑如の使い勝手のよさを認識してもちこんだことである。もっとも、使い勝手のよさを十分しりながら、第二稿（明治一〇年六月成稿）の見直しのさい、ボアソナードが「此第百三十三条中『朝憲ヲ蔑如シ』の語は、或ひは例へは百姓一揆の如き小事にも係るに似たり」というと、編纂委員らは「然し日本文にて朝憲の字は小事に迄係るへき意味にあらす。故に仏文の適訳にはあらされとも先つ此語の外恰好の字面なきを如何せん」と一蹴した。(42) これは政府がそれまで、各地の百姓一揆を朝廷を憚らざる所業とか、朝憲を憚らざる所業とかいって処断してきた事実に反していた。

（四）大逆罪、内乱罪の条文確定

話の順序が逆になったが、編纂委員らが刑法草案の編纂を進め、第一稿を纏めたのが明治九年一二月。これを見直し第二稿を纏めたのが明治一〇年六月である。再度これを見直し、確定稿たる「日本刑法草案」の形に編纂し、司法大書記官鶴田皓が代表して司法卿の大木喬任に提出したのは、明治一〇年一一月のことである。確定稿の第二編中、大逆罪、内乱罪に関係する主要条文は、およそ次のようである。

○日本刑法草案

　　第一章　天皇ノ身体ニ対スル罪

第百三十一条　天皇皇后及ヒ皇太子ノ身体ニ対シタル犯罪ハ子孫其祖父母父母ノ身体ニ対シテ犯シタル重罪軽罪ニ同シ

　　第二章　内乱ニ関スル罪

第百三十四条　国家ヲ顚覆シ又ハ邦土ヲ僭窃シ其他朝憲ヲ蔑如シ若クハ皇嗣ノ順序ヲ紊乱スルコトヲ目的ト

為シ内乱ヲ起シタル者ハ左ノ区別ニ従テ処断ス
一　内乱ノ教唆者及ヒ其首魁ハ無期流刑ニ処シ五百円以上五千円以下ノ罰金ヲ附加ス
二、三　略
第百三十五条　略（官省地方各官署の傾覆・変更、長官の黜除などを目的とする内乱）
第百三十六条　略（立法行政官の議事、各裁判所の審判の妨害を目的とする内乱[43]）
（注）第一三五条、第一三六条、どちらも第一三四条の刑の各一等減。

政府は日本刑法草案を、その頃の立法諮問機関たる元老院に送る前に、部内に臨時に刑法草案審査局なる部局を設置して審査させた。国家権力を支える刑法の編纂は大事業であり、加えて西欧法を模倣する初めての法典である。政府は慎重をきしたのである。参議・法制局長官の伊藤博文を総裁とし、審査委員は元老院議官、法制局書記官、司法書記官（纂集長鶴田皓を含む）の中から任命した[44]。審査は長引き、一年六箇月を費やした。

審査局は、審査に入ってすぐ、数点の重要事項を予決問題として政府に上申し指令を仰いだ。明治一一年二月二七日、伊藤総裁が出局して「上申の件は内閣より上奏を経て決定すること左の如し、と口達せり。一、皇室に対する罪を設くること。一、国事犯の巨魁を死刑に処し刑名を区別して設くること」云々[45]。これは、審査委員の一人、村田保の回顧談の中の記事である。その頃の現行法たる新律綱領・改定律例にない大逆罪、内乱罪を創定しようというのだから、政府の決定と天皇の裁可が必要だった。さらには、大逆罪を高々親殺しと同視してよいのか、内乱罪の処分を無期流刑に止めてよいのか、という問題があった。

司法省の草案編纂のときと違い、審査局の議事録は作成されなかったのか発見されていない。もっとも、日本刑法草案に対する修正案は、幾つか残されている。明治一一年一〇月初めの「刑法草案修正稿本」は、大逆罪として第一一六条「天皇皇后及ヒ皇太子ニ対シ危害ヲ加ヘ又ハ加ヘントシタル者ハ死刑ニ処ス」をおき、内乱罪として第一二一条「政府ヲ顚覆シ又ハ邦土ヲ僭窃シ其他朝憲ヲ紊乱スルコトヲ目的ト為シ内乱ヲ起シタル者ハ左ノ区別ニ従テ処断ス」として、第一号を「首魁及ヒ教唆者ハ死刑ニ処ス」と改めるとともに、元の草案の第一三五条、第一三六条を削除した(46)。この時点で大逆罪、内乱罪の内容はほぼ決定された。

審査局における審査の具体的な内容は、よくわからない。元老院における村田保の説明によると、審査委員らは逐条審査を含め四度審査を行い、確定稿たる「刑法審査修正案」を纏めた(47)。これを、刑法草案審査総裁・元老院幹事柳原前光が太政大臣の三条実美に提出したのは、明治一二年六月のことである。同じく大逆罪、内乱罪に関係する主要条文は、およそ次のようである。

○刑法審査修正案

第一章　皇室ニ対スル罪

第百十六条　天皇皇后及ヒ皇太子ニ対シ危害ヲ加ヘ又ハ加ヘントシタル者ハ死刑ニ処ス

第二章　国事ニ関スル罪

第一節　内乱ニ関スル罪

第百二十一条　政府ヲ顚覆シ又ハ邦土ヲ僭窃シ其他朝憲ヲ紊乱スルコトヲ目的ト為シ内乱ヲ起シタル者ハ左ノ区別ニ従テ処断ス

一　首魁及ヒ教唆者ハ死刑ニ処ス

二、三、四　略(48)

明治一三年三月、政府は刑法審査修正案を、正式に元老院の審議にふした。三月、四月、元老院は数回の審議を行い、第一一六条の「皇后及ヒ」を「三后」と直すなどしたが[49]、大きな修正を加えることなく、ほぼ刑法審査修正案どおり可決した。そのため、成立過程を研究する場合、元老院の審議より審査局の審査の方が遥に重要である。審査局が修正した箇所はどこか、修正した意味は何か。

まず大逆罪をみると、審査局は、フランス刑法に倣う、日本刑法草案第一三一条の殺親罪の刑への依存を排除した。天皇に対する大逆をはじめ、三后・皇太子への危害は、刑法中の最悪の犯罪として、独自に極刑を科したのである。次に内乱罪をみると、日本刑法草案第一三四条中①「国家」の顚覆を「政府」の顚覆に改め、②朝憲の「蔑如」を「紊乱」と改め、さらに③末尾の「皇嗣ノ順序ヲ紊乱スル」の箇所を削った。しかも、前述のように、第一三五条、第一三六条を削除したのである。ここで、①は一見フランス刑法第八七条の政府に戻したようにみえるが、仏文はディナスティのままで、和訳を政府に改めたにすぎない。②は元々朝憲「蔑如」は字の意味が軽く後日修正するという話だった。③はフランス刑法第八七条の皇位継承順序を紊乱する目的の内乱を定めたものながら、審査局はこれを削った。削った事情は明らかではない[50]。

右の日本刑法草案と刑法審査修正案を見比べて、二つのことを指摘しておこう。①審査局は、天皇らに対する罪と内乱罪を別々の章におく、司法省のやり方を踏襲した。その上で、内乱罪（国事犯）は首魁・教唆者の刑を死刑に改めながら、天皇らに対する罪（通常犯）と区別して他の関与者に流刑や禁獄を科したのである。②審査局は、いわば小型の内乱罪たる第一三五条、第一三六条を削除する一方で、第三章静謐を害する罪の章の第一節として、兇徒聚衆の罪の全三条をおいた。兇徒聚衆罪は、百姓一揆を射程に収める、近代刑法学のいう騒擾罪である。

二　分離への反発

西欧法を模倣する刑法の編纂は、司法省の草案編纂、刑法草案審査局の審査修正、元老院の審議をへて、明治一三年（一八八〇年）四月、すべて終了した。上奏をへて、政府は七月一七日、これを公布し、明治一五年一月一日より施行した。同時に公布し施行した治罪法とともに、西欧流の初めての法典である。この明治一三年刑法中、大逆罪や内乱罪の条文は、これまでみたとおりである。

元老院で内閣委員として刑法審査修正案の趣旨説明を行った村田保は、この修正案について「従前の律よりは寛にして濫ならす、密にして疎ならす、真に完然無瑕と言はさる可らす」と力説した(51)。しかし、完全で瑕がないと力説しても、この刑法は施行してすぐ、改正論の逆風に曝された。早くも明治一五年九月、司法省は実務上の差し支えが少なくないとして、政府に刑法の一部改正案を提出した(52)。これがきっかけとなった。

（一）分章撤回①

司法省の一部改正案は、明治一三年刑法の一〇数箇条について、修正や加除を施したものである。未成年者中一六歳以上を減刑する第八一条を削り、賭博罪の成立を現行犯から非現行犯へ広げ、強盗傷害の無期徒刑を強盗殺人と同じ死刑へ加重した。贓物を所有して出所を証明できない者を罰する条文をおき、第二編第三章の静謐を害する罪の章の末尾に、無頼および乞丐の罪の一節を新設した(53)。

政府は参事院をして、この一部改正案を審査させた。参事院六部のうち、民法、訴訟法、商法、刑法、治罪法の「法律規則ノ草定審査ニ参預スル」のは、法制部である。[54] 審査は法制部が担当した。法制部長は、新律綱領の起草主任としてしられる水本成美である。各部は部長、議官一人か二人、議官補数人から構成されるが、井上毅が法制部議官で、内閣書記官長を兼ねた。このとき、井上とともに、司法部長の鶴田皓が部の垣根をこえて審査に深く関与したらしい。鶴田が天保六年、井上が天保一四年の生まれで、年齢の差があるが、二人は幕末、熊本の木下犀潭塾で律学を学んだ学友である。

明治一五年暮れ、御用納めの後、寸暇をえた一二月三〇日、井上は「刑法意見」と題する書簡と、この内容を条文の形にした書簡の二通を、鶴田へ送った。まず一通目は、新刑法（明治一三年刑法）は名分と倫理を忽略にし、名分は四つの点で誤ったと指摘する。①古律は謀反や謀大逆を予謀のとき誅鋤するが、第一一六条は天皇らに危害を加えんとしたる者といって、危害を謀る者を罰しない。②古律の謀大逆たる、宮闕（皇居）を毀り放火する罪を掲げない。③大宝律の大不敬にして死刑に処する、乗輿（天皇）を指斥し情理切害を掲げず、漠然たる不敬罪をおき、重禁錮に処するに止まる。④宮禁の尊厳は直指せず乗輿や宮闕などと婉曲にいうのが人臣の礼である。これに反して、第一一六条が天皇を危害するなどと古典に見ざる文字を記すのは「立憲国に於て天子神聖之主義にもあらず」と非難するのである。[55]

次に二通目は、新刑法の皇室に対する罪・内乱罪の分置をとりあげ、甲乙二案を示し「元来皇室に対する罪と内乱とを分割したるは共和主義之精神にして、甚た我国体に適当せずと存候。彼の仏国刑法に皇帝を干犯する者を国事犯に混したるは彼国理論家之満足せざる所にして、日本刑法は即ち仏国理論家をして厭足せしむるも我国之瑕疵なる哉如何せん」という。[56] この二案は、次のようである。

○甲案
此度之改正に於而皇室に対する罪と内乱の罪を合せ、左之大意を以而案を立つ。
凡ソ朝憲ヲ紊乱シ宮闕ヲ干犯シ悖逆ヲ行フコトヲ謀リ及乗輿ヲ指斥シ情理切害ナル者ハ死刑ニ処ス
本条ノ罪ヲ犯ス者ハ期満免除幷宥恕軽減ノ例ニ非ラズ

○乙案
――条　宮闕ヲ干犯シ悖逆ヲ行フコトヲ謀リ及乗輿ヲ指斥シ情理切害ナル者ハ死刑ニ処ス
本条云々同甲案
――　不敬ノ刑ヲ重罪トス
――　朝憲ヲ紊乱シ内乱ヲ興スコトヲ謀ル者ハ死
右両案中御取捨奉仰候。何分今日之刑法は不安之物なるは只此一点に有之歟に候へは、御熟考奉万冀候。

井上は、皇室に対する罪・内乱罪の分置は共和主義の精神にして、日本の国体にあわないという。井上が刑法中「不安之物なるは只此一点に有之歟」という分置を、甲案は、律の謀反と同じく「悖逆ヲ行フコトヲ謀」るとして一条中に包摂する。乙案は、皇室に対する悖逆・不敬の二者と内乱をそれぞれ別々の条におく。そして二案はどちらも、悖逆について刑の時効も、未成年者の減刑も認めない。
さて、二案の取捨を依頼された鶴田が選択したのは、話の運びを先回りすると、乙案である。明治一三年刑法の草案編纂のさい、天皇らに対する罪と内乱罪を、一方は通常犯、他方は国事犯として別々の章においた記憶が鮮明な鶴田としては、甲案を選ぶという選択肢はなかった。しかも、乙案を選択するにあたり、鶴田は、皇室に対する悖逆、同じく不敬、内乱の三者を同一の章におくというやり方、すなわち、天皇らに対する罪と内乱罪の分章撤回に対して、前以て異を唱えたに違いない。甲案、乙案をよむかぎり、乙案がこれを主張していることは疑いなかった。

鶴田の回答に接し、井上は、法制部審査中の一部改正案に対する修正案の仕上げにかかった。明治一六年初め頃、ないしは二、三月頃、法制部は、一部改正案に対する「太政官調査修正案」を纏めた(57)。この修正案は司法省の求めるところを基礎とし、それに数倍する修正や加除を施したものである。元になる刑法が全四三〇条に及ぶ法典だから、なお一部改正案にすぎない。二人の遣り取りをへて、第二編第一章皇室に対する罪と、第二章国事に関する罪第一節内乱に関する罪は、依然として分章されたままである。不敬罪を加え、大逆罪、内乱罪に関係する主要条文は、およそ次のようである。

○太政官調査修正案

第一章　皇室ニ対スル罪

第百十六条　皇室ニ対シ悖逆ヲ謀ル者ハ死刑ニ処ス

皇陵ヲ毀壊シタル者亦同シ

第百十七条　皇室ヲ指斥シ情理切害ナル者ハ無期徒刑ニ処ス

皇室ニ対シ不敬ノ所為アル者ハ軽懲役ニ処シ其情軽キ者ハ三月以上五年以下ノ重禁錮ニ処ス

皇陵ニ対シタル罪亦同シ

第二章　国事ニ関スル罪

第一節　内乱ニ関スル罪

の徒をして口実を藉り邪説の資と為すことを得せしめんとす」と激しく非難した[59]。

井上は、両別を改めるべき理由を四つ列挙する。①第一二一条の政府は天皇の政府にして、邦土も朝憲も天皇の邦土、天皇の朝憲である。ところが、これを内乱罪として皇室に対する罪としない。②各国の刑法は皆、君主を干犯する罪と国に背き乱をなす罪を同一の類とし、一条を以て包括する者があるし、条を殊にして節を同じくする者がある。君主の身を危うくすると、君主の位を犯すは、悖逆たるにおいて同一だからである。政府を顚覆し朝憲を紊乱する者は、君位を危うくする者に他ならない。ところが、これを独り内乱罪とし、皇室に対する罪と別扱いしている。③我が国は曽て皇室と政府は両岐あることなく、将来国憲が制定されても政府を以て皇室に属し、議院や政党に属せざるべきは、不易の理である。今独り刑法が皇室と政府を区分し、政府顚覆を内乱罪とし、皇室を干犯する罪としない。④内乱とは両党が相戦う名である。我が国の旧法は、臣民にして皇室や政府を犯す者を反逆とし、処するに極刑を以てする。今皇室に対する罪、すなわち反逆罪とは別に、内乱罪を設置して政府を顚覆する罪人をまつのは、名分を正さずして、不軌の徒をして藉口し反逆の名を逃れさせる[60]。

井上は、同時に、数条分の具体案を示している。①第一章皇室に対する罪と、第二章第一節内乱に関する罪を併せて一章とし「悖逆ノ罪」とする。②同章の第一一六条を改め「皇室ニ対シ悖逆ヲ行フコトヲ謀ル者ハ死刑ニ処ス」と書き直す。③第一一七条は、まず「乗輿ヲ指斥シ情理切害ナル者及諸ロ悖逆ノ言ヲ為シ朝憲ヲ蔑如スル者ハ有期徒刑ニ処シ其ノ教唆シテ人ヲ惑ハスノ情アル者ハ無期徒刑ニ処ス」という第一項をおき、元の第一項を回した第二項の皇室に対する不敬の刑を加重する。④第一二一条は、まず「政体ヲ変壊シ邦土ヲ僭窃シ及朝憲ヲ紊乱スルコトヲ謀ル者ハ無期流刑ニ処ス」という第一項をおき、次に「前項ノ目的ヲ以テ兵乱ヲ興シタル者ハ左ノ区別ニ従テ処断ス」と改め、処分例は元の第一二一条による。⑤第一二二条以下第一二八条まで、内乱の字は兵乱に改める[61]。

井上の記した「乙案、第二編第一章第二章改正の議」は、鶴田あての乙案の内容を、より詳細に記したものである。これまでみたように、井上は明治一三年刑法の基本的な部分について改正意見をもっていた。井上の意見の多くは、法制部が纏めた太政官調査修正案において実現した。しかし、繰り返すと、井上が刑法中「不安之物なるは只此一点に有之歟」という分置には全く修正の筆をいれることができなかった。すなわち、第二編第一章皇室に対する罪と、第二章第一節内乱に関する罪は、分章されたままである。しかし、それはそれ、井上は修正案において解釈の変更を試みた。

法制部は、修正案と一緒に、あるいは僅かに遅れて理由書を作成した。この修正案中、第一三七条多衆嘯聚の罪に第二項として加えられた「兵器ヲ弄シテ暴動ヲ為シタル者ハ前項ノ例ニ照シ各二等ヲ加フ」の理由書の内容が、一月一一日の日付のある、井上の記した覚書の内容に酷似することからみて、法制部が理由書を纏める過程で井上が大きな働きをしたと推測される。[62]

太政官調査修正案の中で、第一一六条の悖逆を謀るという修正は、近代フランス法の亜流から遠く律の時代へ遡る観がある。理由書を参照すると、第一一六条は「原文天皇三后皇太子に対し危害を加へ又は加へんとしたる者云々とあるは、特に玉体に対し奉り危害の所業を為したる者の如く見ゆるのみならす、天皇に対し危害を加ふ云々の文字は古典に曽て見さる所」だから、天皇以下を皇室に改め、また「原文は危害を加へ奉らんとしたる者にして始めて罰あるか如く、其権衡を得たる者にあらさる」から、危害を加え云々も悖逆を謀る者に改める、というのである。[63]ここで権衡というのは、謀るだけで直ちに極刑に処する謀反との権衡のことをいう。

次に皇室に対する罪・内乱罪の分置の関心から理由書の第一二一条をみると、政府を顚覆しを政体を変更しに改めるのは「太政官は即ち天皇臨御、万揆（機）を親裁し賜ふ所にして、天皇の政府なり。其政府を顚覆せんと謀る者は、即ち第百十六条皇室に対して悖逆を謀る者とす。故に惟た内閣の組織を一変せんとする如き、政治上の犯罪に係る者は政体を変更する者と為し宜く此条を以て論す可きなり。但政体を変更せんと謀るも其目的共和政治に在る者の如きは、即ち皇室に対して悖逆を謀る者を以て論す可し」というのである。[64]この内閣は、太政官制度の下の内閣である。内閣の組織は内閣の構成や、おそらく将来の組織方法をいうのだろう。すなわち、内閣の組織の一変は、多くは内閣の顔ぶれの変更であり、中央議会開設の後に内閣組織を天皇の任命制から議院内閣制へ変更するような、組織方法の変更をいうのだろう。

修正案は第一二一条の政体に、①君主制や共和制など国家の組織形態、②内閣の組織、二種の意味をふし、①の変更は悖逆を以て論じるというのだから、修正案が皇室に対する罪と内乱に関する罪の分章を維持するようにみえても、それは単なる外見にすぎない。すなわち、修正案は政府を政体に改め、政体を限定的に解釈することにより、君主その人に対する攻撃（大逆）も、君主の位に対する攻撃（謀反）も、第一一六条の発動を予定している。これは、明治一三年刑法が一たび分離させた君主と国家を、再び合体させるものである。井上は、鶴田の牽制の下で、自らの主張を可能にする余地を見出したのである。

一方、明治一六年一、二月頃、司法省は、政府に、前年九月の一部改正案にさらなる修正・加除を施した改正案を提出した。[65]この成立時期は、はっきりしない。提出時期は、遅ければ四月である。改正案は、全四三〇条の法典中、徒刑、懲役、禁錮など主刑の刑期を一斉に延長し、これを加えると、半数を数える条文に修正・加除を施したもので、いわば全面改正案と称してよいものである。

改正案は、第二編第一章皇室に対する罪、第二章第一節内乱に関する罪を併せて一章とした。皇室に対する罪と内乱に関する罪の分章を維持する太政官調査修正案のやり方を、転換したのである。改正案は、第一章を内乱に関する罪、第二章を皇室に対する不敬の罪と名づけ、元の第二章第二節外患に関する罪は、名称を保ち第三章をたてた。不敬罪を加え、大逆罪、内乱罪に関係する主要条文は、およそ次のようである。

○司法省改正案

第一章　内乱ニ関スル罪

第百十七条　皇室ニ対シ悖逆ヲ謀ル者ハ死刑ニ処ス

皇陵ヲ毀壊シタル者亦同シ

本条ノ罪ハ宥恕及ヒ不論罪ノ例ヲ用フルコトヲ得ス

第百十八条　略（皇族に対する危害）

第百十九条　政体ヲ変更シ又ハ邦土ヲ僭窃シ其他朝憲ヲ紊乱スルコトヲ目的ト為シ内乱ヲ起シタル者ハ左ノ区別ニ従テ処断ス

一〜四　元のまま

第二章　皇室ニ対スル不敬ノ罪

第百三十一条　皇室ニ対シ大不敬ノ所為アル者ハ有期徒刑ニ処シ其情軽キ者ハ重懲役ニ処ス其不敬ノ所為ニ係ル者ハ軽懲役ニ処シ其情軽キ者ハ三月以上五年以下ノ重禁錮ニ処ス

皇陵ニ対シ大不敬若クハ不敬ノ所為アル者亦同シ

第百三十二条　略（皇族に対する不敬）[66]

司法省改正案は、井上毅が強く非難する、第二編の第一章と第二章第一節の分章を撤回した。しかも、大逆罪や内乱罪の中核条文たる第一一七条、第一一九条は、太政官調査修正案の第一一六条、第一二一条と全く同一である。司法省において明治一三年刑法改正案を起案するのは、第八局である。[67] この第八局が刑法改正案を纏めるさい、司法大書記官にして参事院法制部の員外議官補を兼ねる名村泰蔵が大きな働きをしたのは、自然なことである。すなわち、名村は、井上の固執する、大逆罪と内乱罪を同一の章におくやり方を採用し、熟知する修正案の第一一六条、第一二一条をそのままもちこんだ。

この司法省改正案は、明治一三年刑法の活版印刷本の各条文に朱書で修正・加除を施したものである。参事院で改正案をみた井上は、筆をとって墨書で再修正を試みた。第一章の名称は断じて不可であり、内乱に関する罪を「悖乱ノ罪」と修正した。[68] 次に第二章の皇室に対する不敬罪に目を移すと、これを以て一章をたてるのは西欧刑法に例がなく、章節立てをやり直す必要がある、と筆をとめたことだろう。

(三) 一章二節

基本的な位置づけを行うと、新たな司法省改正案は、前年九月の一部改正案に加え、さらに他の多くの条文に修正・加除を施したものである。一部改正案の内容や字句に、少し手を加えたものもある。司法省は、この改正案の提出にあたり、一部改正案の返付を上申したのだろう。政府は新たな改正案を、前回と同じく参事院法制部をして審査させた。法制部は審査を続行して、それほど日数を要することなく、改正案に対する「太政官再調査案」を纏めた。[69] 五月一八日、これを、議官補清浦奎吾、員外議官補名村泰蔵、議官井上毅、議官鶴田皓、四人の名で、参事院議長の山県有朋に提出した。[70]

再調査案は、司法省の求める修正・加除を大幅に削減したものである。中でも、徒刑・流刑、懲役・禁獄など刑期の延長を認めなかった。井上は、山県議長への「刑法に付意見」の中で、刑期の一斉延長は「其の関係する所、刑法の全局全部の変動にして、取りも直さず旧刑法を廃して新刑法を施すもの」だという。[71] ともあれ、大逆罪、内乱罪に関係する主要条文は、およそ次のようである。

○太政官再調査案

第一章　悖乱ノ罪

第一節　皇室ニ対スル罪

第百十六条　皇室ニ対シ悖逆ヲ謀ル者ハ死刑ニ処ス

第〇〇条　皇陵ヲ毀ツ者ハ死刑ニ処ス

第百十七条　略（皇室に対する不敬罪）

第二節　国事ニ関スル罪

第百二十一条　政体ヲ変壊シ又ハ邦土ヲ僭窃シ其他朝憲ヲ紊乱スルコトヲ目的ト為シ兵乱ヲ起シタル者ハ謀反ノ罪ト為シ左ノ区別ニ従テ処断ス

一〜四　元のまま(72)

再調査案は、第一章皇室に対する罪、第二章第一節内乱に関する罪の分章を撤回し、併せて一章とし、第一章悖乱の罪をおきながら、この一章の中に第一節皇室に対する罪、第二節国事に関する罪、第三節外国（元の外患を修正）に関する罪の三節をおいた。大逆罪、内乱罪についていえば、一章にして二節を配置した。第一一六条は太政官調査修正案の第一一六条と同じ、第一二一条は修正案の字句にかなり手を加えた。

なお、この第一二一条の修正は、井上の覚書「乙案、第二編第一章第二章改正の議」を今一度参照する必要がある。井上はこの覚書の中で、前述のように、皇室に対する罪と国事犯の両別を非難し、分章を撤回することを

主張して、数条分の具体案を示した。第一二一条は、第一項「政体ヲ変壊シ邦土ヲ僣窃シ及朝憲ヲ紊乱スルコト

ヲ謀ル者ハ無期流刑ニ処ス」をおき、本体たる元の第一項を第二項に回し「前項ノ目的ヲ以テ兵乱ヲ興シタル者

ハ左ノ区別ニ従テ処断ス」と改めるのである。[73] しかし、予備は第一二一条の処分例にてらし各一等を減じ、陰謀

は同じく各二等を減じる第一二五条がありながら、第一項を追加するのは、木に竹をつぐ話だった。

井上は今回再調査案において、この覚書の具体案を使って、第一二一条を修正した。①政府顚覆は、政体変更ではなく、覚書の政体の「変壊」と改め、②何々を目的となし内乱を起したる者は、覚書の「兵乱」を起したる者と改めた上、③兵乱を起したる者に続き「謀反ノ罪ト為シ」と、文字を加えた。そのため、ここに大きな疑問が生じる。第一二一条を謀反の条文に改めると、同条は第一一六条の大逆の条文に匹敵してしまう。第一一六条が君主の身に対する罪、第一二一条が君主の位に対する罪となり、井上が太政官調査修正案の政体変更の政体を限定的に解釈して、第一一六条を以て君主の身に対する罪も君主の位に対する罪も包摂させたやり方が、見事に崩れてしまう。修正案の作成時期と、覚書の作成時期が大きく食い違うことは推測しにくく、あるいは、井上は自らの主張を可能にするため、二通りのやり方を試みたのだろうか。

さて、参事院は、この再調査案を、六部の議官・議官補が全員出席する総会議にふした。参事院は六月二五日朝、総会議を開いたが、席上、激論が交されたという。内務部議官尾崎三良は、この日の日記に「本日刑法改正の会あり。議論頗る激烈なり。終に全部付托修正委員に付する事に議決す」と記した。[74] 修正委員らが急遽修正を施したのか、尾崎の日記は二六日、二七日、二八日と刑法改正の総会議が開かれたことを記し、七月二日、尾崎が帰路、清浦奎吾や名村泰蔵らと法制部長の水本成美を本所の邸に訪問したことを記している。[75] 病気がちの水本が欠席する中、あるいは、この日総会議が結論をだしたのかもしれない。

山県参事院議長が総会議の議決した刑法改正案を、太政大臣の三条実美に提出したのは、七月一二日のことで

ある。明治一三年刑法は「通編四百有余条の多き、実施以来の実験に徴するに、間々民情に適せす、寛厳其度を失するもの等なきにあらす。依て其改正すへきものは之を改正し、加除すへきものは之を加除す」という上申書をつけた。(76) 同じく大逆罪、内乱罪に関係する主要条文は、およそ次のようである。

○参事院改正案

第一章　悖乱ノ罪

第一節　皇室ニ対スル罪

第百十六条　皇室ニ対シ悖逆ヲ謀ル者ハ死刑ニ処ス

第百十七条　略（皇室に対する不敬罪）

第二節　謀反ノ罪

第百二十一条　政体ヲ変壊シ又ハ朝憲ヲ紊乱スルノ目的ヲ以テ兵乱ヲ起シタル者ハ左ノ区別ニ従テ処断ス

一～四　元のまま(77)

繰り返すと、再調査案は、第一章、第二章第一節を併せて第一章悖乱の罪をおき、この一章の中に第一節皇室に対する罪、第二節国事に関する罪、第三節外国に関する罪の三節をおいた。総会議が任じた何人かの修正委員らは、第一章の章節立てを維持しながら、第二節を謀反の罪、第三節を謀叛の罪と名称を変更した。第一二一条の邦土僭窃を削るなど字句に手を加えたのも、この人々である。前述の、第一一六条の次におく「皇陵ヲ毀ツ者ハ死刑ニ処ス」の一条を削除したのは、総会議である。(78) ともあれ、総会議の議決は、皇室に対する罪、内乱罪について、一章にして二節を配置したのである。

参事院の議決した刑法改正案は、七月一二日、一三日、内閣において参議の回議に供された。大木喬任、伊藤博文、西郷従道、山田顕義、大山巌、福岡孝弟、山県有朋、井上馨、松方正義、川村純義、佐々木高行、全員が回覧した。一三日、内閣書記官は回議に供した旨、大臣に上申した。[79]七月二〇日、前月末京都から帰京した岩倉具視が没した。

残る二大臣、三条実美、有栖川宮熾仁をはじめ、伊藤や山県ら政府首脳がこの改正案をどのように評価したのか、明らかでない。結局、政府はこれを元老院へ送ることなく、審議にふすることなく、自らの手で握り潰したのである。山県から再調査案について意見を求められたボアソナードが、再調査案に強く反発したことが一因となったのかもしれない。ボアソナードは、第一一六条の「悖逆ヲ謀ル者ハ死刑ニ処ス」について「此の如き条款の単た一箇にても存するときは、日本刑法は遂に世界中最も野蛮なる法律中に排置せらるゝに至る可し」と酷評したのである。[80]

おわりに

近代日本が西欧法典に倣い最初に編纂したのは、明治一三年の刑法、いわゆる旧刑法である。草案編纂を担当する司法省の編纂委員らは、ボアソナードの指導の下、暗中摸索の日々を送った。その頃の刑法が大逆罪や内乱罪をおかなかったにもかかわらず、この人々は草案の中に大逆罪、内乱罪をおこうとした。初めはフランス刑法の定めるところを模倣するしかなかったが、第一稿の見直しに入ると、二つの罪の罪質の違いが気になり、二罪を別々の章に分離した。これは、大逆罪から内乱罪を分離することであり、一九世紀ヨーロッパの刑法典に例のないやり方だった。

ところが、この刑法は、施行後すぐ改正論の逆風に曝された。憲法を構想中の法制官僚井上毅が、これに便乗して、古律の大逆や謀反の概念を近代的な刑法の中にいれようと努めた。井上の働き掛けに、司法省や参事院は振り回された。司法省は、皇室に対する罪と内乱の罪の分章を撤回し、同一の章におく改正案を提出する始末である。参事院は、分章をやめ同一の章におきながら、二罪を別々の節におく改正案を作成した。

（追記）

本章の第一節と第二節は、学問上の手法を異にする。第一節は資料（史料）を検討し、論理的に考察したものながら、第二節は資料の検討より、専ら論理的な考察に重きをおいたものである。そのため、今後の研究の進展により、第二節はかなり内容の書き換えが必要になると予想される。明治一五、六年の刑法改正案は何種も発見され、刑法史や法制史の研究者に提供されている。しかし、改正案の多くは、成立時期が明らかでない。改正案の成立時期がはっきりしない中で、司法省の改正案や参事院の修正案を検討しても限界がある。しかし、限界を放置すると研究が進展しないから。第二節は専ら論理でおして、全体の展望を試みたのである。

常識的には、司法省が、明治一五年九月、刑法の一部改正案を作成し、政府に提出した。司法省はなお調査を続行し、刑法全部に及ぶ改正案を作成し、明治一六年〇月、政府に提出した。参事院は、一六年〇月、法制部が審査に入り、慎重な、熱心な審査を行い、五月、修正案を作成、六月、これを総会議にかけた。およそこのような順序だろう。

しかし、これでは論理がおかしい。ボアソナードに西欧刑法の仕組みや内容を学んだ司法省の人々が、改正案の中に、第一一六条「皇室ニ対シ悖逆ヲ謀ル者ハ死刑ニ処ス」をおくとは考えにくい。一方で、法制部の井上毅が、明治一五年一二月末、皇室に対する罪と内乱の罪の分章を撤回し、同一の章の中に悖逆規定をおくよう主張していた。井上の働き掛けが司法省改正案に反映している、とみるのが、ごく自然である。

今回、第二節は、法制部が一部改正案に対する太政官調査修正案を纏めたのを、明治一六年初め頃、ないしは二、三月頃と推測した。この修正案が司法省の求めるところを基礎としそれに数倍する修正や加除を施したものだと、大胆な推測を加えた。司法省が政府に前年九月の一部改正案にさらなる修正・加除を施した改正案を提出したのを、明治一六年一、二月頃、遅ければ四月かと推測した。これは、司法省の作業と法制部の作業が、時期として重なり合うという見方である。今後研究が進展して二者の関係が明らかになれば、第二節の記述のかなりの箇所について書き換えが求められるだろう。しかし、論理の大筋はあまり影響をうけないに違いない。

（1）J. Stephen, *A History of the Criminal Law of England*, vol. 2, 1883, p. 249.
（2）R. Garraud, *Traité théorique et pratique du droit pénal français*, t. 1, 3éd., 1913, pp. 140-141.
（3）さしあたり、内田博文・中村義孝訳「フランス一七九一年刑法典」（立命館法学第九六号、一九七一年）一八七頁以下。
（4）さしあたり、司法資料第二五八号（一九三九年）の『仏蘭西刑法典』二一頁以下、中村義孝編『ナポレオン刑事法典史料集成』（法律文化社、二〇〇六年）一七八頁以下。
（5）前掲『仏蘭西刑法典』二四頁。なお、危害（アタンタ）について、堀田正忠『刑法釈義』第二巻（信山社・日本立法資料全集別巻、二〇〇〇年）一五頁、および、堀田の所論を否定した、宮城浩蔵『刑法講義』第二巻（信山社・日本立法資料全集別巻、一九九八年）四四頁以下参照。さしあたり、山口俊夫編『フランス法辞典』（東京大学出版会、二〇〇二年）四四頁。
（6）手元にベルギー刑法がなく、司法省第八局編『刑法表』（一八八三年）による。一八〇頁。

(7) 山脇玄・今村研介訳『独逸六法、刑法』(信山社・日本立法資料全集別巻、二〇〇八年) 五一頁以下。原本は一八八五年の発行。

(8) 日本大学法学部図書館は、訳者不詳『和蘭刑法』や曲木如長訳『伊太利刑法』を所蔵している。どちらも司法省が印刷にふしたものらしい。後者は一九〇三年の発行。

(9) 明律・清律における解釈の変更について、さしあたり、律令研究会編『訳註日本律令』第五巻・唐律疏議訳註篇① (東京堂出版、一九七九年) 三五〜三六頁。この唐律疏議訳註篇① (名例律) の著者は、滋賀秀三氏。

(10) フランスは一八一〇年刑法も一八三二年改正法も、第八七条の刑罰は死刑である。オルトランは、二月革命時、臨時政府が一八四八年二月二六日の布告により、政治犯の死刑を廃止したという。オルトラン著、井上正一訳『仏国刑法原論』第一帙上巻 (信山社・日本立法資料全集別巻、一九九九年) 一七五〜一七七頁。訳本原本は一八八八年の発行。本書でオルトランも指摘するが、一八四八年一一月の第二共和制憲法が、第五条でマティエル・ポリティク (政治的事件) においては死刑を廃止すると宣言したことは、広くしられている。

(11) 天皇に対する罪の設置を決定した後、ボアソナードが大逆罪のマンケ (欠効犯) やタンタティーヴ (着手未遂) の減刑をいいはって譲らず、死刑を主張する編纂委員らと対立した。結局、確定稿 (明治一〇年一一月成稿) は、ボアソナードの主張を採用しなかった。ボアソナードは仏文草案中に、「少数意見」として減刑規定を書き込んだ。*Projet de code pénal pour l'Empire du Japon*, août 1879, pp. 41-42.

(12) 鶴田文書研究会編『日本刑法草案会議筆記』第二巻 (早稲田大学出版部、一九七七年) 四九三〜四九四頁。第三条の皇嗣は天皇の世継という意味で、箕作麟祥訳『仏蘭西法律書、刑法』に始まる誤訳である。ボアソナードの原案は、フランス刑法第八七条のシュクセシビリテ・オ・トローン (皇位継承) の順序だろうと推測される。

(13) 前掲『日本刑法草案会議筆記』第二巻五〇〇頁。

(14) 前掲『日本刑法草案会議筆記』第二巻五〇〇〜五〇一頁。原文は片カナ書き。

(15) 前掲『日本刑法草案会議筆記』第二巻五一八〜五一九頁。

(16) 前掲『日本刑法草案会議筆記』第二巻五五五～五五六頁。
(17) フランスの一八一〇年刑法は、第八六条皇帝に対する大逆罪に並び、第八七条政府顛覆・帝位継承順序の変更・皇帝権力への武力反抗を目的とする皇族に対する危害の罪をおいた。一八三二年の改正法が、第八六条に国王に対する大逆罪と併せて皇族に対する危害罪をおき、第八七条に皇族危害罪と切り離し、政府顛覆・王位継承順序の変更・王権への武力反抗を目的とする危害罪（内乱罪）をおいた（中村・前掲『ナポレオン刑事法典史料集成』一八七～一八八頁）。
(18) 前掲『日本刑法草案会議筆記』第二巻四九八～五〇〇頁。
(19) ボアソナード「仏国刑法会議筆記」一六六頁。これは、明治八年九月二五日の講義である。西原春夫ら編『旧刑法（明治13年）①』（信山社・日本立法資料全集、一九九四年）所収。原文は片カナ書き。通訳は名村泰蔵。
(20) ボアソナードがクリム・ポリティクといい、通訳がそれを国事犯と訳したことについて、新井勉「近代日本における大逆罪の罪質について」（日本法学第七五巻第一号、二〇〇九年）九頁以下。
(21) 前掲「仏国刑法会議筆記」二四八～二四九頁。明治八年一二月一〇日の講義。
(22) 注(10)参照。ちなみに、政治犯について、ボアソナードの師たるオルトランは、政治犯が法理上犯罪として成立しないというのではないが「往々同一の人にして囹圄より廟堂に移り、又廟堂より囹圄に入るを見るの習慣は、事実に因りて国事犯は犯罪にあらすとの論結を甚た演繹せしめんとするものなり」と指摘する。オルトラン著、井上正一訳『仏国刑法原論』第一帙下巻（信山社・日本立法資料全集別巻、一九九九年）一二〇～一二一頁。
(23) 前掲「仏国刑法会議筆記」二五〇～二五一頁。ボアソナードは皇帝に対するアタンタを通常犯だと説明する一方で、国事犯だと口走ったり歯切れが悪い。通訳を通すせいか、なおさらわかりにくい。
(24) 前掲「仏国刑法会議筆記」二五一～二五二頁。ボアソナードとしては、このアタンタを通常犯とも国事犯ともせず、刑法全体の中で全く別の例外規定とする、一八五三年当時の少数説がよいという。
(25) 前掲「仏国刑法会議筆記」二六八頁。明治九年一月二五日の講義。
(26) 前掲「仏国刑法会議筆記」二六八頁。この点、一八三二年改正法の第八七条参照（中村・前掲『ナポレオン刑事法典史料集成』一八八頁)。
(27)前掲『日本刑法草案会議筆記』第二巻五五七～五五八頁。引用中の注(死刑)は引用者。
(28)前掲『日本刑法草案会議筆記』第二巻五五八～五五九頁。引用中の括弧(て)は脱字。このとき、第二章外患を醸成する罪と、第三章内乱に関する罪の順序をいれかえ、内乱罪を第二章に前置した。
(29)前掲「仏国刑法会議筆記」二七四～二七五頁。明治九年二月五日の講義。ボアソナードの回答が正しいかどうか、疑いがある。ボアソナードが第九一条は「現今は流刑と為す」と説明した(二七四頁)のも、真偽不明である。
(30)前掲『日本刑法草案会議筆記』第二巻五九三～五九五頁。
(31)前掲『日本刑法草案会議筆記』第二巻六二六頁。
(32)前掲『日本刑法草案会議筆記』第二巻五六一～五六二頁。引用中の括弧(逞)は誤字の訂正、括弧(は)は脱字。
(33)前掲『日本刑法草案会議筆記』第二巻五六二～五六三頁。編纂委員らは皇権云々という箇所を、朝憲の紊乱か蔑如と記すことを求めた。しかし、同書は五六三頁で、このときの申し合せとして、第一二〇条を①国家の顚覆、②朝憲の蔑如、③天皇特権(皇権?)の拒絶または減殺、④皇嗣順序の紊乱と記す、と矛盾することを記録している。
(34)我妻栄ら編『日本政治裁判史録』明治・前(第一法規、一九六八年)二五三頁、三五七頁、三九一頁、山梨県編『山梨県史』第二巻(山梨県立図書館、一九五九年)九七〇～九七一頁。
(35)明治九年一一月の臨時暴徒処分例は、神風連の乱などの裁判の準則だったことよりも、明治一〇年四月以降、西南戦争の空前規模の裁判における準則だったことが遥に重要である。
(36)元々、第一稿第一二〇条「皇権ヲ拒絶シ若クハ減損シ」の箇所(前掲『日本刑法草案会議筆記』第二巻五五五頁、五六一頁)には、翻訳のさい欠落があった。仏文にあるオトリテの拒絶、若くはプレロガチーブの減損を、オトリテの拒絶、若くは減損と記していた。この点は名村が、仏文にはディナスティ、オトリテ、プレロガチーブの三語の区別がある、と正確に説明していた(同書五六二～五六三頁)。
(37)前掲『日本刑法草案会議筆記』第二巻六二九頁。

(38) 前掲『日本刑法草案会議筆記』第二巻六三九～六四〇頁。
(39) 前掲『日本刑法草案会議筆記』第二巻六四〇頁。第一三三条の仏文はそのままだから、朝憲蔑如は仏文の「天皇ノ特権ヲ減損シ」にあたる。なお、前掲『刑法表』一九〇～一九一頁をみると、ドイツ刑法第八一条の第三項は「連邦ノ領地ノ全部又ハ其一部ヲ外国政府ニ領セシメントシ又ハ其領地ノ一部ヲ叛カシメントシタル者」と記され、第四項は「連邦ノ甲国ノ領地ノ全部又ハ其一部ヲ連邦ノ乙国へ領セシメントシタル者」と記されている。第四項は続く「又ハ甲国ノ領地ノ一部ヲ叛カシメントシタル者」が記されず、略されている。
(40) 前掲『日本刑法草案会議筆記』第二巻六四一頁。なお、第二稿は、第一三四条中の院を削り「官省地方各官署」と記している（同書六五五頁）。
(41) 前掲『日本刑法草案会議筆記』第二巻六四一～六四二頁。
(42) 前掲『日本刑法草案会議筆記』第二巻六五八～六五九頁。
(43) 司法省排印の『日本刑法草案』六一頁、六二～六四頁。第一三五条の黜除（ちゅつじょ）は罷免と同義。ちなみに、本書は縦二〇・七センチ、横一三・七センチの洋装版で、目次一〇頁、本文二三〇頁。
(44) 司法省刑事局編「旧刑法、治罪法及旧刑事訴訟法編纂沿革①」（法曹会雑誌第八巻第八号、一九三〇年）一一二頁。
(45) 村田保「法制実歴談」（法学協会雑誌第三二巻第四号、一九一四年）一四三頁。
(46) 刑法草案審査局「刑法草案修正稿本」六五～六七頁。鶴田文書研究会編『刑法審査修正関係諸案』（早稲田大学比較法研究所、一九八四年）所収。
(47) 明治一三年三月一五日、元老院・刑法審査修正案第一読会における村田保の趣旨説明。明治法制経済史研究所編『元老院会議筆記』前期第八巻（元老院会議筆記刊行会、一九六四年）五七頁。
(48) 太政官排印の『刑法審査修正案』四九頁、五〇～五一頁。ちなみに、本書は縦二〇・七センチ、横一三・四センチの洋装版で、目次一〇頁、本文一八一頁。
(49) 刑法審査修正案中、第一一六条危害罪、第一一七条不敬罪の「皇后及ヒ」を「三后」とする修正は、第一読会選出の鶴田皓ら五人の議官が行い、この修正案を第二読会に提出したのである。
(50) 審査局における内乱罪審査を少し詳しく考察したものとして、新井勉の「明治日本における内乱罪の誕生」や「旧刑法における内乱罪の新設とその解釈」がある。前者は日本法学第七〇巻第四号（二〇〇五年）一五二～一五四頁、後者は日本法学第七二巻第四号（二〇〇七年）二二一～二八頁。
(51) 前掲『元老院会議筆記』前期第八巻五八頁。原文は片カナ書き。
(52) 司法省刑事局編「旧刑法、治罪法及旧刑事訴訟法編纂沿革③」（法曹会雑誌第八巻第一〇号、一九三〇年）一四一頁。
(53) 前掲「旧刑法、治罪法及旧刑事訴訟法編纂沿革③」一四一～一四四頁。この一部改正案は、第一二五条内乱の予備、陰謀の二項に加え、第三項として「内乱ヲ起スニ至ラスト雖モ朝憲ヲ紊乱スル所為アル者ハ各一等又ハ二等ヲ減ス」をおいた。
(54) 明治一四年太政官達第八九号、参事院職制章程。内閣記録局編『法規分類大全』官職門①（原書房、一九七八年）二八九～二九一頁。
(55) 鶴田皓あて井上毅書簡、明治（?）年一二月三〇日付。井上毅伝記編纂委員会編『井上毅伝』史料篇第一巻（国学院大学図書館、一九八六年）二六七頁。初版は一九六六年。原文は片カナ・平かな混淆。
(56) 鶴田皓あて井上毅書簡、明治（?）年一二月三〇日付。前掲『井上毅伝』史料篇第一巻二六八頁。なお、厭足は、十分にたりる、満足する。本文掲載の甲案、乙案は、この書簡である。
(57) 日本大学法学部図書館は、甲号「太政官調査修正案」と題される、明治一三年刑法の改正案を所蔵する。これは、一三年刑法の活版印刷本（目次一二頁、本文一八一頁）の各条文に朱書で修正・加除を施したものである。この成立時期ははっきりせず、本文の「明治一六年初め頃、ないしは二、三月頃」は、今およその推測である。内田文昭ら編『刑法〈明治40年〉①―3』（信山社・日本立法資料全集、二〇〇九年）所収「刑法改正案（参事院）」は、この「太政官調査修正案」中、修正し、加除した条文を抜きだし、理由を附記したものである。
(58) 前掲「太政官調査修正案」四九頁、五〇～五一頁。
(59) 井上毅「乙案、第二編第一章第二章改正の議」三四三頁。前掲『井上毅伝』史料篇第一巻所収。原文は片カナ書き。

(60) 前掲「乙案、第二編第一章第二章改正の議」三四三〜三四四頁。
(61) 前掲「乙案、第二編第一章第二章改正の議」三四四〜三四五頁。
(62) 井上毅「百三十七条二項」二六八〜二八九頁。前掲『井上毅伝』史料篇第一巻所収。および前掲『刑法（明治40年）①—3』所収「刑法改正案（参事院）」四四八〜四四九頁。太政官調査修正案は、兇徒聚衆の罪を多衆を嘯聚するの罪と改めた。
(63) 前掲『刑法（明治40年）①—3』所収「刑法改正案（参事院）」四四六頁。原文は片カナ書き。
(64) 前掲『刑法（明治40年）①—3』所収「刑法改正案（参事院）」四四七頁。引用中、括弧（機）は誤字の訂正。
(65) 司法省の全面改正案と称するべき刑法改正案は、前掲『刑法（明治40年）①—3』に二種、内田文昭ら編『刑法（明治40年）①—1』（信山社・日本立法資料全集、一九九九年）に一種、所収される。
(66) 司法省「刑法改正案」二九二〜二九五頁。前掲『刑法（明治40年）①—3』所収。この改正案は、細川潤次郎・吾園叢書旧蔵。副本の一本が、司法大輔を務める（明治一四年七月〜一六年六月）細川の手元に保存されたのだろう。
(67) 明治一四年司法省達無号、司法省各局分掌規程。内閣記録局編『法規分類大全』官職門⑤（原書房、一九七八年）三三七〜三三九頁。名村は、大輔・少輔に次ぐ大書記官だから、第八局長の職にあったと推測される。未確認。
(68) 司法省「刑法改正案」九八頁。前掲『刑法（明治40年）①—1』所収。この改正案は、井上毅・梧陰文庫の旧蔵。
(69) 日本大学法学部図書館は、丙号「太政官再調査案——即参事院総会議々案」と題される、明治一三年刑法の改正案を所蔵する。これも、同じ一三年刑法の活版印刷本の各条文に朱書で修正・加除を施したものである。再調査案は、およそのところ前掲『刑法（明治40年）①—1』所収、二四八頁以下の「第三十三号総会議議案」の内容と同じである。
(70) 前掲「第三十三号総会議議案」二四八頁。
(71) 井上毅「刑法に付意見」、明治（?）年五月一四日付。前掲『井上毅伝』史料篇第一巻三四二頁。原文は片カナ書き。
(72) 前掲「太政官再調査案」四九頁、五〇〜五一頁。
(73) 井上毅・前掲「乙案、第二編第一章第二章改正の議」三四四〜三四五頁。
(74) 伊藤隆、尾崎春盛編『尾崎三良日記』上巻（中央公論社、一九九一年）三〇四頁。原文は片カナ書き。

(75)前掲『尾崎三良日記』上巻三〇四〜三〇五頁。なお、水本成美の病気は同書三五二頁、死亡は三七一〜三七二頁参照。
(76)参事院・刑法改正「上申書」四一五頁。前掲『刑法（明治40年）①—1』所収。原文は片カナ書き。
(77)参事院「刑法改正案」四一七頁。前掲『刑法（明治40年）①—1』所収。
(78)参事院における修正の過程は、参事院「刑法改正案（校了）」三〇〇頁以下。前掲『刑法（明治40年）①—1』所収。
(79)内閣書記官「上申書？」四一五頁。前掲『刑法（明治40年）①—1』所収。
(80)ボアソナード「刑法修正案意見書」四六一頁。前掲『刑法（明治40年）①—1』所収。意見書の日付は、明治一六年七月九日。原文は片カナ書き。

＊本章のフランス刑法の引用は、司法資料第二五八号（一九三九年）の『仏蘭西刑法典』の翻訳による。

六　大逆罪、内乱罪の交錯

はじめに――朝憲紊乱とは何か

明治一三年（一八八〇年）刑法は、第一二一条で「政府ヲ顚覆シ又ハ邦土ヲ僭窃シ其他朝憲ヲ紊乱スルコトヲ目的ト為シ内乱ヲ起シタル者ハ左ノ区別ニ従テ処断ス」と定めて、内乱罪を目的犯として構成した。明治四〇年刑法も、第七七条でこの目的の記述をそのままうけついだ。昭和二二年（一九四七年）の刑法の一部を改正する法律は、皇室に対する罪の章を削除し、外患に関する罪の章を大きく修正しながら、内乱に関する罪の章に手を加えなかった。そのため、平成七年（一九九五年）の刑法の一部を改正する法律が表記平易化を標榜し第七七条の記述を改めるまで、明治・大正・昭和の三代、朝憲紊乱の四字は内乱罪の条文を飾り続けた。

およそ明治一〇年頃まで、政府は、百姓一揆を朝憲を憚らざる所業として処罰し、士族の反乱を朝憲を憚らず逆意を逞しくする科として断罪した。司法省は臨時暴徒処分例の中に朝憲紊乱の言葉を導入し、刑法草案を編纂中の編纂委員らがこれを内乱罪の中にもちこんだ。この内乱規定を含む明治一三年刑法は、施行前後、一般民衆むけの手引書や解説書が出版された。事のついでにその幾つかを覗くと、①池部活三の『改定刑法俗解』は朝憲紊乱に「チヤウテイノキソク、ミダス」とルビをふし、[1]②岡崎策郎の『傍訓挿画刑法註釈』も同じく「ヲカミノキソク、ミダス」とルビをふし、[2]③戸田十畝の『大日本刑法註釈大成』は「マツリコト、ミタル」という。[3]意味の異なるルビをふしている。一般民衆にしてみれば、朝憲紊乱は政府に反抗する犯罪をさすもので、江戸幕府における「公儀を恐れざる致し方」とさしたる違いがなかったことだろう。

明治一三年刑法は、これを公布した政府自ら、繰り返し全面改正を試みた。すなわち、政府が帝国議会に全面改正案を提出すること五回に及んだ。改正案が提出された議会は、第一議会、第一五議会、第一六議会、第一七議会、第二三議会で、第二三議会に提出された改正案が貴衆両院でそれぞれ修正可決、両院協議会をへて、明治四〇年刑法が成立した。

まず第一六議会の貴族院で、加藤弘之が改正案第九二条の内乱罪中「朝憲と云ふのか私は分りませぬか、是は国憲とも違ひ憲法とも違ふ。是まても斯う云ふ字かありますか。一体朝憲と云ふことの定義はとう考へて宜しうこさいますか」と質問した。これに政府委員石渡敏一が「朝憲の文字は現行法から使つてありますので、現行法の百二十一条に在りますので、成る程此意味は極て広くして、如何なるものか這入るかと云ふのは現行法と雖も困難たと思ひます。それ故に草案ては此文字を其儘に用ひたのてあります」と答えた。[4]ここで政府委員は、朝憲の意味が広すぎ内容を確定できないから、現行法をそのまま踏襲していると説明したのである。

さらに第二三議会の衆議院では、花井卓蔵が改正案第七七条の内乱罪中、目的全般をとりあげ「政府顚覆とはとう云ふことてあるか、邦土僭窃とはとう云ふことてあるか、朝憲紊乱とはとう云ふことてあるか、其解釈并に実例を示して載きたい。現行法は無理に斯う云ふ文字を使ひ来つて居るのてある。学者も裁判官も刑法典の執筆者も分らぬ儘書いて居ると云ふことは明白てあるから、私は之を問ひたい」問わざるをえないと迫った。これに対して、政府委員倉富勇三郎が政府顚覆は内閣の更迭をいい、邦土僭窃は国土の奪取をいい「朝憲紊乱と云ふのは、是は余程広きことてありますか、憲法に規定してある事を想像すれは種々な事かあります。之を言ふと甚た如何はしい事件になりますけれとも、私事（私が）皇室に関すると云つたのは必しも不当てなからうと思ひます。天皇の大権を規定してある、其大権を変更すると云ふやうな事を目的として暴動を起すならは、則ちそれか朝憲紊乱てある」と答えた[5]。ここで、舌鋒を以てなる花井が政府顚覆や朝憲紊乱などは「刑法典の執筆者も分らぬ儘書いて居る」と指摘したのが印象深いが、政府委員はこれを聞き流し単純な解釈論を展開した。

このように議会審議を一瞥したところ、朝憲紊乱は言葉の意味がはっきりせず、いわば漠として空を摑む感じがあることから、想起されるのは明治一三年刑法の草案編纂時の議論である。フランス刑法第八七条に倣う内乱罪の原案を見直すさい、編纂委員らは朝憲云々と記すと「国事犯中何事にも通し用ゆへきの便利あらんとす」と主張したし「日本文の朝憲蔑如の語は所謂不応為の罪名と同しく国事犯中何事にも通し用ゆへきもの」だと主張した[6]。明治一〇年の時点で、刑法草案の編纂委員らは朝憲紊乱が一般条項としての利便性をもつことを十分認識していたのである。

さて、話の順序が、あるいは前後する。右の花井卓蔵の質問の中で、第一二一条の政府顚覆、邦土僭窃、朝憲紊乱の三つは、おそらく同じ扱いである。フランス刑法第八七条は、①政府の顚覆、②帝位継承順序の変更、③煽動による皇帝権力への武装反抗、と内乱罪の目的を単純に並べる。ボアソナードの仏文草案第一三四条も、①日本王朝の顚覆、②皇位継承順序の変更、③日本領土や属領の一部の奪取、④国政に関する天皇の権利・特権の減少を目的とする、ゲール・シヴィル、アンシュレクシオン、セディシオン・アルメを内乱罪と規定し、目的を単純に並べている。そのため、村田保をはじめ、高木豊三や堀田正忠らは、第一二一条の前二者が後者の例示だと思い至らなかったらしい。一方、ボアソナードの門弟中、宮城浩蔵や井上操らは、政府顚覆、邦土僭窃を朝憲紊乱の例示だと捉えた[7]。これが多数説となり、明治四〇年刑法の第七七条を解釈する通説となった。

大正後期、第四五議会が無政府主義・共産主義など朝憲紊乱事項を宣伝する者を処罰する、過激社会運動取締法案を審議中、刑法学者の牧野英一が法律新聞紙上「朝憲紊乱とは何ぞ」という、そのものずばりの論説を発表した。牧野は、この中で、朝憲紊乱は「其の用語に於て甚だ典雅なものがあるが、其の概念に於ては甚だ明かでない。之を以て、国家の基本組織の不法なる変革と解するのが一般の説明になつて居る」が、国家の基本組織が何かは明らかでなく「従来の判例に於ても、第一審第二審第三審の見る所にそれぞれ相異るものあることが寧ろ常例たるかの如き観があるにしても、そこに其の内容が時勢の如何に依つて変遷し得る長所がある。なほ民法に於ける『公の秩序善良の風俗』の適用のそれの如しと考ふるも不可なからう」という。(8) ここで牧野は、朝憲紊乱事項の掲載を罰する新聞紙法第四二条や、大正九年（一九二〇年）に下された森戸辰男事件の第一、第二、第三審の判決をとりあげ、朝憲紊乱は概念が明確でないと指摘するとともに、この言葉が公序良俗と同じ一般条項だと考えてよいと論じたのである。

これまでの考察からわかるように、朝憲紊乱は元々概念がはっきりしなかった。ところが、現実に事件が惹起した。五・一五事件の関与者大川周明らの裁判で、昭和一〇年（一九三五年）大審院は、朝憲紊乱は「議会制度の否認、内閣制度の変革其の他国家の政治的基本組織の破壊」をいうとし「政府の顚覆とは行政組織の中枢たる内閣制度を不法に破壊する如きことを指称するもの」だと解釈した。(9) 大審院は、正犯らの暴動をこれを機として新たに発生するだろう他の暴動により朝憲紊乱を期したものだと認定し、内乱罪の成立を退けるとともに、朝憲紊乱や政府顚覆という、拡大自在な概念を方向を逆にして縮小したのである。

一方、改正刑法仮案の編纂過程で、昭和一三年一〇月の起草委員会成案中、通常の内乱罪は第一三五条「朝憲ヲ紊乱シ又ハ政府ヲ変乱スルコトヲ目的トシテ暴動ヲ為シタル者」云々と改められた。これは、二・二六事件のような暴動を内乱罪にしようと起草委員会が考え、政府変乱を後置して朝憲紊乱の例示となることをさけたのである。しかし、刑法学者の小野清一郎が、総会でこの規定に強く反対して、朝憲というのはフェアファッスングあるいはコンスチチューションのことだから、又は、という同じ価値を繋ぐ接続詞をおく以上、政府変乱は朝憲紊乱に準ずるような政府の変乱でなければならないと主張した[10]。すなわち、この規定を以てしても、神兵隊事件や二・二六事件において内乱罪は成立しないという含意がある。ここでも、朝憲紊乱や政府顚覆は限定的に解釈されている、といってよい。

一　大逆罪の条文確定

明治一三年刑法は、第二編の第一章として、皇室に対する罪をおいた。第一章の中核は、第一一六条の「天皇三后皇太子ニ対シ危害ヲ加ヘ又ハ加ヘントシタル者ハ死刑ニ処ス」という規定である。刑法には大逆や大逆罪という語はないが、第一一六条の天皇に対する危害行為を大逆、ないしは大逆罪という。大雑把には、第一一六条をさして、大逆罪ということがある。

明治四〇年刑法も、第二編の第一章として、皇室に対する罪をおいた。第一章の中核は、右の規定をほぼ踏襲する、第七三条「天皇、太皇太后、皇太后、皇后、皇太子又ハ皇太孫ニ対シ危害ヲ加ヘ又ハ加ヘントシタル者ハ死刑ニ処ス」の規定である。これは、明治二二年制定の皇室典範の第三〇条により三后を個々に記し、皇太孫を加えたものである。

（一）前史

明治一三年刑法第一一六条の母法は、フランス刑法の第八六条である。フランス刑法は、この第八六条皇帝に対する危害と、第八七条政府顚覆などを目的とする危害を、第八八条で既遂・未遂の別なく処罰し、第八九条で二人以上の予備・陰謀について処罰した。この点は、一八一〇年の刑法も、一八三二年の改正法も、ほぼ同じである。明治一三年刑法の草案編纂のさい、編纂委員らが大逆は特別に重く罰したいと求めたため、ボアソナードは、二人以上の陰謀による大逆の欠効犯は任意的一等減、同じく着手未遂は一等減、予備は二、三等減、陰謀に止まるなら三、四等減、陰謀を醸す発言は四、五等減、という特例をおいた[11]。

ボアソナードは、一人の大逆は、殺親罪と同じく欠効犯は一等減、着手未遂は二等減、二人以上の陰謀による大逆は、特例によると主張した。編纂委員らは、第二稿を見直すさい、一人の場合、二人以上の場合と、人数により二様に罰するのは不都合だと批判し、特例を求めたのは編纂委員らの方だと不平をいうボアソナードを尻目にかけ、この特例を削ってしまった[12]。

結局、司法省の確定稿たる「日本刑法草案」は、第一三一条で「天皇皇后及ヒ皇太子ノ身体ニ対シタル犯罪ハ子孫其祖父母父母ノ身体ニ対シテ犯シタル重罪軽罪ニ同シ」と定め、予備や陰謀の規定をおかなかった。尊属に対する第四〇九条は欠効犯は一等減、着手未遂は二等減だから、第一三一条の罪の欠効犯は一等減、着手未遂は二等減で、予備も陰謀も処罰しない。これは、律の思考法と全く異なる。元々ボアソナードや編纂委員らが母法としてフランス刑法を選択したときから、編纂される草案の大逆規定は律の伝統と縁をきっていた。象徴的なのは、犯罪の客体として、皇后や皇太子を天皇と同列に並べたことである。

刑法草案審査局は、日本刑法草案を全面修正して「刑法審査修正案」を纏めた。修正案は、第一一六条「天皇皇后及ヒ皇太子ニ対シ危害ヲ加ヘ又ハ加ヘントシタル者ハ死刑ニ処ス」として、祖父母父母に対する罪とは関係なく条文を構成し、天皇らに対して危害を「加ヘントシタル者」も死刑に処することを記した。元老院は、さらに、皇后を三后と修正した。このように客体を広げることも、律の思考法から隔たること遠いものがあった。

(二)　前期の改正論

明治一三年刑法は、第一一六条天皇、三后、皇太子への加害を罰する規定をおいた。第一一六条の大きな問題は、危害を「加ヘントシタル者」が何をさすのか。右にみた草案の編纂過程からいうと、欠効犯（実行未遂）と着手未遂を併称する、広義の未遂犯をさしている。これでよいかを確認するため、村田保の『刑法註釈』をみると、村田は「天皇、三后及ひ皇太子の玉体に対し危難、傷害を加へたる者は（謀故殺、殴打創傷、若くは健康を害す可き物品を施用し、其他、監禁、脅迫、遺棄等の罪を云ふ）勿論、之を加へんとしたる未遂犯罪の時と雖も死刑に処す」といいきっている。[13]

明治一三年刑法は、第一一二条「罪ヲ犯サントシテ已ニ其事ヲ行フト雖モ犯人意外ノ障礙（しょうがい）若クハ舛錯（せんさく）ニ因リ未タ遂ケサル時ハ已ニ遂ケタル者ノ刑ニ一等又ハ二等ヲ減ス」として、未遂犯減刑の規定をおいている。舛錯は手違いをいう。第一一六条の「加ヘントシタル者」は、第一一二条の「罪ヲ犯サントシテ」の言い回しと同じである。村田がこれを未遂犯だというのだから、審査局において別段の議論がなかったのだろう。そのため、井上毅が、古律と違い、第一一六条は危害を謀る者を罰しないとして、同条を激しく非難した。井上の強力な働き掛けにより、参事院が改正案を作成したことは、ここでは言及しない。

さて、第一一六条について「加ヘントシタル者」の解釈、これ一つに焦点を絞ろう。高木豊三は、これを未遂をさすと解釈した。すなわち「此条危害を加へんとしたる者、即ち未遂犯罪にして既に危害を加へたる者と同く之を死刑に処するは何そや。蓋し此条の罪の如きは前既に云へる如く実に重罪中の最も重大なる者なれは、特に其罰を厳にし之を他の罪と別ちたるに過きさるなり」と記している。高木は、一方で、殺傷の如き重大の危害を加えた者と脅迫の如き軽小の危害を加えんとした者を同じく死刑に処するのは「実に太疎の法律にして不権衡も亦甚し」と疑問視する。(14)

磯部四郎は、高木とは逆に、加えんとしたる者は「未遂犯、及ひ未遂犯に至らさる者を包含するものと解釈せさるへからす。即ち、意思、隠謀、予備の所為と雖も之を同一に論せさるへからす」と記している。この理由として、磯部は、ボアソナードが仏文草案中に特例をおき、編纂委員らが和文草案を作成するさいこれを削除したが「其精神をも削除したるにあらす。唯『加ヘントシタル云々』の法語を用ゐて其中に各等の所為を包括したるに過きす」というのである。(15) しかし、ボアソナードの特例は欠効犯、着手未遂、予備と刑を逓減し、一律に死刑に処するものではなかった。

二人と同じ司法省法学校に学んだ井上操も、加えんとしたる者は未遂をさすに止まらないという。井上は「余思ふに、此皇室に対する罪は、草案の意を以て、論すへきにあらす。反て是れ我古法に傚ひ、唐律に基きしものなり」として仏文草案の特例による解釈を退け、律の謀反の注釈「臣下将に逆節を図らんとす。君を無（な）みするの心あり」や、唐律疏議の公羊伝の「君親に将（まさにせんとす）なし。将れば必ず誅す」をひき「蓋し之に基きしなり」というのである。(16) 井上が「故に既遂未遂は勿論、予備予謀も、亦悉く極刑に処す」と結論するのは、自然なことである。予謀は陰謀と同義である。

磯部の解釈は一見フランス法の思考法を根拠とするかにみえるが、論理性を欠き、高木のいう不権衡を広げるばかりである。井上の解釈は単純に律の思考法に傾倒しようというのである。もしボアソナードが磯部や井上の主張を耳にすることがあったら、さぞ落胆したに違いない。なぜなら、ボアソナードは明治一六年七月、参事院の改正案中、第一一六条「皇室ニ対シ悖逆ヲ謀ル者ハ死刑ニ処ス」を酷評したからである。

広くしられるが、外務省から司法省へ移管した法律取調委員会は、裁判所構成法をはじめ、民法、商法、民事訴訟法、刑事訴訟法を編纂した。政府はこれらを、明治二三年中に数回にわけて公布した。委員会は明治一三年刑法の改正案も議了したが、どのような事情があったのか、政府はこれを公布しなかった。政府が改正案を第一議会に提出したのは、明治二四年一月一七日。この改正案中、大逆規定は次のようである。

○第一議会提出案（明治二四年一月）

第百十八条　天皇、三后、皇嗣、皇嗣ノ妃及ヒ摂政ノ生命ニ対シ危害ヲ加ヘタル者ハ已遂（いすい）未遂ヲ分タス死刑ニ処ス

其身体ニ対シ危害ヲ加ヘタル者ハ已遂、未遂ヲ分タス無期懲役ニ処ス

第百十九条　①略（皇族の生命に対する加害。已遂は死刑、未遂は無期懲役）

②略（皇族の身体に対する加害）

第百二十条　前二条ニ記載シタル重罪ノ予備ヲ為シタル者ハ未遂犯ノ刑ニ一等ヲ減シ其二人以上陰謀ヲ為シタルニ止マル者ハ二等若クハ三等ヲ減ス[17]

この改正案は、第一一八条の客体として皇嗣の妃と摂政を加え、生命に対する加害は既遂・未遂の別なく死刑に処するが、予備は無期懲役、陰謀は一等（一〇～一五年）か二等の有期懲役（七～一二年）に処する。客体を

広げるのも、予備・陰謀の刑を逓減するのも、律の思考法ではない。刑の逓減については、司法省の「改正刑法案説明書」が、現行法の危害を加えんとしたる者が未遂をさすのか、予備・陰謀を含めるのか明瞭でなく、これが「未遂犯のみを指したるものとせんか其予備陰謀の所為は之を不問に措かさるへからす。若し其予備陰謀をも包含したるものと為すときは其刑厳酷に過くるやの感あり。因て改正法に於ては未遂犯と予備陰謀とを区別して相当の刑罰を科することとせり」と説明している。[18] しかし、改正案は衆議院で審議らしい審議もなく、審議未了に終った。

（三）後期の踏襲論

司法省は、明治二五年一月、明治一三年刑法の改正を進めるため刑法改正審査委員を任命し、二月、三好退蔵を委員長とする委員会組織に改めた。横田国臣、倉富勇三郎、古賀廉造、石渡敏一らが委員である。この委員会が明治二八年改正案、および明治三〇年改正案を作成した。四年がかりの二八年改正案に係わる「刑法改正審査委員会決議録」が、三年分残されている。大逆規定をめぐる箇所は、次のようである。

○刑法改正審査委員会（明治二七年五、六月）
第七十七条　天皇、三后、皇太子、皇太孫ニ対シ危害ヲ加へ又ハ加ヘントシタル者ハ死刑ニ処ス
（説明）
本条は甚た漠然たる規定にして用語の範囲更に分ち難し。之を以て多少修正を加へんとの説出てしも、本条は猥りに臣子の議すへき所にあらされは、暫らく現行法の儘存せしむ。

只皇太孫の文字を加へたるは、不測のことに因り皇太子の薨去あらせられたるときは皇太孫は即ち皇位を継かせらる可き地位にあらせ玉ふことなれは、皇太子に対する犯罪と均しく厳刑を以て処分するの必要あるものと認めたるに因る。[19]

漠然たる規定だというのは、危害とは何か漠然としている、ということだろう。用語の範囲が分ち難しというのは、太上天皇が天皇に入るか、皇妃が三后に入るかということか、加えんとしたる者が未遂に止まるか、予備や陰謀まで含むかということか、はっきりしない。どちらにしても、委員会は「本条は猥りに臣子の議すへき所にあらされは、暫らく現行法の儘存せしむ」る、と方針を決定した。そのため、大逆規定たる、明治二八年改正案の第九〇条、明治三〇年改正案の第九一条は、右の第七七条と同一である。すなわち、この時点で、これまで燻っていた改正論が踏襲論へ転じたのである。

商法・民法の施行延期をうけて、政府は明治二六年三月、法典調査会を設置し、再び編纂に着手した。調査会の努力が実を結び、明治三二年三月には、法例、民法、民法施行法、商法、商法施行法の公布をおえた。そこで調査会を改組し、第三部をして刑法、刑事訴訟法の起案・審議を担当させた。第三部は、横田国臣が部長、倉富勇三郎、古賀廉造、石渡敏一が起草委員、富井政章、村田保らが委員である。第三部は明治三〇年改正案を基礎として、刑法の改正作業を続行した。この第三部が改正案第九一条の「天皇、三后、皇太子、皇太孫ニ対シ危害ヲ加へ又ハ加ヘントシタル者ハ死刑ニ処ス」を審議したのは第二四回会議（明治三二年一二月四日）で、その日会議日誌は「第九十一条より審議し、第九十一条は原案の通可決し（中略）第九十六条は重大の問題なるを以て連合会に於て議決することに決す」と記している。[20]第九六条は内乱罪、連合会は各部連合会である。

その後、政府は、調査会の作成した明治三四年改正案、明治三五年改正案を、第一五議会、第一六議会に提出した。どちらも審議未了である。政府は続いて、第一六議会貴族院の修正をほぼ採用した改正案を第一七議会に提出したが、衆議院の解散によりこれも審議未了に終った。司法省は明治三九年六月、新たに法律取調委員会を設置し、横田国臣、倉富勇三郎、古賀廉造らを委員に任命した。政府は、この委員会が作成した明治三九年改正案を第二三議会に提出した。この改正案が貴衆両院を修正通過し、明治四〇年刑法が成立した。三四年改正案が三后を個別に記し、三五年改正案が皇太子の後ろに「又ハ」の接続詞を加えたため、繰り返しになるが、四〇年刑法第七三条は「天皇、太皇太后、皇太后、皇后、皇太子又ハ皇太孫ニ対シ危害ヲ加ヘ又ハ加ヘントシタル者ハ死刑ニ処ス」という、広くしられる条文になった。

さて、政府提出の刑法改正案が議会で本格的に審議されたのは、貴族院は第一六議会、衆議院は第二三議会である。まず第一六議会貴族院の委員会、第八回会議（明治三五年二月一二日）において、菊池武夫が明治三五年改正案の第八七条大逆規定の「危害」と第一一三条公務執行妨害罪の「暴行又ハ脅迫」に差異があるか、および前者の「加ヘ」と後者の「為シ」に意味の違いがあるか尋ねた。これに政府委員古賀廉造が「此皇室に対する罪は成るへく現行法の儘て宜しくはあるまいかと云ふ積りて、已むを得ない文字丈を変へたのてあります」と答弁すると、富井政章が「本章の規定は事柄か事柄てありますから、成るへく現行法の規定に障らないやうにしやうと云ふ跡か見えて居ります。それは誠に結構なことてあると思ふのてあります」といいそえた[21]。富井は、貴衆をとわず議会の修正を好ましからざるものとする、政府の思いを代弁したのである。

次に第二三議会衆議院委員会中、小委員会第三回会議（明治四〇年三月一日）において、板倉中が明治三九年改正案の第七三条大逆規定について質問した。板倉は、危害なる言葉の中には「無限に広きことを網羅して居るのて」その次に「加ヘントシタルモノ」と記すと、加えんと欲した意思まで入るのか。しからざれば「加ヘントシタルモノ」は無用の句になるが、起案の趣旨は何かと尋ねたのである。これに政府委員倉富勇三郎が、危害の意思は入らないと答え、危害を加えんとしたる者は「現行の刑法の文字を其儘襲用した（中略）現行法て此点に就いては改正するの必要はない。斯う云ふ考て其儘に置いた次第てこさいます」と明確に答弁した[22]。

二　内乱罪の条文確定

（一）前史

明治一三年刑法は、第二編の第二章として、国事に関する罪をおいた。第二章は二節構成で、第一節が内乱に関する罪、第二節外患に関する罪である。第一節の中核は、第一二一条の「政府ヲ顚覆シ又ハ邦土ヲ僭窃シ其他朝憲ヲ紊乱スルコトヲ目的ト為シ内乱ヲ起シタル者ハ左ノ区別ニ従テ処断ス」である。同条は内乱関与者を四類に区別して、首魁・教唆者を死刑に処し、第二類以下、第三、第四類と刑を逓減する。

明治四〇年刑法は、第二編の第二章として、内乱に関する罪をおいた。第二章の中核は、右の規定を一部修正する、第七七条「政府ヲ顚覆シ又ハ邦土ヲ僭窃シ其他朝憲ヲ紊乱スルコトヲ目的トシテ暴動ヲ為シタル者ハ内乱ノ罪ト為シ左ノ区別ニ従テ処断ス」という規定である。同条は内乱関与者を三類に区別して、首魁を（教唆者はなし）死刑か無期禁錮に処し、第二、第三類と同じく刑を逓減する。

明治一三年刑法第一二一条の母法は、フランス刑法の第八七条である。一八五三年改正法の第八七条は、政府顚覆、帝位継承順序の変更、または煽動による皇帝権力への武装反抗を目的とする危害（アタンタ）を隔離流刑に処した。明治一三年刑法の草案編纂のさい、編纂委員らが内乱規定に朝憲紊乱の言葉を用いるよう強く求めたため、ボアソナード作成の仏文草案の「国政ニ於ケル天皇ノ権利及ヒ特権ヲ減少スル」の箇所[23]を、和文は「朝憲ヲ蔑如スル」と記すという、不思議な話になった。司法省の「日本刑法草案」は、第一三四条が「国家ヲ顚覆シ又ハ邦土ヲ僣窃シ其他朝憲ヲ蔑如シ若クハ皇嗣ノ順序ヲ紊乱スルコトヲ目的ト為シ内乱ヲ起シタル者ハ左ノ区別ニ従テ処断ス」と規定する。ちなみに、この仏文草案は皇位継承順序の変更を、日本の皇統（ディナスティ）の顚覆の次、二番目においている[24]。

刑法草案審査局は、日本刑法草案一三四条を「政府ヲ顚覆シ又ハ邦土ヲ僣窃シ其他朝憲ヲ紊乱スルコトヲ目的ト為シ内乱ヲ起シタル者ハ」云々と修正した。首魁・教唆者の処罰も、無期流刑を死刑へ変更した。政治犯にも死刑を科することで、フランス法の模倣を大きく修正した。もっとも、内乱関与者を四類に区別する点で、謀反は首従の別なく斬に処する、律の思考法とは異なっている。

（二）前期の改正論

明治一三年刑法第一二一条の政府顚覆も朝憲紊乱も、言葉として多義的である。二者の内容に関係して、刑法草案審査局が日本刑法草案第一三四条の国家顚覆の国家を政府に改め、皇嗣順序の紊乱を削った事情を一瞥することが必要である。これが容易にわかるかと、村田保の『刑法註釈』を開くと、巻三の巻頭から数葉、次のような注釈がふされている。

○村田保『刑法註釈』第一二一条

本条は、内乱を起す可きの目的を掲けて、国事犯と称す可き者を示すなり。

政府を顚覆すとは、例へは立君政体を廃して共和政府を創立せんと欲し、又は内閣を変更し若くは各官署を興廃せんと欲するの類。邦土を僭窃すとは、例へは九州或は蝦夷地方に割拠して旗を挙け、若くは土地を掠略し又は占有して独立するの類。朝憲を紊乱すとは、例へは政体若くは法律を改革し、又は皇嗣の順序を紊乱し、或は郡県の制を廃して封建に改めんと欲するの類。(25)（後略）

ここで気づくのは、村田が、審査局の政府顚覆への修正を使い、政体の転換に加え、内閣の変更や、各官署の興廃を内乱目的として記していることである。この各官署の興廃は、審査局が削った草案第一三五条「官省地方各官署ヲ傾覆若クハ変更シ又ハ其長官ヲ黜除シ」云々という、内乱罪の一種のことである。村田はさらに、審査局が削った草案第一三四条の「皇嗣ノ順序ヲ紊乱スル」を、朝憲紊乱の例とする。逆にいうと、このような解釈が可能なため、審査局は修正や削除を行ったのだろう。このうち、皇嗣順序の紊乱を朝憲紊乱の中に含めて解釈することが、後に内乱規定と大逆規定が交錯する代表例として指摘されることになる。

さて、前述のように、政府は、第一議会に刑法改正案を提出した。先議した衆議院の本会議（明治二四年二月二三日）冒頭、政府委員の箕作麟祥は、趣旨説明を行う中で、現行刑法は「専制政治のときに設けたものであるので、今日の最早立憲政体になりました所てはとうしても不都合の点があります。不都合な点、権衡を失した点があります。例へて申しますると、内乱に関する罪に就きましても、皇室に関する罪と政府に対する罪とは区別が出来て居りませぬ」と問題を指摘した。(26)そこで、この改正案においては、内乱規定を皇室に対する罪と政府に対する罪にわけたのである。

○第一議会提出案（明治二四年一月）

第百二十四条　皇室ヲ傾覆シ皇嗣ノ順序ヲ紊乱シ邦土ヲ僭窃シ其他国憲ヲ変更スルコトヲ目的トスル内乱ニ与（くみ）シタル者ハ左ノ区別ニ従テ処断ス

一　首魁及ヒ煽動者ハ死刑ニ処ス

二、三、四　略

第二項　略（暴動者と通謀しない幇助）

第百二十五条　政府ヲ傾覆シ政務ヲ変乱シ其他政事ニ関スル事項ヲ目的トスル内乱ニ与シタル者ハ前条ノ例ニ照シ各一等ヲ減ス(27)

司法省の「改正刑法案説明書」は、内乱罪は兵をあげ政府に抗敵する点が同一でも、目的に差異があり「一は帝国の基本を侵害せんとするに在り。又一は政府の当路者と政治上の意見を異にする所より其政治の方針を変更せんとするに在り。而して第一の場合は第二の場合に比すれは罪状の重きは言を竢たさる所」ながら、現行刑法はこれを区別せず一様に刑を定める。これは不当なので、改正案はこの区別をしたと説明する。(28)すなわち、改正案は、皇室の傾覆をはじめ、帝国の基本を侵害する目的の内乱罪は、罪状が重く首魁らに死刑を科するが、政事に関する事項を目的とする内乱罪は、一等を減じ首魁らに無期禁獄を科するのである。

（三）後期の踏襲論

刑法改正審査委員会は、明治二八年改正案で、明治一三年刑法第一二一条の目的の内容を踏襲しながら「内乱ヲ起シタル」を「暴動ヲ為シタル」と改めた。この改正案の作成に係わる委員会の「決議録」は、国事犯ないしは内乱罪について、種々の議論があったことを伝えている。そのうち、内乱を暴動に改めた、この一点に関する議論は次のようである。

○刑法改正審査委員会（明治二七年九、一〇月）

第八十五条　政府ヲ顚覆シ又ハ邦土ヲ僭窃シ其他朝憲ヲ紊乱スルコトヲ目的トシ暴動ヲ為シタル者ハ〜

国事犯の定義に付き前回に生したる修正説に対し本回に於て第八十五条の如く決したるものは、要するに現行法第百二十一条の定義は強ひて修正を加ふへきものにもあらす。只同条の「内乱ヲ起シ」の数字は内乱と称すへき行為の区域確立せさる爲め或は国事犯を常時（事）犯と誤認する者あるの嫌ひなきにあらさるか故に此数字を削除し、而して朝憲紊乱等の目的を以て為したる暴動は之を国事犯とし罰せん爲め内乱云々を暴動云々と修正するに止めたるに因るなり。廃立を謀りし者は朝憲紊乱の内に包含せしむ。（中略）

以上の諸説に因り遂に内乱を起しの数字を削除するに至れり。而して国事犯の目的を以て暴動を為したるときは、現行法の内乱に至らさるものと雖も本条に依り国事犯として処分せしむることと為せり。（中略）

政府顚覆は憲法変更にあらすと決す。(29)

第一の段落のいうのは、国事犯・兇徒聚衆罪を互いに誤認するという類いのことらしい。これは、内乱を暴動に改めた理由にはならない。暴動に改めた結果、第二の段落のいう、内乱に至らざるものも本条が成立するのである。第三の段落は、意味がわからない。ともあれ、委員会は、現行の第一二一条の構成要件を踏襲することを決定した。明治二八年改正案の第九五条、明治三〇年改正案の第九六条は、この第八五条と同じである。

法典調査会は第三部が明治三〇年改正案を基礎として、刑法の改正作業を続行した。第九六条は重大問題だとして、第三部が単独で審議することをさけ、各部の刑法連合会を開いた。[30] まず尾崎三良が、憲法政治の行われる今日、現行の内乱罪を死刑を科する邦土僭窃や皇嗣順序の変更を目的とするものと、死刑を科さない政府顚覆や政務執行の妨害を目的とするものに二分するのが適当だろうと提案した。[31] 尾崎の提案は、第一議会提出案の二分法と一致したし、国事犯の死刑廃止を求める村田保の主張とも一致した。これに対して、起草委員の石渡敏一や古賀廉造が、第九六条の原案の維持に務めた。

○起草委員・石渡敏一（明治三二・一二・二〇）

一応之を拵へました趣意を述べて置きます。（中略）

吾々は此規定は従来の儘にして置きましたのです。唯「内乱」を「暴動」と替へた丈けであります。朝憲紊乱の中には皇統を紊す、皇室典範に依て極まつたる皇統を暴動で紊乱しやうと云ふのも此中に這入る。又政府を顚覆すると云ふ中には陛下の思召をば暴動を以て替へやうと云ふのも此中に這入る。斯う云ふ考へで書きましたから政府を顚覆し邦土を僭窃し朝憲を紊乱すると云ふ辞を用ゐたのです。趣意は現行法と少しも変はりませぬ。唯今の御説の如く旨く分けられますれば宜からうと思ひますが、分けることは困難であると思ひますからして従来の儘にして置いたのであります。[32]

二分するのは難しく従来のままにした、というのである。賛否ある中で、古賀廉造が「吾々の趣意は寧ろ政府顚覆、邦土僭窃は不用の積りであつたので、もう『朝憲紊乱スルコトヲ目的トシテ暴動ヲ為シタル者ハ』云々でも宜いと云ふ趣意であつた」と説明したのも、二分法を退けようというのである。なお、次に掲げる石渡の補足説明も、国事犯の死刑廃止を主張する二分法の根拠を弱めるものである。[33]

○石渡敏一（同）

先程言ひ残しましたが、九十六条の一号の所を「首魁ハ死刑又ハ無期禁錮ニ処ス」とした。外国の法律を見れば無期刑になつて居りますから極く仕方のない者は死刑にしやう、併ながら場合に依ては首魁であつても無期禁錮にしやう。それで「死刑又ハ無期禁錮ニ処ス」として此範囲を以て判事の判断に任かせた。従来の刑法のやうに悉く死刑のみと云ふことでなくして無期禁錮に処することも出来るとなつて居りますから、今日の程広（酷）くはなからうと思ひます。私は矢張り此案の通りが宜からうと信じます。[34]

その後、これも前述のように、政府は明治三四年改正案、明治三五年改正案を第一五議会、第一六議会に提出したが、どちらも審議未了に終った。第二三議会に提出した明治三九年改正案が、貴衆両院を修正通過し、明治四〇年刑法が成立した。改正案の内乱規定中、政府を顚覆し、または邦土を僭窃し、その他朝憲を紊乱することを目的として云々の構成要件は、三四年案、三五年案、三九年案、どれも同じである。ただ一つ、これら三つの改正案の内乱規定が明治二八年改正案や明治三〇年改正案と異なるのは、暴動を為したる者の後ろに「内乱ノ罪ト為シ」という句を挿入したことである。

さて、政府提出の刑法改正案が議会で本格的に審議されたのは、貴族院は第一六議会、衆議院は第二三議会である。まず第一六議会貴族院の本会議（明治三五年二月二四日）において、加藤弘之が朝憲の定義を政府委員に尋ねたさい、石渡敏一が「成る程此意味は極て広くして、如何なるものか這入るかと云ふのは現行法と雖も困難たと思ひます。それ故に草案ては此文字を其儘に用ひたのてあります」と答えた。さらに遣り取りがあった。

○第一六議会貴族院本会議（明治三五・二・二四）
加藤、憲法とも違ふのてありますね。

石渡、憲法より広い意味を持つて居ります。

加藤、さうしますと先つ朝憲と云ふのは刑法改正の起草者の所てさう云ふ風に解釈してある。別にしつかりしたものはないか、此起草委員てさう云ふ風に解釈したものと考へられるのてすね。

石渡、唯我々か考へるのみならす、先つ一般にさう考へられて居るやうてあります。[35]

ここで石渡が一般にというのは、刑法学者や法律畑の人々をさすのだろう。東洋のオルトランと称された宮城浩蔵は「其他朝憲を紊乱するとは其意甚た広く、或は皇嗣の順序を紊らんとする如き、或は中央若くは地方官憲の制を廃せんとする如き、苟も我朝廷の憲法制度を変更せんとする者は皆な此語中に包含せさるはなし」と解釈している。[36]帝国大学刑法講座の初代担当者たる岡田朝太郎は「朝憲を紊乱するとは天皇の特権を侵犯するを謂ふ極めて汎き語」で、政府顚覆も邦土僭窃もその例示である。このどちらでもなくして朝憲紊乱というのは「皇嗣の順序を変し、代議制を君主専制に改め、現内閣を退けて異主義の新内閣を組織し、市町村の制を罷めて封建の古に復し、宗教自由の憲法を刪つて一の国教を立つる如き、総て其適例なり」と解釈している。[37]明治中期を代表する二人の刑法学者は、確かに朝憲紊乱の包摂する範囲が広いことを記している。

第一六議会で貴族院は明治三五年改正案を修正可決したが、衆議院は委員会が審議中会期末を迎え、改正案は審議未了となった。衆議院の委員会中、小委員会第二回会議（明治三五年三月六日）において、花井卓蔵が第九条主刑中の死刑は国事犯に限り廃止するように求めた。しかし、政府委員倉富勇三郎は「此点に就きましては、立法の本から変へて来て、其以上の御論とあれは、絶対に反対をする考へは無いのであります。併し此改正案では、内乱に関する部分は、大概現行法を其儘写して参りましたからして、とうも矢張死刑を廃すると云ふことに参り兼ねるのであります」と答えた[38]。すなわち、二分法によらず、現行法を踏襲したという答弁である。

次に第二三議会衆議院委員会中、小委員会第三回会議（明治四〇年三月一日）において、望月長夫が明治三九年改正案第七七条中、首魁は「死刑又ハ無期禁錮ニ処ス」を「十年以上ノ禁錮ニ処ス」に直すなどの修正意見を提出した。しかし、政府委員倉富勇三郎は「第二章にある中には、甚た如何はしき例かありますけれとも、皇室典範等に定めてあるところの皇嗣の順序を変更すると云ふやうなことは、朝憲を紊乱の内に含まれて居る。斯の如き犯罪であるならは、苟も刑法上死刑か存してある以上は、之を死刑に処することは適当てあらうと思ふ」と答え[39]、政府として現行法の死刑を踏襲する姿勢を明確に示した。

その後、委員会第三回会議（明治四〇年三月一一日）において、望月長夫は改正案第七七条中、首魁は「死刑又ハ無期禁錮ニ処ス」の「死刑又ハ」の四字を削除する提案にきりかえ、修正動議を提出した。委員会はこれを可決した[40]。本会議もこれを可決し、衆議院は第七七条中この四字を削除した。しかし、貴族院がこれに強く反発し、両院協議会が一度削除された「死刑又ハ」の四字を元に戻したのである。

三　大逆罪、内乱罪の交錯

　これまで、明治四〇年刑法で確定する大逆規定、内乱規定の歩みをざっと一見した。これは、朝憲紊乱の語が使用されることを通して、大逆罪と内乱罪、正確には、皇室に対する罪と内乱に関する罪が交錯する事情を考察する、前提としての作業である。そのさい、皇室に対する罪が内乱規定へ越境する局面はなかった。逆に、内乱規定は事毎に皇室に対する罪へと越境していった。

　政府は第一議会で、明治一三年刑法第一二一条の内乱罪を二分して、皇室に対する内乱罪と政府に対する内乱罪をおこうとした。法典調査会でも、尾崎三良らが二分法により起草するよう求めた。しかし、どちらも実現に至らなかった。その後、法典調査会も法律取調委員会も、改正案の内乱規定として、明治一三年刑法第一二一条の内容を基本的に踏襲した。そのため、国事犯に対する死刑廃止論が、貴族院で、衆議院で繰り広げられたのである。矢面にたたされる政府委員は、改正案の内乱規定中、朝憲紊乱の語には皇室に関する事項が含まれる、と反論するのをいわば常套とした。

（一）内乱罪を分けない

　日本刑法草案第一三四条も、明治一三年刑法第一二一条も、フランス刑法の第八七条を模倣した。前述のように、第八七条は、政府顛覆、帝位継承順序の変更、または煽動による皇帝権力への武装反抗を目的とする危害を隔離流刑に処した。草案の第一三四条は、国家（ディナスティ）を顚覆し、または邦土を僭窃し、その他朝憲を蔑如し、もしくは皇嗣の順序を紊乱することを内乱を起す目的と定めたから、一見して、国家顚覆も皇嗣順序の紊乱も、皇室に対する罪である。フランス刑法第八七条はシュクセシビリテ・オ・トローン（帝位継承）順序の紊乱、[41]草案第一三四条はシュクセスィオン・オ・トローンの順序の紊乱と記しているから、この点を皇嗣（皇帝の世継）順序と訳するのは、箕作麟祥に始まる誤訳である。そして、正確な意味においても、皇位継承の順序の紊乱は、皇室に対する罪である。

明治一三年刑法は、第一二一条で、草案の国家顚覆を政府（グヴェルヌマン）顚覆に改め、朝憲の蔑如を紊乱に改め、さらに皇嗣順序の紊乱を削った。村田保の注釈書は、これも前述のように、政府顚覆とは例えば「立君政体を廃して共和政府を創立せん」と欲するの類い、朝憲紊乱とは例えば「皇嗣の順序を紊乱」せんと欲するの類い、と明記する。刑法草案審査局が国家を政府に改めても、この政府はディナスティという意味ももち、皇嗣順序の紊乱を削っても、朝憲紊乱の中にこれが含まれるというのである。すなわち、刑法第一二一条の政府顚覆も朝憲紊乱も、この意味において、皇室に対する罪へ越境していくのである。

村田の注釈書がその頃、および後の解釈にどの程度影響を与えたかはっきりしない。明治一〇年代、二〇年代の刑法書にあたると、その解釈の多くは村田と径庭がない。①政府顚覆については、高木豊三、堀田正忠、宮城浩蔵、磯部四郎、岡田朝太郎、どの刑法書も、君主政府を共和政府へ変更する、ないしは、政体を変更する、と解釈している。[42]なお、堀田は政府を顚覆して無政府となすのもこの中に入るとし、岡田はこれを「政体ノ変更又ハ皇統ノ廃換」をいう、と解釈している。②皇嗣順序の紊乱については、高木、堀田、宮城、磯部、岡田、どの刑法書も、申し合わせたように、これを朝憲紊乱の一例だ、と解釈している。[43]ちなみに、磯部一人、朝憲紊乱の例示の第一に、皇室の傾覆をあげている。ともあれ、刑法学者が一致して、政府顚覆・朝憲紊乱が皇室に対する罪へ越境していくことを認める。どちらも皇室に対する罪と重なることを認めるのである。

憲法を公布し議会を開設すると、政府は、明治一三年刑法第一二一条の正にこの点を問題にした。第一議会の衆議院で、司法次官の箕作麟祥が刑法改正案の趣旨説明を行い、明治一三年刑法の草案の成ったのは今を隔てる一〇数年前の専制政治のときであり、今日の立憲政体の下では不都合の点があるとして、最初に内乱罪を名指しした。改正案は内乱規定を皇室に対する罪と政府に対する罪の二つにわけ、後者は各々刑一等を減じた。

刑事局長の河津祐之も政府委員として、同じ衆議院本会議（明治二四年二月二三日）で内乱罪を二分したことにふれた。河津は、現行法は国事犯を死刑に処するが、改正案は国事犯を二種にわけ、皇室を傾覆し皇嗣順序を紊乱するという「大罪、大逆極まるものは死刑に処しまする」が、政府を顚覆しようという「誠に愛国の心から生したる所」の通常の国事犯は無期禁獄に処する、と説明した(44)。これは、前掲「改正刑法案説明書」の記述するところを、ただなぞったものである。改正案の提出が遅かった上、会期中議事堂の焼失にあい、衆議院は委員会を数回開いただけで、改正案は審議未了に終った。

その後、法典調査会の刑法連合会では、これも前述のように、尾崎三良が内乱罪を邦土僭窃・皇嗣順序の変更を目的とするもの、政府顚覆・政務執行の妨害を目的とするものに二分しようと提案した。石渡敏一は、二つにわけるのは困難だから従来のままにしておいたと説明した。村田保や梅謙次郎らが尾崎に賛意を表したが、土方寧が政府顚覆であれ刑を軽減するのに反対し、委員の多くがこれに同調したらしく連合会は提案を否決した。

（二）死刑廃止を退ける

政府は、刑法改正案を五回議会に提出した。第一議会を別として、政府は、第一五議会、第一六議会、第一七議会、第二三議会と、改正案を提出した。第一五議会は先議の貴族院が碌に審議しないうち会期がつき、第一七議会は先議の貴族院が審議に入ろうとした日に衆議院が解散された。このため、改正案が本格的に審議されたのは、貴族院は第一六議会、衆議院は第二三議会である。

まず第一六議会、貴族院の本会議は、委員会の報告の後、第二読会（明治三五年二月二四日）を開き逐条審議に入った。改正案の主刑中、死刑廃止の熱弁をふるいながら議場の黙殺にあった村田保が、第九二条の内乱罪を捉え、せめて国事犯は死刑を廃止するように主張した。これに政府委員の石渡敏一は「今一遍申上けて置かねはならぬことかあります。此内乱罪は其政府を倒さんとする行為のみを御認になつたやうに思はれる。か、此案並に現行法て見ますれは、政府を顚覆したり邦土を僭窃し朝憲を紊乱すると云ふことかあります。此中には皇統を紊る、男統を変して女統にする。皇統の順序を変更すると云ふ如きも此中に包含して在るのてある。既にそれを包含すると見たならは前の皇室に対する罪と権衡はとうてあらうかと見れは、とうしても死刑か此中に無けれはならぬ」と答えたのである[45]。

皇統を紊るというのは皇室典範の定める皇位継承法を紊すことをいい、皇統の順序を変更するというのは皇位継承順序を変更することをいう。同義である。石渡は、第九二条の朝憲紊乱の中にこれが含まれるから、第一章の皇室に対する罪との権衡上どうしても死刑がなければならないという。これは、憲法を公布し清国との戦争に勝利した天皇制国家において、異論を唱えることを許さない論理だった。

しかし、村田は食いさがった。第九二条の罪質が皇室に対する罪と同じというのなら、首魁は「死刑又ハ無期禁錮ニ処ス」をなぜ死刑または無期懲役としないか尋ねた。石渡は「内乱罪に関する犯罪には色々種類かあると思ふので、種類か一つてはこさいませぬ。それ故に死刑も必要なり、又禁錮も必要てある。或る部類の、皇統を変すると云ふ目的の如きものてあつたらは、殆と皆前の皇室に関する罪と同しに死刑に行くたらうと思ひます。

それ故一種類てないかために死刑又は無期禁錮としたのてあります」と答弁した。[46]仮に皇統に関する内乱が惹起しても、関与者の役割りを区別しないで一律に死刑に処することなどできるはずがなく、一見して苦しい答弁である。もっとも、村田はさらなる質問を控えざるをえなかった。皇室事項について政府委員をやりこめたところで、孤立を深めるばかりである。第九二条は、原案どおり本会議を通過した。

同じ第一六議会、衆議院の委員会中、小委員会第二回会議（明治三五年三月六日）においては、これも前述のように、花井卓蔵が改正案の主刑中、死刑は国事犯に限り廃止するように求めたが、倉富勇三郎が改正案の内乱規定は現行法をそのまま踏襲したとして、これを一蹴した。倉富は、現行法の国事犯のうち邦土僭竊や朝憲紊乱は場合により死刑の必要があるが「若し此改正案て死刑に処することの必要なりと云ふ、其事項を挙けて、即ち其事項たけを、皇室に対する罪に移すことか出来たならは、さうすれは内乱罪の方は、死刑を除いても不都合は無いと思ふけれとも、先刻も申します通り、内乱罪の中に、矢張場合に依つては、皇室に関することかあり得るのてありますから、それかために死刑と云ふことを、残して置いたのてあります」と答弁した。[47]すなわち、現行法を踏襲する以上、朝憲紊乱や邦土僭竊に皇室に関する事項が含まれている、というのである。

次に第二三議会が舞台である。政府の提出した改正案は、第一六議会で貴族院が行った修正をほぼとりいれていた。そのため、貴族院で大きな波乱はなく、主たる審議は衆議院に移った。この衆議院の委員会中、小委員会第三回会議（明治四〇年三月一日）においては、これも前述のように、望月長夫が改正案第七七条中、首魁の刑を一〇年以上の禁錮に直すなどの修正意見を提出したが、倉富勇三郎が同条には皇室に対する罪が含まれ死刑が必要だとして、これを一蹴した。このとき、倉富は「単純に政府の顛覆のみの内乱てあるならは、唯今御述へになりました理由か適当てあらうと思ひますか、其後に『邦土を僭竊』とある。其他『朝憲の紊乱』と云ふことか一の目的になつて居る。斯の如き犯罪は其実やはり皇室に対する犯罪となるのてあります」と力説した。[48]倉富の答弁が功を奏したのか、修正意見は賛成少数により敗れたのである。

衆議院の委員会中、小委員会は会議を五回開き、逐条審議を終了した。続いて委員会第三回会議（明治四〇年三月一一日）において、望月長夫が改正案第七七条中、首魁は死刑または無期禁錮に処すの「死刑又ハ」の四字を削除する動議を提出すると、政府委員の倉富勇三郎は「本条には朝憲紊乱と云ふことも含んて居るのてこさいます。成程多くの立法例としては国事犯者に死刑を科せないと云ふことは認めますけれとも、本邦には又本邦の特別なる必要もこさいますからして、此死刑を廃すると云ふことには反対を致します」と反論した。(49) 政府委員の反対を尻目に、委員会はこれを可決し、本会議もこれを支持し、同条第一号の四字を削除したのである。

貴族院は、首魁の死刑を廃止する、この四字削除に反発した。会期を僅か数日残し、両院協議会（明治四〇年三月二三日）が開会されると、富井政章が「此案に規定してあるところの内乱罪と云ふものは、列国て謂ふやうな国事犯と同一視することは出来ないと思ひます。我建国以来の国体上から考へても、決して外国にあるやうな単純なる性質の犯罪てない。同時に皇室に対する最も重い罪とも見ることか出来るのてあります。それ故に他の規定との権衡上から考へても此刑と云ふものは、とうしても存して置かなければならぬ」と論じて、(50) 真っ向から反対した。協議委員として出席する望月や花井にとって、富井の「我建国以来の国体上から考へて」という議論は、おそらく倉富の「本邦には又本邦の特別なる必要もこさいます」の繰り返しをきかされる思いだったに違いない。ともあれ、貴族院の強硬な姿勢を前にして、ここで改正案が不成立となる虞れが生じた。しかし、西園寺公望を首班とする政府の提出した重要法案を、衆議院が潰すことはできない。結局、衆議院が譲歩し、第七七条中「死刑又ハ」の四字を復活させたのである。

おわりに

これまで、明治一三年刑法の大逆罪、内乱罪が、明治四〇年刑法の大逆罪、内乱罪として確定するまでの歩みを、個別にざっと一見した。それも前者の規定を改正しようとした時期と、一転して、これを踏襲しようとした時期の、二期にわけて通覧した。その上で、大逆罪と内乱罪、正確にいうと、皇室に対する罪と内乱に関する罪が交錯する事情を考察した。そのさい、結果として、内乱罪の改正論議を対象とすることになった。

明治一三年刑法は、フランス刑法を模倣しながら、一九世紀ヨーロッパの刑法典に例のないやり方で、大逆罪から内乱罪を分離した。君主その人と君主の位を区別しないでどちらに対する攻撃も大逆罪に包摂していたものを、大逆罪・内乱罪の二つに区別しても、天皇制を奉戴して近代国家を建設した明治日本において、極度に政体の転換をおく内乱罪の相当数が天皇制の存続に影響を及ぼしかねないことは、戊辰戦争の記憶が残る中で、改正論議に係わる人々が容易に想像できたに違いない。これを示すのが、内乱罪を二分し、皇室に対する内乱規定を定める、第一議会提出案である。法典調査会の少数派の主張は、この亜流である。

一方、ボアソナードの言説や、オルトランの翻訳を通して、近年ヨーロッパ諸国が国事犯（政治犯罪）の死刑を廃止し、あるいは廃止する傾向にあることが、広くしられるようになった。法典調査会や貴族院では何人かの廃止論者が改正案中、内乱罪の死刑存置を批判し、衆議院では多数の廃止論者が盛んにこれを批判した。矢面にたたされる起草委員や政府委員は、明治一三年刑法第一二一条を踏襲する改正案の内乱規定中、朝憲紊乱の語には皇室に関する事項が含まれると反論して、廃止論を退けるのを常套手段とした。これが奏功したらしく、明治四〇年刑法は内乱罪の首魁の刑として、依然として死刑（無期禁錮との選択）を存置したのである。

このように本章を記してきて、不思議に思うことがある。明治一三年刑法第一二一条や多くの改正案は、内乱罪の目的として「政府ヲ顚覆シ又ハ邦土ヲ僣窃シ其他朝憲ヲ紊乱スルコト」をあげた。第一議会提出案については、政府委員は帝国の基本を侵害するとか、皇室に対する大罪にして大逆極まるとかいって、政体の転換を含む政府の顚覆を重視した。ところが、第一六議会や第二三議会では、政府委員はこの政府顚覆のことを見事に忘却し、専ら朝憲紊乱の語を振り翳した。それも朝憲紊乱の中に皇嗣順序の紊乱が含まれるといって、国事犯の死刑廃止論を抑圧した。皇嗣（皇帝の世継）の順序は、明治初年箕作麟祥がフランス刑法の皇位継承の順序を（意訳というよりは）誤訳したものである。日本刑法草案の並べる国家顚覆・朝憲蔑如などのうち、明治一三年刑法は皇嗣順序の紊乱を削除した。村田保の注釈書が皇嗣順序を朝憲紊乱の中に含めると、政府委員も刑法学者もこれに倣った。王位継承を主張する王家が複数あるヨーロッパの国々と異なり、日本は中世の大覚寺統・持明院統を別として、複数の皇統が存在しない。これが草案の皇嗣順序を削った一つの理由かもしれない。ただこのような目で、皇嗣順序が死刑廃止論を抑えこむのをみていると、帝国議会で児戯に類する遣り取りが繰り返されることが、ただただ不思議である。皇嗣順序の語が、立ち入ってはならない禁忌を示していたのかもしれない。

（1）池部活三『改定刑法俗解』（錦森堂、一八八〇年）三三頁。この頃の手引書や解説書について、新井勉「明治四〇年刑法の成立と内乱罪」（日本法学第七三巻第一号、二〇〇七年）二二一～二四頁参照。
（2）岡崎策郎『傍訓挿画刑法註釈』（此村庄助、一八八四年）三七葉表。
（3）戸田十畝『大日本刑法註釈大成』上巻（宝文軒、一八八二年）四三葉裏。
（4）高橋治俊、小谷二郎編『刑法沿革綜覧』増補版（信山社・日本立法資料全集別巻、一九九〇年）五九一頁。原文は片カナ

書き。濁点がないのは、原文どおり。本書の原本は、一九二三年の発行。同じ第一六議会の貴族院で、菊池武夫が朝憲は曖昧な文字だと指摘し、石渡政府委員もそれを認めた（同書九七二頁）。

（5）前掲『刑法沿革綜覧』一九一六〜一九一七頁。花井の質問中、実例を示して「載」きたい、というのは誤植。倉富の答弁中、私「事」というのは、本文で訂正したように誤植。

（6）鶴田文書研究会編『日本刑法草案会議筆記』第二巻（早稲田大学出版会、一九七七年）六四〇〜六四二頁。原文は片カナ書き。濁点がないのは、原文どおり。

（7）さしあたり、新井勉「旧刑法における内乱罪の新設とその解釈」（日本法学第七二巻第四号、二〇〇七年）四二頁以下。

（8）牧野英一「朝憲紊乱とは何ぞ」（法律新聞第一九五六号、大正一一年三月二〇日発行）一一頁。原文は読点のみ。

（9）団藤重光編『注釈刑法』各則①（有斐閣、一九六五年）一〇頁。

（10）刑法並監獄法改正調査委員会編『刑法並監獄法改正調査委員会総会議事速記録』各則編（一九四〇年？）三三五頁。

（11）前掲『日本刑法草案会議筆記』第三巻五三三〜五三四頁。第二案の第一条第二項以下。

（12）前掲『日本刑法草案会議筆記』第二巻五八〇〜五八四頁。編纂委員らは、大逆は既遂・未遂（欠効犯・着手未遂）を区別せず均しく死刑に処するよう主張しながら、煩擾な特例に反発して、一旦これを断念したのである。

（13）村田保『刑法註釈』巻三（内田正栄堂、一八八〇年）二葉表。和装本、全八冊。明治一四年五月発行の再版は洛陽の紙価を高めた。原文は片カナ書き。引用のさい、読点をふした。

（14）高木豊三『校訂刑法義解』第二編（信山社・日本立法資料全集別巻、一九九六年）三四四頁、三四四〜三四五頁。原文は片カナ書き。太疎は、大雑把なこと。高木は司法省法学校一期生で、原本は一八八二年の発行。

（15）磯部四郎『改正増補刑法講義』下巻（信山社・日本立法資料全集別巻、一九九九年）四〇頁。原文は片カナ書き。磯部は司法省法学校一期生で、原本は一八九三年の発行。なお、磯部は、政府の第一議会提出刑法改正案の予備、陰謀の刑の逓減を可とする（六一頁以下）。

（16）井上操『刑法述義』第二編上巻（信山社・日本立法資料全集別巻、一九九九年）二四〜二五頁。原文は片カナ書き。井上

は司法省法学校一期生で、ボアソナードの『性法講義』や『仏国刑法撮要』の翻訳者。原本は一八八八年の発行。

(17) 司法省編『改正刑法草案・改正刑法案説明書』(一八九一年) 所収、改正刑法草案五四～五五頁。

(18) 前掲『改正刑法草案・改正刑法案説明書』所収、改正刑法案説明書二九頁。原文は片カナ書き。

(19) 刑法改正審査委員会「決議録」一〇三頁。第五四回・第五五回 (明治二七年五月三一日、六月六日) 合併号。内田文昭編『刑法 (明治40年) ②』(信山社・日本立法資料全集、一九九三年) 所収。原文は片カナ書き。

(20) 法典調査会「会議日誌」六頁。第二四回。法務大臣官房司法法制調査部監修・日本近代立法資料叢書第二八巻 (商事法務研究会、一九八六年) 所収。原文は片カナ書き。

(21) 前掲『刑法沿革綜覧』九六一～九六二頁。

(22) 前掲『刑法沿革綜覧』一九〇八～一九〇九頁。倉富は、明治三九年改正案の執筆主任。

(23) *Projet de code pénal pour l'Empire du Japon*, août 1879, pp. 43-44.

(24) op. cit., p. 43.

(25) 村田保・前掲書巻三、六葉裏～七葉表。立君政体にはキミノアルセイジ、共和にはキミナキと、ルビがふされている。

(26) 前掲『刑法沿革綜覧』一四〇頁。濁点の不揃いは、原文のまま。皇室に「関」する罪も、同じ。

(27) 前掲『改正刑法草案・改正刑法案説明書』所収、改正刑法草案五六～五八頁。改正案第一二四条において朝憲紊乱の語は姿をけし、代って国憲変更という言葉が登場した。ちなみに、後の話ながら、民国一七年 (一九二八年) 公布の中華民国刑法や、康徳四年 (一九三七年) 公布の満洲国刑法の内乱罪も、朝憲紊乱を国憲紊乱に修正して使っている。

(28) 前掲『改正刑法草案・改正刑法案説明書』所収、改正刑法案説明書三〇頁。

(29) 前掲「決議録」一〇五～一〇六頁。第五八回・第五九回 (明治二七年九月二五日、一〇月二日) 合併号。常「時」犯、というのは本文で訂正したように誤植。

(30) 内乱罪に関する各部の刑法連合会は、明治三一年一二月二〇日の第七回刑法連合会である。この議事速記録は、法務大臣官房司法法制調査部監修・日本近代立法資料叢書第二五巻 (商事法務研究会、一九八六年) が所収する。第七回の審議の詳細について、さしあたり、新井・前掲「明治四〇年刑法の成立と内乱罪」三九～四四頁参照。
(31) 法典調査会「刑法連合会議事速記録」一六四頁。前掲・日本近代立法資料叢書第二五巻所収。原文は片カナ書き。
(32) 前掲「刑法連合会議事速記録」一六五頁。
(33) 前掲「刑法連合会議事速記録」一七〇頁。富井政章も、古賀のいう朝憲紊乱単一論を主張した（一七三頁）。
(34) 前掲「刑法連合会議事速記録」一七二～一七三頁。広くというのは、本文で訂正したように、速記者の聞き誤り。
(35) 前掲『刑法沿革綜覧』五九一頁。
(36) 宮城浩蔵『刑法講義』第二巻（信山社・日本立法資料全集別巻、一九九八年）五〇～五一頁。原文は片カナ書き。原本は第四版、一八八七年の発行。宮城のいう「我朝廷の憲法制度」は、憲法をさすのか、憲法より広いのか、はっきりしない。
(37) 岡田朝太郎『日本刑法論』各論之部（信山社・復刻叢書法律学篇、一九九五年）三一頁。原文は片カナ書き。原本は訂正増補再版で、一八九六年の発行。代議制を君主専制に改めることが「天皇の特権を侵犯するか」は疑わしい。
(38) 前掲『刑法沿革綜覧』一四四六頁。
(39) 前掲『刑法沿革綜覧』一九一一頁、一九一三～一九一四頁。
(40) 前掲『刑法沿革綜覧』二〇二四～二〇二五頁。
(41) 垂水克己訳『大逆罪に関する比較法制資料』（司法資料第一二五号、一九二八年）七一頁。
(42) 高木豊三・前掲書三六〇頁、堀田正忠『刑法釈義』第二篇（信山社・日本立法資料全集別巻、二〇〇〇年）二八頁、宮城浩蔵・前掲書五〇頁、磯部四郎・前掲書八九頁、岡田朝太郎・前掲書三〇頁。原本の発行年は、和暦で順に記すと、明治一五年、一七年、二〇年、二六年、二九年である。
(43) 高木・前掲書三六〇頁、堀田・前掲書二八頁、宮城・前掲書五一頁、磯部・前掲書九〇頁、岡田・前掲書三一頁。
(44) 前掲『刑法沿革綜覧』一四四五～一四四六頁。
(45) 前掲『刑法沿革綜覧』五九〇頁。石渡の答弁中、此内乱罪は其政府を倒さんとする行為のみを「御認」になつたというのは、御話、あるいは御説の誤植。

(46) 前掲『刑法沿革綜覧』五九一～五九二頁。
(47) 前掲『刑法沿革綜覧』一四四六頁。
(48) 前掲『刑法沿革綜覧』一九一三～一九一四頁。
(49) 前掲『刑法沿革綜覧』二〇二四～二〇二五頁。
(50) 前掲『刑法沿革綜覧』二〇八五～二〇八六頁。富井も「苟も死刑と云ふものを刑法に存する以上は此場合に付いて除くと云ふことは、甚た同意を表し兼ねることてあります」といい、倉富と同じ論理である。

七　仮案の大逆罪、内乱罪

はじめに――昭和動乱の下の大逆罪、内乱罪

明治一三年刑法は第一一六条、明治四〇年刑法は第七三条に天皇らに対し危害を加える罪（天皇の場合は大逆罪）をおいた。この第七三条は旧法の第一一六条を踏襲したものである。明治四〇年刑法の施行後、第七三条の事件は僅か四例である。①明治四三年（一九一〇年）の大逆事件、さらに②大正一二年（一九二三年）の虎の門事件、③同じ一二年の朴烈事件、および、④昭和七年（一九三二年）の桜田門事件が、それである。

明治一三年刑法は第一二一条、明治四〇年刑法は第七七条に内乱罪（の本体）をおいた。この第七七条は旧法の第一二一条をほぼ踏襲しながら「内乱ヲ起シタル者」を「暴動ヲ為シタル者」と改めた。政府の改正案理由書は、これを改めたのは「内乱なる語は往々国内に於ける現実の戦争を意味するやの疑義あればなり。而して之を避けて暴動と為したるは、未た戦争に至らさる状況に在るときと雖も既に暴動を為すときは本条の罪たることを規定したるもの」だと説明する。[1]　磯部四郎も明治四〇年の『改正刑法正解』なる書物の中で、新法の「暴動とは戦争に至らさる行為をも包含すへき広汎の意義を有するものとす」と記している。[2]

第七七条は、このように、内乱罪の範囲を拡大した。しかし、明治、大正の時代にも、昭和の時代にも、内乱罪が成立した例はない。不思議なことに、一件もないのである。神兵隊事件は内乱予備事件として大審院の公判にふされたが、大審院は被告人らに朝憲紊乱の目的がなく内乱罪を構成しないとして、殺人予備・放火予備の罪で全員の刑を免除した。

それなら、五・一五事件や二・二六事件は、なぜ内乱罪が成立しなかったのか。それはどちらの場合も、特別法たる陸軍刑法、海軍刑法の反乱罪が成立したためである。[3] 陸軍刑法は、第二五条「党ヲ結ヒ兵器ヲ執リ反乱ヲ為シタル者ハ左ノ区別ニ従テ処断ス」として、①首魁、②謀議参与者・群衆指揮者、諸般の職務従事者、③附和随行者を区別し、死刑以下の刑を定めた。海軍刑法も、第二〇条に同じ内容の反乱罪をおいた。

もっとも、五・一五事件には橘孝三郎や大川周明ら、二・二六事件には北一輝や西田税ら、民間人が荷担していた。後者の場合は、特設軍法会議が軍人とともに民間人に裁判権を行使し、北、西田の二人も反乱罪の首魁とした。[4] 前者の場合は、東京地方裁判所が橘ら一七人を爆発物取締罰則違反・殺人罪とし、大川ら三人を各幇助罪とし、一七人が服罪し、三人が控訴した。東京控訴院は三人を爆発物取締罰則違反・海軍刑法第六八条騒擾罪の各幇助罪とし、大審院は海軍刑法第二〇条の反乱罪の幇助罪とした。[5] 第一、第二、第三審の判断が区々で奇観を呈したが、裁判所は内乱罪を退けたのである。

さて、広くしられるように、満州事変に始まる昭和日本の対外戦争の下、国内においては軍人・右翼が何度かクーデターを計画した。昭和六年（一九三一年）の三月事件、一〇月事件、昭和七年の五・一五事件、昭和八年の神兵隊事件、昭和一一年の二・二六事件が、それである。このうち、五・一五事件、二・二六事件は、現実に暴発した。どちらも、内閣を崩壊させ、政治的な混乱を惹き起した。後者は、皇道派の青年将校が一四〇〇の兵を率いて閣僚や重臣、警視庁などを襲撃し、政治の中枢たる永田町一帯を占拠した事件である。政府は戒厳令を発し、これを鎮圧した。

二・二六事件のさい、反乱兵に殺された一人が内大臣の斎藤実である。首相官邸を襲撃されたが、辛くも難を免れたのが岡田啓介である。昭和九年七月、帝人事件の進展により斎藤内閣が総辞職し、代って岡田内閣が成立した。内閣更迭時、斎藤前首相が海軍の後輩の岡田をよんで、宮内省新築のさい陸軍が天皇の避難所を設置するよう求めてきたが、自分はこれを拒んだ。避難所はそのまま監禁所となる虞れがある。君も十分に注意してくれと機密の話をひきついだという。(6) 斎藤はその頃、青年将校らの暴発を懸念し、天皇の監禁、ないしは廃位までを頭に描いたらしい。

動乱の続く時期、司法省が明治四〇年刑法の改正作業を推進していた。臨時法制審議会の「刑法改正綱領」をうけて、司法省は、昭和二年六月、刑法並びに監獄法改正調査委員会を設置した。調査委員会は、その中に刑法改正案起草委員会をおいた。昭和六年九月、起草委員会は総則の成案をえて、各則の起草に入った。昭和一〇年七月、起草委員会を指導する泉二新熊が、皇室に対する罪の章や内乱に関する罪の章などについて、それまでの改正案を改める大部の修正案を提出した。これを審議する第二八四回会議（昭和一〇年七月一六日）の議事日誌中、一部を引用すると、次のようである。委員長林頼三郎は大審院長、泉二は大審院部長。

○起草委員会の第二八四回会議（昭和一〇・七・一六）

林委員長　然らは第一章皇室に対する罪、第百二十三条を議題とす。

第百二十三条　天皇ニ対シ危害ヲ加ヘ又ハ加ヘムトシタル者ハ死刑ニ処ス

各員　異議なし（可決）。

林委員長　第百二十三条の二を議題とす。

第百二十三条ノ二　国体ヲ変革スルコトヲ目的トシテ反逆ヲ為シ又ハ為サムトシタル者ハ死刑ニ処ス皇位継承ノ順序ヲ変更スルコトヲ目的トスルトキ亦同シ

泉二委員　本条と治安維持法との差異は共産党の暴力革命は痴人の夢の如く現実性乏しきものなるも、本条は直接反逆を内容とするものなり。尚本条は暴動を内容とせさるも暴力は必要とす。強て設例すれは天皇を押し込め奉り共和制を布かんとするか如し。即ち本条の成立するか爲には必すしも多数人を要件とせす。一人にても可能なり。

【懇談】

林委員長　懇談の結果、左の通修正することに異議なきや。

第百二十三条ノ二　国体ヲ変革スルコトヲ目的トシテ反逆ヲ為シ又ハ為サムトシタル者ハ死刑ニ処ス統治権ノ総攬ヲ妨害シ又ハ皇位継承ノ順序ヲ変更スルコトヲ目的トスルトキ亦同シ

統治権の総攬を妨害しとは、天皇を押し込め摂政を置くか如き場合を指すものなり。

各員　異議なし（一応修正可決）[7]。

第一二三条が独り天皇に対し危害を加える罪（大逆罪）をおき、三后・皇太子らを切り離したのは、刑法改正綱領の方針を採用したのである。第一二三条の二が国体変革目的の反逆罪をおいたのは、刑法中に治安維持法の内容をとりいれるという、泉二の持論による。さらに、同条は、これまで内乱罪の朝憲紊乱の例とした皇位継承順序の変更を、第一章中に大逆罪と並べておいた。それればかりか、速記をふさない「懇談」の後、同条は、天皇の統治権総攬の妨害を、皇位継承順序の変更の前においた。これはおそらく、懇談の中で、泉二の実現性のない設例より、昭和天皇の押し込め・皇弟秩父宮の摂政就任、あるいは天皇の廃位・皇弟の皇位継承という、具体的な虞れを書きこむ必要性が認識されたものだろう。斎藤実の憂いは、このように起草委員会の委員らも共有していた。もっとも、第一二三条の二は法文として生々しく、仮案に結実することはなかった。

泉二が提出した大部の修正案中、第二章内乱に関する罪については、ここではふれない。その後、昭和一三年一〇月の起草委員会の成案は、第一三五条「朝憲ヲ紊乱シ又ハ政府ヲ変乱スルコトヲ目的トシテ暴動ヲ為シタル者ハ左ノ区別ニ従テ処断ス」として、これまでの内乱罪の規定と異なり、政府変乱を後置して朝憲紊乱の例示となることをさけた。泉二はこの形について「さう云ふ制度の変更でなくても、兎に角十年の役見たやうなことか或は二・二六事件と云ふやうなことは、暴動と云ふことである以上は内乱罪にしなければ困る」と立案趣旨を説明した(8)。泉二ら起草委員会は、西南戦争や二・二六事件など、内閣の更迭を目的とする大規模な暴動を（軍人は反乱罪としても）内乱罪にしたかったのである。もっとも、この形では政府変乱が単純な倒閣運動を含むようになる疑いがあると法制局が反対し、仮案は政府変乱を朝憲紊乱に前置することになった。

一　改正刑法仮案の編纂

第一次大戦後、経済や社会が大きく変動する中で、政府は臨時法制審議会を設置し、民法や刑法などの見直しを始めた。政府は大正一〇年（一九二一年）一〇月、刑法改正の可否、および可とする場合綱領の如何について審議会に諮問した。審議会は総会を開いて刑法改正を可決し、主査委員会を設置した。この委員長は倉富勇三郎で、委員会はその中に小委員会をおいた。小委員会は倉富、花井卓蔵、豊島直通の三人で構成した。①小委員会が綱領の草案を作成し、②主査委員会がこれを審議して綱領として纏め、③審議会が総会で「刑法改正綱領」として決議し、大正一五年一一月、臨時法制審議会総裁の平沼騏一郎の名で政府に答申した。

この刑法改正綱領は全四〇項からなる。冒頭「一、各罪に対する刑の軽重は本邦の淳風美俗を維持することを目的とし忠孝其の他の道義に関する犯罪に付ては特に其の規定に注意すること」に示される、本邦の淳風美俗の維持という保守的思想を掲げるこの綱領は、刑の宣告・執行に柔軟性をもたせ、公権の喪失・停止、譴責、居住制限、保安処分など新たな刑罰を導入し、新たに生起してきた労働運動や農民運動などに対する処罰規定を整備して、刑法による社会防衛を提案するものである。二八番目が大逆罪の項ながら、全四〇項の中に内乱罪の項はみあたらない。これら二罪に関係するものは、次のようである。

○刑法改正の綱領（大正一五・一一・三〇）

二十七、死刑、無期刑に該る罪を減少すること

二十八、皇室に対する罪の中天皇に対する罪に関しては独立の規定を設くること

二十九、皇室の尊厳を冒瀆する罪に関する規定を刑法中に設くること(9)

綱領を纏めた主査委員長の倉富勇三郎は、数年の後臨時法制審議会の総裁になったが、間もなく枢密院議長に昇任すると、総裁を退き審議会をさった。後任の委員長は、花井卓蔵である。①花井は二七番目について、審議会の第四回総会（大正一五年一〇月一五日）で、この項は死刑・無期刑の廃止論と存置論がおりあって立項したものだと説明した。これに富井政章がこの記述は抽象的で起草時に大変困るし、死刑を減じると無期刑が増えるかもしれないのに両方とも減じるとはどういうことかと尋ねた。花井が答えて「皇室に対する危害罪、尊属親に

対する殺害罪、之は無論死刑を存置せねばならぬ。其他の事項は執筆者に委せることになりました」などと説明した。他の委員からも二、三質問があり、結局、二七番目は全会一致の賛成がえられず、多数決で原案に決したのである。[10]

②同じ第四回総会で、花井は二八番目について、この項は帝国憲法が第一条「大日本帝国ハ万世一系ノ天皇之ヲ統治ス」とし第三条「天皇ハ神聖ニシテ侵スヘカラス」として天皇一人を規定するから「刑法に於ても天皇に対する罪は御一人のみを主題として規定したい、と云ふ趣旨を以て主査委員会は満場一致を以て決した」と説明した。二八番目は全会一致で原案を可決した。[11]

③同じ第四回総会で、二九番目の項は紛糾した。この項は、主査委員会で小山松吉が提出し、立項したものである。小山や多数委員は、刑法第七四条の不敬罪が在世の天皇らにしか成立せず、明治天皇の真影や教育勅語の謄本に対する不敬を含まないことから、これを罰する皇室の尊厳冒瀆罪を刑法中におくことを提案した。これに便乗して、花井ら何人かの委員は、新聞紙法の皇室の尊厳冒瀆事項の掲載のさい罰する発行人、編輯人、印刷人を故意犯について刑法中に規定をおくなど、特別法の見直しを提案した。この日総会に提出された原案は「皇室の尊厳を冒瀆する罪に関する規定は之を刑法中に設くること」で、松本烝治が「之を刑法中に」の句を削るよう求めたが、花井はただ「皇室の尊厳を冒瀆する罪に関する規定を刑法中に設くること」と訂正し、これを原案とした。この項は、立案趣旨をはっきりさせないまま、多数決で訂正原案に決したのである。[12]

刑法改正綱領をうけて、司法省は明治四〇年刑法の改正にふみだした。昭和二年（一九二七年）一月、司法省の中に刑法改正原案起草委員会をおいた。次官林頼三郎が委員長、主査委員が泉二新熊である。委員会は大急ぎで作業し、刑法改正の原案として「刑法改正予備草案」を作成した。同じ二年六月、司法省は、司法部の上層部のみならず、枢密院、貴衆両院、内務省、法制局などから委員を任命し、大掛かりな刑法並びに監獄法改正調査委員会を設置した。委員長は検事総長、大審院長、司法大臣を歴任し、枢密院に入った後もなお司法部内に隠然たる勢力をはる、平沼臨時法制審議会総裁である。[13]

この刑法並びに監獄法改正調査委員会は、その中に刑法改正案起草委員会をおいた。委員長は①まず調査委員会副委員長の花井卓蔵、②花井の死亡で、次が検事総長の小山松吉、③五・一五事件後、小山の法相就任（斎藤内閣）で、次が検事総長（後、大審院長）の林頼三郎、④二・二六事件後、林の法相就任（広田内閣）で、再度小山がなった。

話が前後するが、改正案編纂の方法は、まず起草委員会が予備草案を参考にして改正案の原案を起草し、調査委員会の総会にふする。次に総会がこれを審議し、改正案の内容を決定するのである。そのさい、刑法改正綱領の全四〇項を基礎とするが、これ以外の事項も改正案にいれることが、調査委員会の第一回総会（昭和二年六月一四日）で確認された。次のようである。

○刑法並びに監獄法改正調査委員会の第一回総会（昭和二・六・一四）

林　頼三郎　法制審議会で議決した綱領の範囲のみに止める趣意で御座いませうか、或は決議した事柄以外に於きましても適当と認める個条に付ては改正すると云ふ趣意で起草致する、斯う云ふことになりませうか。其の範囲は如何なもので御座いますか。

平沼騏一郎　固より綱領にありまする事柄は何処迄も基礎としなければなりませぬが、乍併既に刑法を改正すると云ふことになりましたる以上は仮令綱領以外の事でありましても、全体に付きまして委員会の意見を定めまして之を改正案に入れることは一向差支へないと思ひます。

司法大臣原嘉道　当局の考も今委員長の御言葉通りに考へて居ります。[14]

綱領全四〇項の中に大逆罪に関する項は第二八項ただ一つ、内乱罪に関する項は一つもないが、この遣り取りからみて、大逆罪についても、内乱罪についても、種々改正が試みられるだろうことが予想される。改正作業に期限がふされず、作業が長々と続けられる中で、軍人・右翼のクーデター計画が露見したり、現にクーデターが突発したりするのだから、尚更のことである。

刑法並びに監獄法改正調査委員会の設置が、昭和二年六月である。調査委員会は、第一回総会で正副委員長の選出に続き、刑法改正案起草委員会をおいた。①この起草委員会は、昭和二年六月の第一回会議（昭和二年六月一八日）から第一五一回会議（昭和六年九月一五日）まで、四年の歳月をかけて総則の原案を起草した。②調査委員会は、成案をえて第二回総会（昭和六年一〇月九日）を開き、原案の審議を始め、第一二回総会（昭和六年一二月一八日）で議了した。このようにして、総則案全一七章一五三条の成稿をみた。もっとも、これは各則案が成稿した上で見直すことを予定して、仮決議の形がとられた。

③起草委員会は、昭和六年九月の第一五二回会議（昭和六年九月二二日）から各則の起草を始め、第三五九回会議（昭和一三年一〇月二五日）まで、七年の歳月をかけて各則原案を起草した。④調査委員会は、成案をえて第一四回総会（昭和一三年一一月二二日）を開き[15]、原案審議を始め、第二八回総会（昭和一四年七月一八日）で議了した。このようにして、各則案全四六章三〇九条の成稿をみた。

そこで、調査委員会は、昭和一五年（一九四〇年）四月、二者を併せて「改正刑法仮案」と題し、法曹会から発行した。中表紙に「刑法並監獄法改正調査委員会総会決議及留保条項――刑法総則及各則未定稿」と記されている[16]。二編構成、通算六三章、全四六二条で、総則第一五章保安処分の一つとして「善行保証」を追加する場合の三箇条が留保条項である。

刑法改正の可否、綱領の如何という臨時法制審議会への諮問から一九年、刑法並びに監獄法改正調査委員会の設置から一三年をへて、調査委員会は改正刑法仮案を発表した。仮案がなお未定稿のため調査委員会は総則案の審議を継続していたが、日中戦争が泥沼化し、日米関係が悪化する中で、昭和一五年九月、政府は国防国家体制に即応する官庁機構官庁事務の再編成を決定し、一〇月、司法省は刑法並びに監獄法改正調査委員会を廃止したため、調査委員会は確定案をえるに至らなかった。長い歳月と多くの人力を費やしながら、結局、仮案は未定稿のまま終ったのである。

二　起草委員会における大逆罪、内乱罪

刑法改正案起草委員会は、各則については、昭和六年九月から一三年一〇月まで、七年の歳月をかけて原案を起草した。この間、起草委員会は五次の整理案を作成した。次のようである。①第一五二回会議から第二一三回会議（昭和八年七月二五日）まで、予備草案を逐条審議し、第一次整理案を作成した。②第二一四回会議（八年九月一二日）から第二八六回会議（一〇年七月三〇日）まで、前回留保した条項を審議し、これを加えて第二次整理案を作成した。③第二八九回会議（一〇年一〇月一日）後の長い中休み中、幹事会が章や条文の順序を整理し、第三次整理案を作成するとともに、用語の統一、条文新設の必要、その他問題となる事項を集め「幹事会に於て問題と為りたる事項」を纏めた。④第二九〇回会議（一一年五月一二日）から第三一七回会議（一二年三月二三日）まで、この事項について審議し、第四次整理案を作成した。

これでほぼ形ができたが、さらに、⑤第三一八回会議（一二年三月三〇日）から第三四四回会議（一三年三月一日）まで、第四次案を審議し、第五次整理案を作成した。⑥第三四五回会議（一三年三月二二日）から第五次案を審議し、第三五五回会議（一三年七月五日）で、全部議了した。なお用語統一、その他を行い、第三五九回会議で、立案作業をおえたのである。

（一）刑法改正予備草案の大逆罪、内乱罪

泉二新熊ら刑法改正原案起草委員会が作成した刑法改正予備草案は、第二編を全四三章とし、第一章に皇室に対する罪、第二章に内乱に関する罪をおいた。①皇室に対する罪は、危害を加える罪も、不敬罪も、明治四〇年刑法の天皇、三后、皇太子らと一般皇族の二本立てを、天皇に対する罪を独立させ三本立てとし、新たに皇室の尊厳を冒瀆する罪をおくなどしたため、元の四箇条が九箇条に膨れあがった。②内乱に関する罪は、明治四〇年刑法をほぼそのまま踏襲したため、条文の数も、各条文の内容もほぼ同じである。ただ、内乱罪本体の謀議参与者・群衆指揮者は、一年以上の有期禁錮として無期刑を外した。

○刑法改正予備草案

第一章　皇室ニ対スル罪（第一二三条〜第一三一条）

第百二十三条　天皇ニ対シ危害ヲ加ヘ又ハ加ヘムトシタル者ハ死刑ニ処ス

第百二十四条　天皇ニ対シ不敬ノ行為アリタル者ハ一年以上十年以下ノ懲治ニ処ス

第百三十条　略（皇室の尊厳を冒瀆する罪）

第二章　内乱ニ関スル罪（第一三二条〜第一三五条）

第百三十二条　政府ヲ顚覆シ又ハ邦土ヲ僭窃シ其ノ他朝憲ヲ紊乱スルコトヲ目的トシテ暴動ヲ為シタル者ハ内乱ノ罪ト為シ左ノ区別ニ従テ処断ス

一　首魁ハ死刑又ハ無期禁錮ニ処ス

二、三　略[17]

刑法改正案起草委員会は、予備草案の第一章は第一五二回会議（昭和六年九月二二日）で審議し、第一二三条は第三五回会議（昭和三年四月二〇日）における豊島直通の「大逆罪トシテ」死刑に処す、という句を挿入してはどうかという主張[18]が想起されたが、原案どおり可決した。第一二四条も総則案の修正に伴い懲治を「懲役」に直し、原案どおり可決した。[19]同じく第二章は第一五三回会議（六年九月二九日）で審議し、第一三二条は「本条は相当各場合に付考慮を要すへきものあるを以て尚充分研究することゝし留保とす」と花井委員長が宣し、これは採決しないで終った。[20]

（二）草野豹一郎、池田克の修正案の審議

さて、刑法改正案起草委員会は、第二一四回会議から留保条項の審議に入った。第一章は第二一四回会議から審議を始め、第二章は第二一六回会議（昭和八年九月二六日）から審議を始めた。第一章は天皇に危害を加える罪、不敬罪が可決されているため、留保事項は神宮、皇陵の語や摂政の扱い、その他些細なものである。第二章は治安維持法との関係があるため、内乱罪を元の形で維持できるか疑問があった。

起草委員会の一番の働き手たる泉二新熊は、早くに、第三六回会議（三年四月二一日）や第三九回会議（三年五月一七日）で、治安維持法を改正案（の原案）中にとりいれると明言していた。[21] しかも、第三七回会議（三年五月八日）では、大審院の意見を紹介して「大審院の刑法改正意見に依れは、治安維持法の罪を内乱罪の章中に設くるを可とする」と説明した。[22] すなわち、内乱罪本体の構成要件を第一三二条の形で維持できるか、確実ではなかった。また、国体変革を目的とする罪の規定の仕方次第で、これを第二章でなく、第一章の中におくことも排除できなかった。この問題について、泉二と池田克の遣り取りは、次のようである。

○起草委員会の第二一六回会議（昭和八・九・二六）

池田幹事　国体変革の観念は従来内乱罪の規定に於て明確に意識せられ居らす、殊に共産党の活動に徴するときは、現行刑法の規定か克く事態に適応せさるか如く思はる点あり。殊に我国の国体の観念上皇室との関係を考慮するときは其の尊厳を相当重大に見る必要あるを以て、国体の変革と政体乃至現政府顚覆等の如きものとは別条に規定するを可なりと思料せらる。

泉二委員　余も予備案を立案する時只今池田幹事の述へらるるか如き考を有せさるには非さるも、予備案は仏、独の立法例を模倣して作られたるものにして、彼の国の政体は国体と同視せられ居る関係上斯く規定せらるるも解釈上支障を来す虞なけれとも、我国の国体は夫れと異なり皇室と不可分の関係を有するものなるを以て、立案上相当考慮を要すへきものとは思料したり。然れとも従来の解釈上朝憲紊乱の語辞にて別段支障を見さゝりしと、一方之れに手を触るるに依り却て平地に波瀾を生するに非さるやを顧慮したる結果其の儘となしたる次第なり。尚皇室に対する犯罪と同視するに於ては夫れか権衡上懲役刑を加ふるを可と思料す。

林委員長　本条に付ては懇談中種々の意見ありたるも、結局国体変革と其の他の内乱罪とを区別し規定するを適当なりとの意見多数なるを以て、其の趣旨に依り立案することを草野、池田両幹事に依嘱す。(23)

池田は国体変革を目的とする罪と内乱罪を別々に規定しようといい、泉二は予備草案第一三二条は明治四〇年刑法第七七条のままおいたといい、必ずしもかみあっていない。ともあれ、林委員長は、草野豹一郎と池田克の二人に、二者を区別して規定する立案を依嘱した。二人は第二一七回会議（八年一〇月三日）に、第二章の修正案を提出した。主要な条文は、およそ次のようである。

第二章　叛逆及内乱ニ関スル罪

第百三十二条　国体ヲ変革スルコトヲ目的トシテ暴動ヲ為シタル者ハ叛逆ノ罪ト為シ首魁ハ死刑ニ処シ其ノ他ノ者ハ死刑又ハ無期若ハ七年以上ノ懲役ニ処ス

第百三十二条ノ二　邦土ヲ僭窃シ又ハ政体ヲ変革シ其ノ他朝憲ヲ紊乱スルコトヲ目的トシテ暴動ヲ為シタル者ハ内乱ノ罪ト為シ左ノ区別ニ従テ処断ス

一、二、三、四　略

第百三十二条ノ三　内閣ヲ倒壊シ、議会ヲ停廃シ又ハ裁判ヲ阻止スルコトヲ目的トシテ暴動ヲ為シタル者ハ内乱ヲ以テ論シ首魁又ハ謀議ニ参与シタル者ハ六年以上ノ有期ノ懲役又ハ禁錮ニ処シ其ノ他ノ者ハ六月以上十年以下ノ懲役又ハ禁錮ニ処ス

第百三十二条ノ四　前三条ノ未遂犯ハ之ヲ罰ス

第百三十三条　叛逆ノ予備又ハ陰謀ヲ為シタル者ハ死刑又ハ無期若ハ三年以上ノ懲役ニ処ス

叛逆ノ罪ヲ教唆シ、煽動シ又ハ幇助ノ行為ヲ為シタル者亦前項ニ同シ
第百三十四条　内乱ノ予備又ハ陰謀ヲ為シタル者ハ十年以下ノ懲役又ハ禁錮ニ処ス
内乱ノ罪ヲ教唆シ、煽動シ又ハ幇助ノ行為ヲ為シタル者亦前項ニ同シ[24]

第二一七回会議で、草野は修正案の立案趣旨について「従来最も問題と為り居たるは『政府ヲ顛覆』すと云ふ語なりしに鑑み、第百三十二条に於て国体の変革に関する暴動罪を規定し、次に斯様に改めたる結果として国体以外の朝憲、特に政治機構を変革せんとする暴動罪を第百三十二条ノ二に規定し、最後に個々の内閣を倒壊せんとするか如き暴動行為を準内乱罪として第百三十二条ノ三に規定したり」と説明し「草案第百三十二条の刑罰は従来内乱罪の刑か治安維持法の罪の刑より著しく軽かりしか故に重くするを可とし、首魁に対しては重刑を科し従来の三分主義を二分主義とし」た云々、と説明した[25]。このうち、国体を変革しようとする暴動（叛逆）は未遂をはじめ、予備・陰謀、教唆・煽動・幇助を死刑に処することが可能であり、古く律の謀反の刑の厳酷さを想起しないではいられない。刑法改正綱領二七「死刑に該る罪を減少すること」の逆をいくものである。

修正案は多数意見どおり、国体変革とその他の内乱罪を区別していた。しかし、これは明治四〇年刑法のやり方を大きく変更するものであり、解釈上問題が生じた。委員らが問題としたのは、天皇の廃立が国体変革の中に入るか、皇位継承順序の変更はどうか、あるいは、議会における騒擾は第一三二条の三の内閣倒壊の暴動になるか、というものである[26]。

古く律の謀反は君主に危害を加える場合のみならず、廃位する（現君主を廃し別人を立てる廃立と同義）場合を含むから、天皇の廃立は本来大逆罪にあたるはずである。ところが、明治一三年刑法がフランス刑法第八六条の皇帝に対する罪や、第八七条の政府顛覆、帝位継承順序の変更、皇帝権力への武装反抗を目的とする罪を模倣

して、フランス刑法流の天皇に危害を加える罪、および内乱に関する罪をおきながら、一九世紀西欧刑法に例のないやり方で、二者を第二編の第一章、第二章に分章した。そのため、天皇の廃立は第一章皇室に対する罪からはみでてしまった。これにあたるのは、皇位継承順序の変更と同じく、内乱罪の朝憲紊乱しかない。[27]

修正案が国体変革とその他の内乱罪を区別しても、天皇の廃立は国体変革の中に入るのではなく、朝憲紊乱の中に入る。それをあえて、第二一八回会議（八年一〇月一〇日）で牧野英一が「例へは北条義時か天皇を他所に移し奉りたるか如き場合は叛逆と称すへきや或は内乱と称すへきやなり。皇統に変革無きか故に国体に変革なしとする観念より見れは朝憲紊乱罪を以て処分する外なく、斯くては軽きに失し適当ならさるへし」と承久の乱に仮託して、[28]軽きに失すると指摘した。これはこの問題を審議する委員らの脳裏を、軍部による天皇の廃位・皇弟の皇位継承の噂が微かに過ったせいなのかもしれない。

第一章、第二章について各委員の意見が一致しないので、林委員長は刑法並びに監獄法改正調査委員会委員長の平沼騏一郎を訪問し意見を尋ねた。林は、第二一九回会議（八年一一月七日）で、平沼の意見として、第一章については陵を天皇陵に限らず三后陵を含める方がよく、第二章については内乱罪を国体変革と然らざるものに区別し別々の刑を科するのは適当と思う、と話があったと披露した。[29]

平沼は、国体変革とその他の内乱罪、という二本立て構成に賛意を表した。もっとも、平沼はこのとき第二章について熟慮していなかったらしい。平沼は後日、林に対して再び意見を語った。林がこれを委員会に報じたのは、第二三二回会議（九年三月六日）である。これは平沼が何かの機会に林をよび、言葉を選んで意見を語ったのだろう。次のようである。

○平沼騏一郎の話（昭和九・三・六）

修正案第百三十二条中、国体変革の中に皇位継承を変更せんとする場合も包含するや否やの件に付ては、国体変革は絶体的のものなるを以て之れに重刑を科するには適当なるも、皇位継承は絶体的のものに非さるを以て国体変革の場合と同視し重刑を科するは如何かと思料す。皇位継承の場合は寧ろ修正案第百三十二条ノ二の朝憲紊乱の中に含ましむるを相当と思料す。然し其のことを露に明記するは考慮を要すへし。

次に修正案第百三十二条ノ三中に列挙したる内閣の倒壊、議会の停廃、裁判の阻止等、何れも可なるも、其の他之れに類する重要なる場合をも考慮するの余地なきや。寧ろ旧刑法内乱罪に関する規定の如く広くし置く方可ならんや。(30)

平沼は、皇位継承順序の変更は第一三二条の二の朝憲紊乱の中に入るというが、天皇の廃立が国体変革の中に入るか朝憲紊乱の中に入るか言及がない。平沼は修正案第一三二条の二、第一三二条の三に反対しないが、賛成もしない。それでいて旧刑法（明治四〇年刑法）の内乱罪、第七七条「政府ヲ顚覆シ又ハ邦土ヲ僭窃シ其他朝憲ヲ紊乱スル」云々の方がよいというのだから、これはやはり反対を表明したのである。

繰り返しになるが、草野は修正案を説明して、政府顚覆という語の解釈、ないしは扱いがこれまで最も問題となっていると指摘した。この点、確かに岡田庄作が「政府顚覆とは、政治の中枢を破壊する行為をいふ。政治の中枢の意義に二説あり。一説、政府とは皇朝をいふ。二説、政府とは内閣を称すと」と記している。(31)同様の問題は明治一三年刑法の政府顚覆についても生じるが、岡田朝太郎は「政府の顚覆とは、政体の変更又は皇統の廃換を謂ふ」として、具体的には「帝国を共和国に改むるは勿論、例へ帝政を改めさるも皇統を換ふれは同しく皇朝の顚覆と謂はさる可らす」と記している。(32)一方、新旧刑法に共通するこの語については、明治四〇年刑法を成立させた第二三議会の衆議院で、政府委員倉富勇三郎が政府顚覆というのは「私はやはり内閣の更迭と云ふことと思ふ」と答弁していた[33]。

政府顚覆の解釈には、このように政体の変更と内閣の更迭の二説があった。草野らの修正案は、政体の変更を国体変革に格上げし叛逆（反逆）罪として独立させるとともに、内閣の更迭を通常の内乱罪（朝憲紊乱罪）より著しく刑を軽くして独立させた。しかし、この修正案を審議して、各委員の意見が一致しなかった。起草委員会は、第二七五回会議（一〇年四月三〇日）から再審議に入った。

この日、林委員長が審議未済事項中、まず草野らの修正案を議題に供すると、木村尚達が「第百三十二条ノ二に其の他朝憲紊乱とあるか、朝憲紊乱とは国家の基本組織を破壊するの謂にして、例へは内閣、議会の如きは之朝憲にして紊乱とは人の力を以て破壊するに在るを以て、内閣或は議会を組織する機関を人力を以て破壊するは当然朝憲紊乱なりと解するを以て、第百三十二条ノ三は第百三十二条ノ二に包含せらる故に、第百三十二条ノ三は削除するを可とす」と論じた[34]。林は第一三二条の二の朝憲紊乱に包含せざるものとして第一三二条の三を規定したと説明したが、列席員たる陸軍法務局長大山文雄も第一三二条の二その他朝憲紊乱に第一三二条の三列挙の事項を包含せざるものとすればその他は何をさすのかと尋ね、さらに「朝憲紊乱とは憲法の根本制度を変革すること、換言すれは憲法の実施を妨くるか如きものと思料するか、如何」と畳みかけた[35]。

林は「斯るものは狭き意味に於ける朝憲紊乱なるへきも、第百三十二条ノ三に規定したるは左様のものを指すに非す。例へは制度を破壊することなくして内閣の組織者を換へ別人をして之に当らしめ、以て運用を善くせんことを計るか如き場合の規定なり」と答えた。そのため、鵜沢総明、小野清一郎の二人から、第一三二条の三は倒閣運動に適用される恐れがあると懸念が表明された。その結果、林は第一三二条の三を断念した[36]。

もっとも、この点について、議事日誌は「林委員長、然らは本条は更に原案に戻り審議す。審議の結果左記の通り修正することに異議なきや」として、肝腎の審議の内容を何ら記していない。各委員が異議なしとして可決された修正[37]は、①章名、第一三二条の「叛逆」を反逆に改める。これは字の誤りの訂正である。②第一三二条の二「邦土ヲ僭窃シ又ハ政体ヲ変革シ」とあるが「政府ヲ顚覆シ又ハ邦土ヲ僭窃シ」と改め、二、三、四、各号の刑を軽くする。これは、第一三二条の二の構成要件を予備草案の第一三二条に戻したのである。③第一三二条の三を削除し、第一三二条の四「前三条」を前二条と改める。[38]

(三) 泉二新熊の修正案①の審議

起草委員会は、このように第二七五回会議で、修正案中の第一三二条の四まで可決し、第二七六回会議(昭和一〇年五月七日)で、林委員長が再審議を続けようとしたところ、前回会議を欠席した泉二新熊が第一三二条の二の議論を蒸し返した。すなわち、泉二は「本条に規定しある事項は何れも重大事項にして其性質上第百三十二条と同一視すへきものなり。故に其の文字に付ては充分研究して、苟も国体を危機に導き又は皇位の変更を企図するか如き所謂朝憲を紊乱する凡ゆる場合に適応する様規定する要あり。尚刑の軽重に付ても各場合場合を充分検討し規定せられんことを望むものなり」と主張した。[39]

これには、木村が「余は内乱罪の章に付ては現在通りとし手を附けさることを希望するものなり。従来本章の運用にして未た其の不都合を聞かす」と反対した。しかし、泉二は木村の反対に耳をかさず「例へは皇位継承の順序を変更するか如き重大問題を、現行法の下に於ては『其他朝憲ヲ紊乱スルコトヲ目的トシテ』を以て律せんとするか如きは、其の事実に照し軽く取扱はれ居るか如き観あり」と論じ、皇位継承順序の変更を第一三二条中に規定するため「国体ニ関シ変革ヲ行フコトヲ目的トシテ暴動ヲ」云々と改めようと主張した。この泉二の提案は、泉二自身なお研究を要すると発言し、審議されないまま留保された。[40]

さて、第二七七回会議（一〇年五月一四日）に、泉二が第一三二条以下の修正案を提出した。この主要な条文は、およそ次のようである。第一三二条、第一三二条の二の「括弧内」が泉二の修正、第一三二条の五は追加である。修正案に記載がなく、議事日誌にも記載がないが、第一三二条の三は削除、第一三二条の四は「前二条ノ未遂犯ハ之ヲ罰ス」だろう。なお、第一三二条の五・参照の海軍刑法第二五条は、陸軍刑法第三〇条と同じ。

修正案

第百三十二条　国体ヲ変革「シ其ノ他統治ヲ紊乱」スルコトヲ目的トシテ暴動ヲ為シタル者ハ反逆ノ罪ト為シ首魁ハ死刑ニ処シ其ノ他ノ者ハ死刑又ハ無期若ハ七年以上ノ懲役ニ処ス

第百三十二条ノ二　政府ヲ顛覆シ又ハ邦土ヲ僭窃シ其ノ他朝憲ヲ紊乱スルコトヲ目的トシテ暴動ヲ為シタル者ハ内乱ノ罪ト為シ首魁ハ死刑又ハ無期ノ懲役若ハ禁錮ニ処シ「其ノ他ノ者ハ死刑、無期若ハ三年以上ノ懲役又ハ禁錮ニ処ス」

「情ヲ知リテ」単ニ暴動ニ関与シタルニ止マル者ハ十年以下ノ懲役又ハ禁錮ニ処ス

第百三十二条ノ五　兵器金穀ヲ資給シ又ハ其ノ他ノ行為ヲ以テ反逆ノ罪ヲ幇助シタル者ハ死刑又ハ無期若ハ三年以上ノ懲役ニ処ス

前項ノ行為ヲ以テ内乱ノ罪ヲ幇助シタル者ハ死刑、無期若ハ三年以上ノ懲役又ハ禁錮ニ処ス

（備考）暴動其のものに対する前記の行為は至大なる影響を及ぼす故単純の教唆煽動と区別するを要す。

（参照）陸軍刑法第三十条　反乱者又ハ内乱者ヲ利スル為前三条ニ記載シタル行為ヲ為シタル者ハ死刑、無期若ハ三年以上ノ懲役又ハ禁錮ニ処ス

海軍刑法第二十五条　略(41)

第二七七回会議で、泉二は立案趣旨について「国体を変革する云々の規定に関しては屢々議論ありたれとも、国体変革の意義は判例の趣旨から見るも憲法第一条を否定する場合に該り、憲法第二条及第四条に関する場合は包含せられさるものと解せらるる結果、憲法第二条、第四条の場合に関する処罰規定を設くる必要あるも、適当なる文字なき故第百三十二条ノ二の規定中『其ノ他朝憲ヲ紊乱スル』に包含する趣旨を以て従来規定し来りたり。然れとも斯の如き重大なる事項に関して、第百三十二条ノ二の中に政府の顚覆等と同様に規定することは立法上適当ならすと思考せらるるか故に、余の修正案には前条の第百三十二条に於て国体の変革と共に規定すへき趣旨を以て、仮りに『統治ヲ紊乱スル』なる字句を以て用ひたる次第」だと説明した。追加した「第百三十二条ノ五は反逆の罪自体の幇助行為を規定したるものなれは普通には刑も軽く規定せらるへきものなれとも、反逆、内乱罪に於て兵器等を貸与するものは実行以上の重大性あるを以て、陸海軍刑法に於けるか如く重く規定することとせり」と説明した[42]。

泉二の修正案の審議は、速記をふさない懇談の形で行われ、内容がわからない。起草委員会は懇談により字句を直し、修正案を可決した。①第一三二条は文頭を「国体ヲ変革又ハ紊乱スル」と改める。②第一三二条の二は第二項の文頭を「附和随行シ其ノ他単ニ暴動ニ関与」と改める。③第一三二条の五は第二項（内乱幇助）の死刑を削り、無期または「一」年以上の懲役・禁錮に処すると刑を軽くする[43]。

ところで、草野らの修正案が内乱罪と別に反逆罪をおいたのは、起草委員会において二本立て構成とする意見が多数をしめたためである。刑法改正綱領の中に内乱罪に関する項はなかったが、早くから泉二が治安維持法を改正案（の原案）中にとりいれると明言していたし、大審院も同じ意向を示していた。泉二の修正案も二本立て構成をひきついだ。起草委員会が第二章の再審議に入った第二七五回会議（一〇年四月三〇日）の頃は、衆議院が国体明徴決議案を可決し、教育総監真崎甚三郎が国体明徴訓示を全陸軍に通達するなど、天皇機関説反対運動の広まりの真っただ中のことである。治安維持法第一条の国体を変革する（憲法第一条「大日本帝国ハ万世一系ノ天皇之ヲ統治ス」を否定する）目的をもつ暴動を「反逆罪」として新置することには、誰も異論を唱えるなどできなかった(44)。

泉二の修正案は、憲法第二条の「皇位ハ皇室典範ノ定ムル所ニ依リ皇男子孫之ヲ継承ス」や、第四条の「天皇ハ国ノ元首ニシテ統治権ヲ総攬シ此ノ憲法ノ条規ニ依リ之ヲ行フ」ことを否定する目的の暴動については、通常の内乱罪から切り離し反逆罪の中にとりこもうというのである。前回会議で泉二のいう「苟も国体を危機に導き又は皇位の変更を企図するか如き」場合のうち、前者は天皇の統治権総攬を制限したり、あるいは、憲法の条規によらざることを強制したり、第四条の否定を意味するものである。後者は現在の天皇を変更することで、これは第二条を否定するものである。ともあれ、泉二は「斯の如き重大なる事項に関して、第百三十二条ノ二の中に政府の顚覆等と同様に規定することは立法上適当ならすと思考」して、修正案を提出した。そして、起草委員会はそれを承認したのである。

（四）泉二新熊の修正案②の審議

第二七七回会議に泉二が提出した修正案は、起草委員会がこれを修正可決した。ところが、これがすぐ覆ったのである。直近の第二七八回会議（一〇年五月二八日）冒頭、当の泉二が「内乱罪の規定は今一応仮決議の儘として置かれんことを希望」し、林委員長が「内乱罪に付ては泉二委員の御意見に依り一応仮決議の儘と為し置くこと」をきめ、修正案は仮決議の線まで引き戻された(45)。

泉二は第二八四回会議（一〇年七月一六日）に、内乱罪を含む大部の修正案を提出した。この修正案は「第一章皇室ニ対スル罪、第二章内乱ニ関スル罪、第六章公務妨害ノ罪、第九章ノ二神社ニ対スル罪中、第一二章騒擾ノ罪中、第一三章放火及失火ノ罪中、第一四章溢水及水利ニ関スル罪中、修正案」という表紙を別として、全部で一一葉を数える。第一章、第二章の主要な条文は、およそ次のようである。立案趣旨の説明も掲げる。

第一章　皇室ニ対スル罪

第百二十三条　天皇ニ対シ危害ヲ加ヘ又ハ加ヘムトシタル者ハ死刑ニ処ス

第百二十三条ノ二　国体ヲ変革スルコトヲ目的トシテ反逆ヲ為シ又ハ為サムトシタル者ハ死刑ニ処ス皇位継承ノ順序ヲ変更スルコトヲ目的トスルトキ亦同シ

第百二十四条　略（①天皇に対する不敬、②歴代天皇に対する不敬、③天皇陵に対する不敬）

第二章　内乱ニ関スル罪

第百三十二条　兵器ヲ執リテ反乱ヲ為シタル者ハ左ノ区別ニ従テ処断ス

一　首魁ハ死刑又ハ無期ノ懲役若ハ禁錮ニ処ス

二　謀議ニ参与シ又ハ指揮ヲ為シタル者ハ死刑、無期若ハ三年以上ノ懲役又ハ禁錮ニ処ス自ラ手ヲ下シテ殺傷、破壊又ハ掠奪ノ行為ヲ為シタル者亦同シ

三　附和随行シ其ノ他単ニ反乱ニ関与シタル者ハ五年以下ノ懲役又ハ禁錮ニ処ス

反乱ヲ為ス目的ヲ以テ暴動ヲ為シタル者ハ前項ノ例ニ依ル

前二項ノ未遂犯ハ之ヲ罰ス

第百三十三条　前条ノ罪ヲ犯ス目的ヲ以テ予備若ハ陰謀ヲ為シ又ハ其ノ行為ヲ幇助シタル者ハ一年以上ノ有

期ノ懲役又ハ禁錮ニ処ス

前条ノ罪ヲ教唆シ煽動シ又ハ幇助シタルニ止マル者亦前項ニ同シ

第百三十五条　政府ヲ変乱スル目的ヲ以テ人ヲ殺シタル者ハ暴動ニ出テサルトキト雖第百三十二条第一項第一号ノ例ニ依ル(46)

○起草委員会の第二八四回会議（昭和一〇・七・一六）

泉二委員　皇室に対する罪は結局内乱罪との関係に於て考慮すへき問題か多々あることと考へ、右の資料を提出したり。国体紊乱の罪を皇室に対する章中に規定すへきや否は大問題なり。国体紊乱を皇室に対する章中に規定することは従来余り企てられさるところなりし故、此の点に付委員長より平沼総裁の御意見を伺はれたるに、大体賛成せられたりとのこと故第百二十三条ノ二として規定したり。此の規定を章の冒頭に置くへきや否に付ても考慮したるか、第百二十三条は日本の国体其のものに対する規定なるを以て位置を一先つ斯の如く定めたり。（中略）

次に第二章内乱に関する罪の第百三十二条に付ては現行法は目的を示し其の目的に限り内乱罪と為せるも解釈上種々疑あり。内乱罪は国権即ち中央集権（政権）に対する反抗なる故、陸海軍の反乱罪等を参酌して規定を改め三階に区別し、特に第二号は指揮権を持たぬ者と雖も殺傷、破壊、掠奪等を為したる者は指揮を為したる者と同様としたり。以上の如く規定し、現行法と略異ならさるへし。目的を限さる故従来より明確となりたりと思料するも、尚解釈問題として残るところなきに非さるへし(47)。

第一二三条の二は、草野らの修正案の第一三二条「国体ヲ変革スルコトヲ目的トシテ暴動ヲ為シタル者ハ反逆ノ罪ト為シ」云々にあたる。憲法第二条、第四条を否定する場合を処罰するとして、泉二が前に提出した修正案の第一三二条「国体ヲ変革シ其ノ他統治ヲ紊乱スルコトヲ目的トシテ暴動ヲ為シタル者ハ反逆ノ罪ト為シ」云々と比べると、一見したところ第四条を否定する場合を記していない。

泉二の趣旨説明の後、起草委員会は、修正案の逐条審議に入った。まず第一二三条がとりあげられたが、これは何ら異議なく可決された。次に第一二三条の二がとりあげられると、泉二が本条は治安維持法と異なり「直接反逆を内容とするもの」で、暴動を内容としないから単独犯も可能だと説明した。ロシア革命におけるニコライ二世の退位を想像させる、昭和前期の日本に夢物語にすぎない設例は、憲法第一条を否定する場合を問題にしていた。その直後、速記を停止し懇談を行った。懇談の内容はわからない。結局、泉二の修正案は次のように憲法第四条を制限し否定する場合の修正を加え可決された。条文中の「括弧内」が修正である。

○泉二の修正案②の修正

第百二十三条ノ二　国体ヲ変革スルコトヲ目的トシテ反逆ヲ為シ又ハ為サムトシタル者ハ死刑ニ処ス「統治権ノ総攬ヲ妨害シ又ハ」皇位継承ノ順序ヲ変更スルコトヲ目的トスルトキ亦同シ[48]

委員長の林頼三郎が、この修正について「統治権の総攬を妨害しとは、天皇を押し込め摂政を置くか如き場合を指すものなり」と説明したことは、はじめに掲げたとおりである。何回か前に泉二が「皇位の変更を企図するか如き」場合を口にしたり、今回林が「天皇を押し込め摂政を置くか如き場合」を想定したり、議事日誌の中には、尋常ならざる記述が散見される。審議中、懇談という形をとれば、さらに尋常ならざることが話しあわれたかもしれない。ただ懇談は記録に残されなかった。しかし、記録に残されたものだけからも、成長を続ける軍部の力が政治に大きな影をなげかけていたことがわかる。

重光葵が巣鴨獄中「吾人は軍人の口から、しばしば、天皇に対する批評を聞き、二・二六叛乱の当時においては、もし天皇にして革新に反対されるならば、某宮殿下を擁して、陛下に代うべし、という言説すら聴かされたことを想起せざるを得ない」と記したことは[49]、二・二六事件より七箇月前、林や泉二が抱いた懸念と見事に一致する。昭和六、七年頃、某宮(秩父宮)が参内し、天皇に親政の必要を力説し憲法停止もやむをえないと、兄弟で激論を交したという[50]。革新将校に人望がある皇弟は、軍部が国家権力の掌握を進めるさい、皇位の変更や摂政の就任に最適の人物と目されていた。起草委員会の懸念は根拠のない話ではなかった。

なお、第一二三条の二は、幾つか問題があった。①泉二の、治安維持法を改正案(の原案)中にとりいれるという話は、国体変革を目的とする「反逆」として規定され、国体変革を目的とする結社の組織や結社への加入を規定する治安維持法とは異なるものとなった。泉二が二者を比較し、第一二三条の二は「直接反逆を内容とするものなり」と説明したとおりである。②泉二の説明のように、同条の位置は必ずしも確定的ではないが、反逆罪が大逆罪と不敬罪の間にわりこんでいるのは、不自然といえば不自然だった。③泉二は、国体紊乱の罪を皇室に対する罪の章中におくことにつき「委員長より平沼総裁の御意見を伺はれたるに、大体賛成せられたりとのこと故」第一二三条の二として規定したと説明したが、平沼騏一郎が賛成したのは反逆罪を皇室に対する罪の章中におくことに限られるだろう。国体変更と皇位継承の変更を区別し、後者に重刑を科することに疑問を呈する平沼が、どちらも同じく死刑とすることに「大体賛成せられたり」というのは、本当かどうか疑わしい。②③は条文の位置、および内容が流動的であることを示していた。

一方、泉二の今回の修正案第一三二条は、明治四〇年刑法第七七条をはじめ、予備草案第一三二条、草野らの修正案第一三二条の二、第一三二条の三、泉二の前回の修正案第一三二条の二、どれと比べても、全く異なっていた。この点は、第二八五回会議（一〇年七月二三日）で、前回に続き修正案の逐条審議が行われたさい、泉二が同条の立案趣旨を「現行法の内乱罪の規定は内乱の罪と為しと限つて了つてあるか、其様に書くことか如何かと思ひ修正案は反乱を為しと規定したるものなり。此の反乱と言ふ意は国権に対する反抗と云ふ意なり。第一項は主として官軍に抗敵したる場合にして、其の刑に付ては一号は前決議通り、二、三号は各員の意見を参酌し各主従の関係を考慮し規定したり。第二項は兵器を執らすして為したる場合を考慮し規定したるものなり」と説明したのである。(51)

この第一三二条が異様なのは、これまでの朝憲紊乱主義を放棄したためである。これは泉二の独断でなく、林が指摘する「前回に於ける各員の意向か朝憲紊乱と云ふことか反乱の中に包含せらるるとの多数意見の為、斯く規定せられたるものならん」(52)という事情があったのだろう。草野が認識が違うのか「朝憲紊乱の目的なくとも可なることとなるや」ときくと、泉二は「其の文字を使用せさるも精神は其処に落付くこととなるへし」と答えた後「余の立案の趣旨は現行法に規定せられあるものは総て包含せしむる考へにして、陸軍刑法第二十五条、海軍刑法第二十条の観念と同一範囲と解す」といいそえた。(53)この二箇条は同じ内容である。

○陸軍刑法（明治四一法四六）

第二十五条　党ヲ結ヒ兵器ヲ執リ反乱ヲ為シタル者ハ左ノ区別ニ従テ処断ス

一　首魁ハ死刑ニ処ス

二　謀議ニ参与シ又ハ群衆ノ指揮ヲ為シタル者ハ死刑、無期若ハ五年以上ノ懲役又ハ禁錮ニ処シ其ノ他諸般ノ職務ニ従事シタル者ハ三年以上ノ有期ノ懲役又ハ禁錮ニ処ス

三　附和随行シタル者ハ五年以下ノ懲役又ハ禁錮ニ処ス

泉二は、軍刑法の反乱罪を一般刑法の内乱罪に転用しようというのである。しかし、陸軍刑法第二五条や海軍刑法第二〇条の「党ヲ結ヒ」がおちているのは別として、構成要件の中に朝憲紊乱を記さないで、現行法（明治四〇年刑法）第七七条の全範囲を包含させることが可能か疑わしいし、泉二の「目的を限さる故従来より明確となりたりと思料する」という説明は、なぜそういうことになるのか理解しにくい。第一三二条が法文として出来がよくないことは、林が「泉二委員の意見は反乱とは中央の政権に反抗する意思を以て兵器を執り多数に依つて暴動を為すことを謂ふものならん」と、[54]第一項と第二項を混同したことに表れている。この第一三二条は、皆川治広の「本条を尚明かにする為、反乱とあるを国権に反抗して暴動を為しと改め、第二項を削除しては如何」という提案により、修正を加え可決された。[55]条文中の「括弧内」が修正である。

○泉二の修正案②の修正

第百三十二条　兵器ヲ執リ「国権ニ反抗シテ暴動」ヲ為シタル者ハ左ノ区別ニ従テ処断ス

一、二　略

三　附和随行シ其ノ他単ニ「暴動」ニ関与シタル者ハ五年以下ノ懲役又ハ禁錮ニ処ス

第二項　削除

「前項」ノ未遂犯ハ之ヲ罰ス

泉二の修正案第一三五条は、泉二が「本条は新規定なり。然し旧刑法には規定ありたり。之を設けたる理由は前回に於ける議論を加味し普通殺人との場合を区別したるものなり」と説明するように、[56]明治一三年刑法に前例があった。すなわち「政府ヲ変乱スルノ目的ヲ以テ人ヲ謀殺シタル者ハ兵ヲ挙ルニ至ラスト雖モ内乱ト同ク論シ其教唆者及ヒ下手人ヲ死刑ニ処ス」という、第一二三条である。数年前に五・一五事件や神兵隊事件を経験した起草委員会の委員らにとって、この種の犯罪を防遏するものとして、同条を設置する必要性が痛感されたに違いない。

（五）起草委員会の成案

起草委員会は、第二八九回会議（一〇年一〇月一日）後、中休みをおいた。中休みが長びいたのは、二・二六事件が突発したせいである。この間に、幹事会が第二次整理案を見直し、第三次整理案を作成した。これと一緒に「幹事会に於て問題と為りたる事項」という文書を纏め、二つを第二九〇回会議（一一年五月一二日）で委員らに配付した[57]。事件後の広田内閣に林頼三郎が入閣し、平沼騏一郎が枢密院議長となった。

起草委員会は、第二九〇回会議から「幹事会に於て問題と為りたる事項」の審議にかかった。幾つか内乱罪の字句修正が問題になったさい、第一三六条（第三次整理案は第二次整理案と一条分ズレがある）中「暴動ニ出テサルトキト雖」を削除するかどうか議論になった。幹事会案は泉二が「此の文句あるときは暴動を為す意思なきときは本条にて処罰し得られざるが如くにも罰せらるる（目せらるる）を以て、削除しては如何との意なり」と説明したように[58]、これを削ることを提案していた。削除が異議なく可決されると、草野がそれなら第一三六条の処分を第一三三条によりかからず「政府ヲ変乱スル目的ヲ以テ人ヲ殺シタル者ハ死刑又ハ無期ノ懲役若ハ禁錮ニ処ス」と改め、未遂犯の規定をおくよう提案した。牧野英一が、それなら同条は未遂犯のみならず、予備や陰謀など他の手当ても必要だとして、次回までに修正案を用意しようと申しでた[59]。

そこで牧野は、第二九一回会議（一一年五月一九日）に、第三次整理案中、内乱罪第一三三条以下の修正案を提出した。この修正案は、第一三三条内乱罪の次に、第一三三条の二として政府変乱目的の殺人罪（牧野は変乱罪という）をおき、続いて第一三四条予備・陰謀・幇助、第一三五条自首、第一三六条未遂犯を規定するものである。[60]このうち、牧野が、第一三四条第二項の「前二条ノ罪ヲ教唆シ、煽動シ又ハ幇助シタルニ止マル者亦前項ニ同ジ」について、教唆の未遂を処罰するよう、教唆を独立罪として処罰するよう熱弁をふるった。牧野の主観主義の面目躍如である。

委員長の小山松吉は、一まず牧野の修正案の採決を次回に回した。ここで、小野清一郎が「第百三十三条ノ二に於て特別の目的ある殺人行為を内乱に類するものとして罰することと為したるに、第百三十三条に目的なきは如何にも理論的ならざる如く思はる」と、[61]新たな議論に火を点じた。小山は、誰の修正案か、第一三三条の修正案「①政府ヲ変乱シ、邦土ヲ僭窃シ其ノ他国権ニ反抗スルコトヲ目的トシテ暴動ヲ為シタル者ハ左ノ区別ニ従テ処断ス。②削除」を議題として審議を進めた。議事日誌には、提出者が誰か記されないばかりか、審議の内容について記載がない。修正案は、次のように修正の上可決された。条文中の「括弧内」が修正である。

○幹事会（?）の修正案の修正

第百三十三条　「朝憲ヲ紊乱シ又ハ政府ヲ変乱スル」コトヲ目的トシテ暴動ヲ為シタル者ハ左ノ区別ニ従テ処断ス

一　略

二　謀議ニ参与シ、指揮ヲ為シ「其ノ他重要ナル任務ニ従事シ」タル者ハ死刑、無期若ハ三年以上ノ懲役又ハ禁錮ニ処ス自ラ手ヲ下サズシテ殺傷、破壊又ハ掠奪ノ行為ヲ為シタル者亦同ジ

三　略

第二項　削除[62]

第二号の「自ラ手ヲ下サズシテ」は、指摘するまでもなく「自ラ手ヲ下シテ」の誤記である。泉二の、軍刑法の反乱罪を一般刑法の内乱罪に転用する修正案により、朝憲紊乱主義を放棄しようとした起草委員会は、容易に元の路線に戻ってしまった。泉二の修正案は一見して出来がよくなかったし、おそらく委員の多くには朝憲紊乱に対する執着があったのだろう。

続いて第二九二回会議（一一年五月二六日）に、牧野が前回に手を加えた修正案を提出した。第一三三条の二は「朝憲ヲ紊乱シ又ハ政府ヲ変乱スルコトヲ目的トシテ人ヲ殺シタル者」と、第一三三条に揃えた。第一三四条の第二項は前回と同じ[63]。この修正案は異議なく可決された。独立教唆罪に何ら異議がでなかったのは、刑法改正綱領が「教唆罪を独立罪とする規定を設くること」という項（第二六項）をおいていたからである。

このようにして、起草委員会は「幹事会に於て問題と為りたる事項」の審議を通して、第三次整理案の見直しを行った。その結果、第四次整理案を作成し、さらに第五次整理案の作成へと進んだ。起草委員会が各則の成案をえたのは、昭和一三年（一九三八年）一〇月である。この成案中、第一章、第二章の主要な条文は、およそ次のようである。

○成案（昭和一三・一〇・二五）

第一章　皇室ニ対スル罪（第一二三条〜第一三三条）

第百二十三条　天皇ニ対シ危害ヲ加ヘ又ハ加ヘントシタル者ハ死刑ニ処ス

第百二十四条　天皇ニ対シ不敬ノ行為アリタル者ハ二年以上ノ有期懲役ニ処ス
第百三十二条　略（皇室の尊厳を冒瀆する罪）
　第二章　内乱ニ関スル罪（第一三四条〜第一四〇条）
第百三十四号　国体ヲ変革スルコトヲ目的トシテ暴動ヲ為シタル者ハ死刑ニ処ス
第百三十五号　朝憲ヲ紊乱シ又ハ政府ヲ変乱スルコトヲ目的トシテ暴動ヲ為シタル者ハ左ノ区別ニ従テ処断ス
一　首魁ハ死刑又ハ無期ノ懲役若ハ禁錮ニ処ス
二　略（謀議参与、指揮、その他重要任務に従事した者）
三　略（附和随行、その他単に暴動に関与した者）
＊第一三四号、第一三五号の「号」は誤植
第百三十六条　国体ヲ変革スルコトヲ目的トシテ人ヲ殺シタル者ハ死刑ニ処ス
朝憲ヲ紊乱シ又ハ政府ヲ変乱スルコトヲ目的トシテ人ヲ殺シタル者ハ死刑又ハ無期ノ懲役若ハ禁錮ニ処ス
第百三十七条　前三条ノ未遂犯ハ之ヲ罰ス
第百三十八条　略（①第一三四条の予備・陰謀・幇助、②第一三五条、第一三六条の予備・陰謀・幇助）
第百三十九条　第百三十四条乃至第百三十六条ノ罪ヲ犯スコトヲ教唆シ、煽動シ又ハ幇助シタルニ止マル者ハ前条ノ例ニ依ル(64)

調査が行き届かず、第四次整理案から成案までの修正過程をはしょったため、起草委員会の最終場面の審議が明らかでない。そこで成案について、どこが修正されたか、大きなものをみてみよう。①第一章皇室に対する罪の中においた、元第一二三条の二「国体ヲ変革スルコトヲ目的トシテ反逆ヲ為シ又ハ為サムトシタル者ハ死刑ニ処ス統治権ノ総攬ヲ妨害シ又ハ皇位継承ノ順序ヲ変更スルコトヲ目的トスルトキ亦同シ」の条文は、第一三四条として、草野らの修正案と同じく、第二章内乱に関する罪の中に戻し「国体ヲ変革スルコトヲ目的トシテ暴動ヲ為シタル者ハ死刑ニ処ス」と改められた。これは、起草委員会がこの条文を第一章中の不自然な位置におくよりも第二章内乱罪中特別なものとしておく方がよい、統治権総攬の妨害や皇位継承順序の変更を国体変革から外すとともにこれを（朝憲紊乱の中に含ませ）明示しない方がよい、と判断したのだろう。②内乱罪は、第一三五条として、第三次整理案の見直しどおりである。昔からの朝憲紊乱の語が残されている。③国体変革を目的とする暴動罪を通常の内乱罪に前置したことから、第一三六条、第一三八条は二本立てになった。これは、処分の軽重や、禁錮選択の有無（第一三四条の予備・陰謀・幇助は懲役しかない）を区別する必要上、法文の形式を整えたのである。

三　刑法並びに監獄法改正調査委員会の審議

司法省が刑法並びに監獄法改正調査委員会をおいたのは、昭和二年六月である。調査委員会は、その中に起草委員会をおき、起草委員会が成案をえるのをまって、総会で審議することにした。第一回総会で花井卓蔵の期限がありますか、という問いに、司法大臣の原嘉道は「別に期限を設けてやると云ふ意志ではありませぬが、先程申上げました通り、成る可く速に御起草下さらんことを希望するのであります」と答えた。(65) 成案が仕上ったのは一三年一〇月で、長い歳月が費やされた。花井は早くに死亡し、泉二新熊は大審院部長をへ、一一年一二月検事総長、一四年二月大審院長となった。未定稿の「改正刑法仮案」の発表は、一五年四月である。

その後、刑法並びに監獄法改正調査委員会は、引き続き審議を続け、確定案をえた上で、司法大臣に答申する段取りだった。確定案が司法大臣に答申されると、政府は政府案を作成し、これを議会に提出する。仮に時局の切迫がなく調査委員会が存続していても、前途は平坦ではなかったかもしれない。泉二は、仮案発表の後、朝日新聞の紙上「全部改正は着手以後廿年乃至三十年の日子を要することが、従来の経験に照し明瞭であつて其間に時勢は著るしく転変して新しき時代が生れて来るので、改正法典の施行せらるゝ時期には最早其次の改正に着手すべき必要に迫られ改正事業は常に徒労に帰するの虞れがあるのであるから、将来に於ては大法典は時勢の要求に応じて之を部分的に改正するの方針を採ることが賢明であらうと思はれる」(66)と、刑法改正作業が長びいたことについて思いを記した。

(一) 起草委員会原案の審議

刑法並びに監獄法改正調査委員会は、昭和一三年一一月、七年ぶりに総会を開いた。この第一四回総会(昭和一三年一一月二二日)において、起草委員会の成案を原案として、各則編の審議を始めた。総会の議長は、起草委員長の小山松吉が務めた。総則編の総会の議長を務めた平沼騏一郎(調査委員会委員長)が、昭和一一年三月に枢密院議長となり、一四年一月に総理大臣に就任したためである。

第一四回総会では、小山委員長がまず、起草委員会における起草の経緯や成案の特徴を略説した。数人の委員が各則編の審議のやり方について意見を主張した。各則編の審議に入ると、小山に促され、第一章皇室に対する罪について、泉二は次のように説明した。①章の名称、章の位置は現行法と同じで、本章は最も重要事項として冒頭に掲げた。②第一二三条以下「天皇、皇祖皇宗と云ふ歴代の最も大切な御方に付きましては特に条文を別にして」おいた。すなわち、第一二三条が天皇に対する危害罪、第一二四条が天皇に対する、第一二五条が神宮に対する、第一二六条が天皇の陵に対する、各不敬罪である。③第一二七条、第一二八条には摂政、三后、皇太子らに対する危害罪、不敬罪をおき、大権を施行する摂政を第一項とし、他を第二項として区別した。④不敬罪はどれも刑をずっと重くした。⑤第一三二条には、これらの不敬罪にあたらないが、皇室の尊厳を冒瀆することを目的とする不敬罪をおいた。⑥第一三三条には皇居などへの侵入、およびこれまで規定のなかった三后・皇太子らの御所への侵入を併せ、住居侵入罪としてではなく、皇室に対する罪として本章中においた[67]。

泉二の立案趣旨の説明に対して、山岡萬之助、藤田若水の二人が質問した。山岡は、①神宮が天皇より順位が高いのではないか。②第一三二条は目的罪にする必要はなく、不敬行為があればそれを罰すればよいのではないか。藤田は、第一三二条について、どういう犯罪を想像してこの条文をおいたのか、と尋ねたのである。泉二の答弁の後、起草委員長の小山松吉が採決した。その結果、第一章は異議なく原案に決した[68]。

次に第二章内乱に関する罪について、泉二は次のように説明した。①章の位置は現行法と同じで、規定は現行法を相当に改めた。②本章中最も注意するべきは第一三四条「国体ヲ変革スルコトヲ目的トシテ暴動ヲ為シタル者ハ死刑ニ処ス」で、現行法第七七条は国体変革の目的のある場合を包含するが「それを別に切離して一番重い罪態として冒頭に置くことにした」のである。同条が首魁、中間指揮者、附和随行者の刑を区別するのを今回の案が三者を一体不可分として死刑に処するのは、治安維持法が結社の組織者程度に死刑をおくが「それに比べて見ますと、此の場合現に暴動を起すのでありますから之は死刑一本で宜い」のである。③起草過程で一たび第一章中においた条文を再び第二章中に戻した事情、すなわち、第一三四条の位置について「此の国体の変革と云ふことになりますと、一面に於ては之が即ち皇室に対する罪の最も甚しいものであると云ふ風にも考へられるのでありますけれども第一章の規定は御身辺、皇陵に対する罪であります。さう云ふ条件がある場合には無論第一章の規定も適用される関係に立つのであります。此所ではさう云ふ条件の備はらない、国体変革の目的で暴動を起したと云ふやうなこと丈けを見ることにしまして、矢張り内乱に関する罪と云ふことにした方が適当だらうと云ふので、此の章の冒頭に移したと云ふ訳であります」というのである。(69)

④内乱罪を見直した第一三五条「朝憲ヲ紊乱シ又ハ政府ヲ変乱スルコトヲ目的トシテ暴動ヲ為シタル」云々の条文は「第百三十四条に規定してある部分を除くの外、総てを包含する」ものである。現行法第七七条の政府という言葉は、種々資料によると日本の「ダイナステー」をさす。今日の解釈論としては「凡て国家の基本組織を政府と云ふ」が「立法論と致しましては矢張り内閣を倒壊すると云ふ目的で暴動する」場合、例えば、西南戦争の類いを内乱罪として処罰できるように規定した。一方「朝憲紊乱はもつと大きく考へて見る方が宜しい。内閣即政府と云ふやうな程度の政府の変乱と云ふことは朝憲紊乱と対立して『又ハ』で現はす方が宜いではないか」という話になった。⑤第「百三十六条に書いてあるやうな目的を以て殺人をした場合は内乱罪と不可分の関係にあるので特別に処分する方が適当であらうと云ふので、斯う云ふ規定を加へた」のである。(70)

⑥その他、第一三九条「是は単に教唆したり煽動したり幇助したりするに止まるもの、斯う云ふ者を処罰する趣旨」である。牧野の希望するように、仮に総則において教唆の独立性が認められると、同条は無用として削除されることになる。⑦これまで内乱罪は懲役刑を定めなかったが「是等は国体に関するやうなこともありまするし朝憲紊乱と云ふやうな場合もあります。日本の国体の上から申しますると之は小い泥坊や詐欺以上に日本臣民として破廉恥的の犯罪であると考へることも出来るのであります。少くとも懲役と禁錮とを択一的にして各事情に応じて裁量することが出来るやうにして置く方が宜からうと云ふ」ので、今回懲役を加えた。(71)

ここで、少し補足しよう。①泉二は第一三四条について、起草委員会が「一番重い罪態として冒頭に置くことにした」と説明し、泉二の修正案が第一章中においたものを起草委員会が草野らの修正案の位置に戻したことを意識して、事情を説明した。しかし、泉二修正案の起草委員会修正案たる、第一二三条の二後段「統治権ノ総攬ヲ妨害シ又ハ皇位継承ノ順序ヲ変更スルコトヲ目的トスルトキ亦同シ」の統治権の妨害や、元の修正案中の皇位継承順序の変更は、どうなったのか。おそらく第一三五条の「朝憲ヲ紊乱シ又ハ政府ヲ変乱スル」の朝憲紊乱に含まれるのだろうが、これがはっきりしない。

②泉二は第一三五条について、現行法第七七条を改め、内閣を倒壊する目的の暴動を内乱罪として処罰できるようにしたと説明し、西南戦争を例にあげた。総会の出席者は皆、神兵隊事件や二・二六事件を想起したに違いない。小野清一郎が総会で起草委員会の内情を披露して、現行法第七七条では倒閣運動の暴動が悪化しても内乱罪でなく騒擾罪にとうしかないが「唯併し起草委員会の中の御考ではそれでは狭ま過ぎるのである。例へば明治十年の戦争のやうなこともあるし、さう云ふ考では今日の時勢からして狭きに失すると云ふ御考が強かつたやうに思ひます。其の結果政府の顚覆と云へば根本的に朝憲を紊乱する場合と云ふ感じを与へるのであるから、是はそこを拡める意味に於て『政府ヲ変乱スルコトヲ目的トシテ』とした方が宜からう、と云ふやうになつたことに拝承致して居つた」というのである[72]。

泉二の立案趣旨の説明に対して、山岡、久山友之の二人が質問し、泉二ら起草委員がこれに答え、幾つか議論になった。最初にみるのは、①第一三四条に関する議論である。しかし、これがみあたらない。山岡が質問の中で「内乱罪の規定に付て、今御説明になりましたやうに、国体の変革を単に受入れて厳重に処罰すると云ふのが誠に起草委員の御趣意の届いた所と思ひます」とふれた[73]程度である。

これに対して委員らの議論が集中したのは、②第一三五条である。山岡は、同条の政府変乱について「近時の社会状態を見ますれば斯くの如き事件も起きて居りますから、恐らくさう云ふ所を基本にして、国家の内乱罪として御扱ひになつたと思ひます。それと暴動を為した場合に於ては、騒擾の罪とか何とか云ふよりも、斯う云ふ立前に依つて重く処罰されることも必要であらうと思ひます」と、[74]あっさり賛意を表した。一方、久山は、政府変乱の意味を明確に説明してほしい、倒閣の演説会で聴衆が暴動を起せば、どういう範囲が教唆や煽動になるか明瞭にしてほしい、と質問した。[75]鵜沢総明が、政府を批判し糾弾する演説会や演説会でなくても「さう云ふやうな批判ならば、それはまあ変乱と云ふ方には入らないものであらうと云ふので、私共は此の『乱』と云ふ文字に大分重味があると思つて賛成をした訳なんであります」と説明するとともに、調査委員会の委員の一人で法制局の樋貝詮三に朝憲や政府という言葉について調査を求めた。[76]議論が長々続けられたところで、小野が第一三五条について、次のような疑問を呈した。冒頭「それ」は、起草委員会の「御考」である。

○小野委員の疑問（昭和一三・一一・二二）

私はそれにも疑問を持つので、私が解釈すれば、矢張り仮令此の案の百三十五条のやうに「朝憲ヲ紊乱シ又ハ政府ヲ変乱スルコトヲ目的トシテ」と書いてありましても「又ハ」と云ふ、さつきも御話のありましたやうな略々同価値の字句で（を?）繋ぐ、接続詞と申しますか繋いである。それでありますから矢張り朝憲の紊乱に準ずるやうな政府の変乱でなければならぬので、唯或る具体的な内閣の破壊を目的とする場合には、それは政府の変乱の中には入らない。もつと基調的な政府としての組織、此の「朝憲」と云ふことは現行法の制度の沿革などから見ましても、確かに「フエルフアツスング」或は「コンスチチユウシヨン」を考へて居るので、案の百三十四条が「国体」と云ふことを此の中の最も重要な部分を携げて百三十四条にしたので、百三十五条と雖も国体と同じ意味の国家の基本組織、それが即ち「朝憲」であります。「政府」と云つても或る具体的な内閣ではない。もつと基調的な組織を考へて居るのである。[77]

さらに、第一三六条や、第一三九条も議論になった。前者は、単なる殺人で果して国体変革や朝憲紊乱が可能かという不能犯絡みの問題で、後者は、教唆の独立性や教唆と煽動の区別である。ここで、③第一三六条の議論を一瞥しよう。口火をきったのは、これも山岡である。山岡は、治安維持法の結社が拡大して暴動を行えば国体が変革されるかもしれないが、同条が「或人が一人で人殺しをした。それで国体変革を考へて居ると云ふやうになつて居る」のは馬鹿ばかしいし「一人が人殺ししたからと云つて憲法政治が変る筈はなからうと思ふ」というのである。[78]泉二は、第一三六条は「政治的の性質を有するものであつて、普通の場合の殺人と云ふものとは趣が違ふ」し、外国の立法例にこのようなものが随分あるので、ここにおいたと防戦した。牧野英一は、同条を適用する場合背後に団体の勢力が予定されるが、それを条文中に記せなかったと説明した。林頼三郎も、ある団体の行動が暴動によらず「例へば暗殺団を放つて、さうして多数の要路の人を殺すと云ふやうなことが考へられる」から、特別規定をおくのが適当と思い賛成したと説明した。[79]

なお、第一三六条第二項の「政府ヲ変乱スルコトヲ目的トシテ人ヲ殺シタル者」について、宇野要三郎が記憶違いかもしれないとした上で、内閣更迭を企図し「時の首相を暗殺すると云ふやうなこと、さう云ふ例は最近に於て度々見る処であります。是は一人の人を殺しても矢張り内閣が変ると云ふことがあり得ると思ふ。さう云ふやうな場合には団体でなくても、陰に大きな団体があつて其の団体の一、二の者がやつたと云ふことでも普通の殺人と同様に取扱ふことは出来ない。重い刑を科しなければならぬと云ふやうな意味で此の条文が立案されたのではないか」と、[80]起草委員会の立案事情について説明した。これは、同条第二項の立案事情としてはありそうな話である。さらに宇野は、林や牧野のいうように第一三六条が団体犯罪なら、同条と第一三四条や第一三五条をわける必要がないのではないか、と疑問を呈した。
種々議論の後、小山委員長が採決した。その結果、第二章も、第一三九条を別として、異議なく原案に決したのである。

（二）小委員会修正案の審議

刑法並びに監獄法改正調査委員会は、第一四回総会において起草委員会の成案中、第一章を審議し原案どおり可決した。続いて第二章を審議し、第一三九条を留保し、これも原案どおり可決した。その後、この成案を原案として総会の審議が進んでいく過程で、法制局から意見書が提出されたため、調査委員会はその中に小委員会をおき、総会と法制局を調整することになった。小委員会設置を提案した泉二新熊が人選を行い、樋貝詮三、松阪広政、牧野英一、泉二自身、木村尚達、五人で小委員会を構成した[81]。樋貝は法制局第二部長、松阪は司法省刑事局長、泉二は検事総長、木村は東京控訴院長。

調査委員会は第一八回総会（一三年一二月二〇日）において、泉二の求めにより、予定された議題を後回しにし、小委員会が纏めた修正案の審議に入った。第一章は、第一三二条（皇室の尊厳を冒瀆する罪）の修正が提出されたにすぎない。第二章は、第一三五条「朝憲ヲ紊乱シ又ハ政府ヲ変乱スルコトヲ目的トシテ暴動ヲ為シタル者ハ」云々について重大な修正が提出された。

泉二の説明によると、法制局は、政府を変乱するというのは、ごく普通の倒閣運動を含む疑いがある。この形は単純な倒閣運動を含むようになって困るから「何とか政府変乱と云ふ文句を前の方に持つて行く訳に行かないか、朝憲紊乱の例示にする訳に行かぬのであるか」という。小委員会は、この点を議論したが「何しろ此の原案の儘では解釈の上に疑問を生ずる。此の立案の趣旨が解釈上実現するかどうかと云ふことが問題である。だから矢張り例示的に『政府ヲ変乱シ其ノ他朝憲ヲ紊乱スルコトヲ目的トシテ』と云ふ風にして置く方が無難」だろうとして纏まったという。[82] 泉二は、この説明の中で、繰り返し立案事情を披露している。

○泉二委員の説明（昭和一三・一二・二〇）

実は斯う云ふ形を採りましたのは――、現行法の「政府ヲ顚覆シ」と云ふ言葉が非常に曖昧になつて居りまして、殊に制度の変更がなければ政府顚覆にはならぬのである、或は朝憲紊乱にもならぬのであると云ふ意見を有つて居る人も相当ある。さう云ふ理窟から云ふと、例へば十年の役のやうなものは政府顚覆と云ふことが出来ないと云ふことになりまして、それぢや困る。さう云ふ制度の変更でなくても、兎に角十年の役見たやうなこととか或は二・二六事件と云ふやうなことは、暴動と云ふことである以上は内乱罪にしなければ困る。斯う云ふことが考へられました結果「政府ヲ変乱スル」と云ふ言葉をわざわざ此処に加へると云ふ原案の立場であつたのであります。（中略）

其の点に付ては起草委員としては相当に考へた。此の朝憲紊乱と云ふのは、余程重い場合を見て居るのである。所謂政府変乱よりも重い場合を考へて居るから、少しそれに比べれば軽いやうに政府変乱と云ふことを第一に例示にすると云ふことは余り適当でない。だから斯う云ふ原案の形を採る方が宜からうと云ふことに落着いたのです。[83]

泉二が制度の変更がなければ政府顚覆にならず朝憲紊乱にならないというのは、大雑把にみて、大正期・昭和前期の通説である。例えば、大場茂馬は、各論の書物で「法文に所謂政府顚覆とは暴力を以て日本政府たる皇朝を廃せんとするものにして朝憲紊乱の最も顕著なる一例なり」と記している。[84] この解釈は、暴動によりある内閣を倒しても、これを内乱罪としない。一方、大審院は、昭和一〇年一〇月、五・一五事件の民間幇助者に対する判決の中で「刑法第七十七条ニ所謂朝憲ヲ紊乱スルトハ国家ノ政治的基本組織ヲ不法ニ破壊スルコトヲ謂ヒ政府ノ顚覆邦土ノ僭窃ノ如キ其ノ例示的規定ナリト解スヘク従テ政府ノ顚覆トハ行政組織ノ中枢タル内閣制度ヲ不法ニ破壊スル如キコトヲ指称スルモノト解スルヲ相当トス」と示している。[85] この論理からすると、二・二六事件の暴動も、これを内乱罪としないのである。

しかし、泉二が繰り返すように、起草委員会は西南戦争や二・二六事件のような内閣の更迭を目的とする暴動を内乱罪としたかった。これには、政党時代の単純な倒閣運動が内乱罪にひっかからないように構成要件を規定する、立案上の難しさがあった。この点について法制局の指摘があり、小委員会は第一三五条を「政府ヲ変乱シ其ノ他朝憲ヲ紊乱スルコトヲ目的トシテ暴動ヲ為シタル者ハ」云々と改めたのである。

しかし、この修正案に宇野が強く反対した。宇野は、修正案は倒閣の暴動はある場合は政府変乱になり、ある場合はならないというが、朝憲紊乱という文字を使う以上、それを上下、前後のどこにおこうが「政府を変乱をもう一つ持つて来ると云ふことは折角置いた朝憲紊乱と云ふことに対して私は吊合が取れないし、さう云ふ必要がないと思ふ。寧ろ従来の刑法のやうに邦土を僭窃すると云ふやうな、誰が見ても朝憲紊乱に間違いないと云ふ場合にはそれで宜しいが、非常に疑問を醸し、さうしてどう云ふやうに解釈するのか迷ふやうな文字を附加へると云ふことは賛成は出来ない」し「此の国体を変革すると云ふ条文を一つ置いて、もう一つ朝憲紊乱をもう一つ置かうと云ふならば、現行の儘の方が却つて宜しくはないかと云ふやうに考へるのであります」と、[86] 大きな疑問をなげかけたのである。

宇野は第一三四条の国体変革に反対したのではない。宇野は同条は朝憲紊乱の極致、朝憲紊乱の極点を条文にしたものだとして、第一三五条の通常の内乱罪は現行の第七七条のままにする方がよいと主張し、加えて神兵隊事件の被告人らの法廷闘争に晒される裁判長として、政府顚覆とは内閣制度の不法な破壊だとする大審院判例を是とし、新たに政府変乱をおいて内乱罪の概念を広げることに反対したのである。この強硬な反対にあい、牧野が小委員会の立場を説明し、宇野を説得した。宇野が反対の姿勢を崩さなかったため、泉二は速記を停止し懇談を求めた(87)。懇談の内容はわからない。宇野は反対の矛を納めたのだろう。

宇野の件が片付くと、鵜沢総明が、政府変乱の次に邦土僭窃をいれてほしいと提案した。草野豹一郎が、直ちにこれに賛成した。以上の議論の後、小山委員長が採決し、第一三五条は小委員会の提案どおり「政府ヲ変乱シ其ノ他朝憲ヲ紊乱スルコトヲ目的トシテ暴動ヲ為シタル者ハ左ノ区別ニ従テ処断ス」と決した。邦土僭窃の追加は後日審議するとして、決議は仮決議の形がとられた。第一三五条の修正に伴って、第一三六条第二項も「政府ヲ変乱シ其ノ他朝憲ヲ紊乱スルコトヲ目的トシテ人ヲ殺シタル者ハ死刑又ハ無期ノ懲役若ハ禁錮ニ処ス」と修正が加えられた(88)。

第一三五条の条文中に邦土僭窃を追加することの審議は、後回しになった。しかし、第一四回総会から第二八回総会（一四年七月一八日）までの議事を掲載する『刑法並監獄法改正調査委員会総会議事速記録』各則編の中に、これに関する審議の記事は掲載されていない。仮案中、この第一三五条にあたる第一六六条には邦土僭窃が追加されるから、その後、何回も総会が開かれたのだろう。

(三) 改正刑法仮案

刑法並びに監獄法改正調査委員会は、昭和一五年四月「改正刑法仮案」を発行した。この「はしがき」の末尾に「総則、各則を通じて審議回数は合計起草委員会三百五十九回、総会三十七回に及び、其の年月を閲すること十三年二ケ月を費し、之を政府の諮問当初に遡るときは実に十八年六ケ月の長年月を要したるが、尚引続き総則編及各則編に於ける留保事項に付審議を継続して、速かに確定案を得るの予定なり」と記している(89)。

幹事の手になる、この記述からすると、第二八回総会の後も九回総会が開かれたらしい。九回分の議事速記録が残されているのかどうか明らかでない。ともあれ、仮案の第一章、第二章の主要な条文は、およそ次のようである。起草委員会の成案のうち総会において修正が加えられたのは、第一章第一三二条（皇室の尊厳を冒瀆する罪）と、第二章第一三五条、第一三六条第二項にすぎない。条文の数え方は元と三一条ずれている。

○改正刑法仮案（昭和一五・四）

第一章　皇室ニ対スル罪（第一五四条〜第一六四条）

第百五十四条　天皇ニ対シ危害ヲ加ヘ又ハ加ヘントシタル者ハ死刑ニ処ス

第百六十三条　略（〜場合ノ外を、〜場合ヲ除クノ外と修正）

第二章　内乱ニ関スル罪（第一六五条〜第一七一条）

第百六十五条　国体ヲ変革スルコトヲ目的トシテ暴動ヲ為シタル者ハ死刑ニ処ス

第百六十六条　政府ヲ変乱シ、邦土ヲ僭窃シ其ノ他朝憲ヲ紊乱スルコトヲ目的トシテ暴動ヲ為シタル者ハ左ノ区別ニ従テ処断ス

一、二、三　略

第百六十七条　国体ヲ変革スルコトヲ目的トシテ人ヲ殺シタル者ハ死刑ニ処ス

政府ヲ変乱シ、邦土ヲ僭窃シ其ノ他朝憲ヲ紊乱スルコトヲ目的トシテ人ヲ殺シタル者ハ死刑又ハ無期ノ懲

役若ハ禁錮ニ処ス

第百六十八条　前三条ノ未遂犯ハ之ヲ罰ス

第百六十九条　略（①第一六五条の予備・陰謀・幇助、②第一六六条、第一六七条の予備・陰謀・幇助）

第百七十条　第百六十五条乃至第百六十七条ノ罪ヲ犯スコトヲ教唆シ、煽動シ又ハ幇助シタルニ止マル者ハ前条ノ例ニ依ル(90)

刑法並びに監獄法改正調査委員会における第二編各則中、第一章皇室に対する罪、および第二章内乱に関する罪の立案は、紆余曲折をへて、右の条文におちついた。まず第一章の特徴をみよう。繰り返すと、仮案の第一章は起草委員会成案の第一章と同じである。①現行法第一章が天皇・三后・皇太子・皇太孫に対する危害罪、不敬罪、皇族に対する危害罪、不敬罪の僅か四条にすぎないのに対して、仮案の第一章は天皇に対する危害罪、不敬罪、神宮に対する不敬罪、天皇陵に対する不敬罪として各一条、第一項摂政、第二項三后・皇太子・皇太孫らに対する危害罪、および不敬罪の二条をおき、皇族に対する危害罪、および不敬罪の二条に加え、陵や皇族の墓に対する不敬罪をおくなど、何と全一一条もの条文をおいた。②各危害罪の刑は現行法と同じながら、各不敬罪の刑はずっと加重された。例えば、天皇不敬罪は三月以上五年以下の懲役が、二年以上の有期懲役である。③不敬罪以外（～場合を除くの外）で皇室の尊厳を冒瀆する目的の不敬行為を罰する規定を新設した。出版法第二六条や新聞紙法第四二条を、一〇年以下の懲役という重罰でとりこんだのである。

次に第二章の特徴をみよう。これも繰り返すと、仮案の第二章は起草委員会成案の第一三五条、およびこれと連動する第一三六条第二項が修正された。①国体変革を目的として暴動を起す罪を、悉く極刑を以て通常の内乱罪に前置した。これは、治安維持法第一条の目的をもつ行為のうち暴動の形態をとるものを、特別なものとして独立させたものである。②内乱罪の本体は明治一三年刑法や明治四〇年刑法の朝憲紊乱主義を踏襲したが、政府顚覆を政府変乱に改め、倒閣を目的とする暴動も内乱罪に含まれるように概念を拡大した。これは、学説や判例が朝憲紊乱や政府顚覆を限定的に解釈するものを、起草委員会が二・二六事件のような大規模な暴動に内乱罪を適用できるように修正したのである。もっとも、軍人が主体となってクーデターを起せば、一般刑法の内乱罪は排除され、成立しない。③明治一三年刑法を想起させる条文として、国体変革や政府変乱などを目的とする殺人罪を新設した。これをおくと、五・一五事件への適用は無理（反乱罪が成立する）としても、神兵隊事件のような事件が内乱予備からもれる場合（政府変乱ならもれないが）も対処できるのである。

おわりに

刑法並びに監獄法改正調査委員会が歳月と人力を費やして編纂した「改正刑法仮案」は、未定稿に終り、確定案に至らなかった。そのせいか、仮案に関する研究にはみるべきものがない。本章は、仮案の編纂過程をざっとみた後、大逆罪、および内乱罪を対象として、起草委員会の審議や総会の審議について、かなり詳しく考察してみた。起草委員会の「議事日誌」は、手元の日本大学法学部図書館所蔵本（全体の六〇パーセントしかない）を参照したが、予備草案に対する草野豹一郎・池田克の修正案のところは、途中で法務省にいき、法務図書館所蔵本を参照させて貰った。

ここで本章の考察をごく簡単に要約すると、次のようである。①刑法並びに監獄法改正調査委員会は、その中に起草委員会をおいた。起草委員会の成案は、明治四〇年刑法と同じように、第二編の各則中、第一章に皇室に対する罪、第二章に内乱に関する罪をおいた。調査委員会は総会を開き、この成案を原案として審議し、仮案を編纂した。第一章も、第二章も、条文の数が膨れあがった。

②第一章は、刑法改正綱領の天皇に対する罪を独立規定とする方針に従い、天皇・皇后らその近親、一般皇族という二本立てを三本立てとし、神宮に対する不敬罪や天皇陵に対する不敬罪をそれぞれ独立させ、さらに皇室の尊厳を冒瀆する目的の不敬行為を罰する規定を新設するなど、周到な立案になった。各不敬罪の刑は、どれもずっと加重された。

③第二章は、軍人や右翼の暴発やクーデターが続発する中で進められる改正作業だったため、紆余曲折をへる立案になった。起草委員会における幾つかの修正案、さらに成案に共通するのは、通常の内乱罪とは別に、国体変革を目的とする暴動を反逆として、極刑を以て罰する規定をおいたことである。成案や仮案に反逆の語はないが、内容は基本的にそのまま仮案が採用した。

④第二章中、通常の内乱罪は、朝憲紊乱主義から転換しようという泉二新熊の試みがあったが、結局元の朝憲紊乱に戻ってしまった。起草委員会の成案は、第一三五条を「朝憲ヲ紊乱シ又ハ政府ヲ変乱スル」目的の暴動として規定し、政府変乱を後置して朝憲紊乱の例示となるのをさけた。これは、西南戦争や二・二六事件のような内閣倒壊を目的とする暴動を「暴動と云ふことである以上は内乱罪にしなければ困る」という考えでこのように規定したのである。しかし、仮案は、これを第一六六条「政府ヲ変乱シ、邦土ヲ僭窃シ其ノ他朝憲ヲ紊乱スル」云々と改めた。これは、法制局がこの形は単純な倒閣運動を含むようになって困るというので、小委員会が朝憲紊乱と政府変乱をいれかえ政府変乱を朝憲紊乱の例示としたものを、総会が可としたのである。この第一六六条は、一見明治四〇年刑法の第七七条に近似する（顚覆と変乱が異なる）が、倒閣を目的とする暴動に適用できるように構成要件（内乱罪概念）を広げたのである。次の第一六七条第二項が、第一六六条の修正に連動したこと

は、改めて記すまでもない。

⑤第二章中、仮案の第一六七条第二項の「政府ヲ変乱シ、邦土ヲ僣窃シ其ノ他朝憲ヲ紊乱スル」目的の殺人罪や、第一項の国体変革目的の殺人罪は、元は泉二の修正案②の第一三五条に遡る。これら二項の新設は、第二項に重点があり、第一項はこれに揃えたものである。この第二項は、五・一五事件や神兵隊事件という昭和前期の動乱が背景にある。

（1）第二三議会の「刑法改正政府提出案理由書」二一六二頁。高橋治俊、小谷二郎編『刑法沿革綜覧』増補版（信山社・日本立法資料全集別巻、一九九〇年）所収。原文は片カナ書き。濁点がないのは、原文どおり。

（2）磯部四郎『改正刑法正解』（信山社・日本立法資料全集別巻、一九九五年）一七七〜一七八頁。原文は片カナ書き。磯部は衆議院刑法改正案委員会の委員長である。

（3）明治二八年改正案以後の改正案は、明治一三年刑法の第四条「此刑法ハ陸海軍ニ関スル法律ヲ以テ論ス可キ者ニ適用スルコトヲ得ス」を、蛇足に類する規定だとして削除した。刑法改正審査委員会「決議録」四八頁、内田文昭ら編『刑法（明治40年）②』（信山社・日本立法資料全集、一九九三年）所収。

（4）さしあたり、田中時彦「二・二六事件」一八三頁以下。我妻栄ら編『日本政治裁判史録』昭和・後（第一法規、一九七〇年）所収。

（5）さしあたり、田中時彦「五・一五事件」四七二頁以下。我妻栄ら編『日本政治裁判史録』昭和・前（第一法規、一九七〇年）所収。

（6）岡田啓介『岡田啓介回顧録』（毎日新聞社、一九五〇年）一七九〜一八〇頁。

（7）刑法改正（案）起草委員会『刑法改正起草委員会議事日誌』第二八四回会議、五葉表〜五葉裏。原文は片カナ書き。濁点がないのは、原文どおり。
（8）刑法並監獄法改正調査委員会編『刑法並監獄法改正調査委員会総会議事速記録』各則編一一四頁。原文は片カナ書き。
（9）さしあたり、我妻栄ら編『旧法令集』（有斐閣、一九六八年）七三二頁。原文は片カナ書き。
（10）臨時法制審議会編『臨時法制審議会総会議事速記録』（一九二六年?）一一五～一二〇頁。原文は片カナ書き。花井卓蔵は貴族院議員、昭和六年一二月死去（事故死）。
（11）前掲『臨時法制審議会総会議事速記録』一二〇～一二一頁。
（12）前掲『臨時法制審議会総会議事速記録』一二一～一四三頁。松本烝治は貴族院議員、後、商工大臣や国務大臣を歴任。
（13）改正刑法仮案の編纂の詳細は、新井勉「改正刑法仮案の編纂と内乱罪」（日本法学第七三号第二号、二〇〇七年）参照。
（14）刑法並監獄法改正調査委員会編『刑法並監獄法改正調査委員会議事速記録』総則編七頁。原文は片カナ書き。本書の表題は、各則編と比べると、総会（議事速記録）の二字が脱落している。
（15）前掲『刑法並監獄法改正調査委員会議事速記録』総則編は第一二回総会で総則案を議了し、前掲『刑法並監獄法改正調査委員会総会議事速記録』各則編は第一四回総会で各則案の審議を始めている。第一三回総会は、何か事情があるのか、速記録が残されていない。
（16）刑法並監獄法改正調査委員会編『改正刑法仮案』は、調査委員会幹事の手になる「はしがき」六頁、目次四頁、本文九三頁である。はしがき二～六頁は「刑法改正綱領」全四〇項の転載である。なお、昭和一五年五月「法律新聞」が仮案の全文を連載した（第四五五五号～第四五六〇号）。
（17）林弘正『改正刑法仮案成立過程の研究』（成文堂、二〇〇三年）四七九～四八〇頁。
（18）前掲『刑法改正起草委員会議事日誌』第三五回会議、八葉表。豊島直通は大審院部長、昭和五年一〇月死去。
（19）前掲『刑法改正起草委員会議事日誌』第一五二回会議、三葉表～三葉裏。
（20）前掲『刑法改正起草委員会議事日誌』第一五三回会議、一一葉表。
（21）前掲『刑法改正起草委員会議事日誌』第三六回会議、五葉裏～六葉表。第三九回会議、七葉裏。

(22) 前掲『刑法改正起草委員会議事日誌』第三七回会議、五葉表。このとき、政府が第五五議会（昭和三年四月二三日～五月六日）に治安維持法中改正法律案を提出し、衆議院で審議未了に終っていた。

(23) 前掲『刑法改正起草委員会議事日誌』第二一六回会議、四葉裏～五葉裏。草野豹一郎は大審院判事、池田克は司法書記官にして思想部長である。

(24) 日本大学法学部図書館所蔵『刑法改正関係書類（主トシテ修正案）』所収、「草野幹事・池田幹事提出、修正案（昭和八・一〇・三印刷）」。

(25) 前掲『刑法改正起草委員会議事日誌』第二一七回会議、二葉裏。

(26) 前掲『刑法改正起草委員会議事日誌』第二一七回会議、三葉裏～四葉表。

(27) 参考になるかどうか、明治九年（一八七六年）司法省の刑法草案編纂会議で、ボアソナードは原案中「皇嗣ノ順序（正確には、皇位継承の順序か）ヲ換ヘルヲ目的トナス重罪」について、これは「皇嗣」の正統を傍系に換えんとする類いをいうと説明し、同じ内容の第二案について、現天皇を廃し他の者を立てんとすることも「皇嗣」順序の紊乱の中にいれてよいと説明した。鶴田文書研究会編『日本刑法草案会議筆記』第二巻（早稲田大学出版部、一九七七年）五〇八頁、五四〇頁。

(28) 前掲『刑法改正起草委員会議事日誌』第二一八回会議、四葉表。牧野英一は東京大学教授。

(29) 前掲『刑法改正起草委員会議事日誌』第二一九回会議、二葉表～二葉裏。

(30) 前掲『刑法改正起草委員会議事日誌』第二三二回会議、五葉裏～六葉表。

(31) 岡田庄作『刑法原論』各論第二版（明治大学出版部、一九一五年）二五頁。原文は片カナ書き。岡田は「余は、政府とは皇朝及内閣の両者を併称すと解す。故に政府の顛覆とは国体又は皇朝の変更或は内閣の交迭を言ふ」という（二六頁）。

(32) 岡田朝太郎『日本刑法論』各論之部（信山社・復刻叢書法律学篇、一九九五年）三〇頁。原文は片カナ書き。濁点がないのは、原文どおり。原本は訂正増補再版で、一八九六年の発行。なお、岡田は「現内閣を退けて異主義の新内閣を組織」するのは、朝憲紊乱の適例だという（三一頁）。

(33) 前掲『刑法沿革綜覧』一九一七頁。

(34)前掲『刑法改正起草委員会議事日誌』第二七五回会議、三葉裏。木村尚達は大審院検事（検事局次長）で、後、検事総長や司法大臣を歴任。
(35)前掲『刑法改正起草委員会議事日誌』第二七五回会議、三葉裏～四葉表。大山文雄は陸軍の司法官で、後、法務中将。
(36)前掲『刑法改正起草委員会議事日誌』第二七五回会議、四葉表～四葉裏。鵜沢総明は貴族院議員。小野清一郎は東京大学教授。小野は刑法並びに監獄法改正調査委員会設置時から幹事で、昭和九年四月委員に転じた。
(37)前掲『刑法改正起草委員会議事日誌』第二七五回会議、四葉裏～五葉表。
(38)第二七五回会議の再審議の結果、修正案中、内乱罪本体の構成要件は予備草案に戻されたが、刑罰に懲役を導入し、禁錮との選択にしたことや、附和随行者の刑期をひきあげ未遂犯も罰するとしたことが、予備草案と異なる。
(39)前掲『刑法改正起草委員会議事日誌』第二七六回会議、一葉裏～二葉表。
(40)前掲『刑法改正起草委員会議事日誌』第二七六回会議、二葉表～三葉表。
(41)前掲『刑法改正関係書類（主トシテ修正案）』所収、「泉二委員提出、修正案（昭和一〇・五・一四印刷）」。
(42)前掲『刑法改正起草委員会議事日誌』第二七七回会議、三葉表～三葉裏、三葉裏～四葉表。
(43)前掲『刑法改正起草委員会議事日誌』第二七七回会議、四葉表～五葉表。
(44)第二七六回会議で木村尚達が内乱罪の章に手をつけざることを求めたのは、現行の内乱罪で不都合はないというだけなのか、それ以上に反逆罪の新置に異論があるのか、議事日誌が簡略で、はっきりしない。
(45)前掲『刑法改正起草委員会議事日誌』第二七八回会議、二葉裏。
(46)前掲『刑法改正関係書類（主トシテ修正案）』所収、「泉二委員提出、修正案（昭和一〇・七・一五印刷）」。
(47)前掲『刑法改正起草委員会議事日誌』第二八四回会議、二葉裏～三葉表、三葉裏～四葉表。中央集権というのは、本文で訂正したが聞き誤りか。
(48)前掲『刑法改正起草委員会議事日誌』第二八四回会議、五葉裏。
(49)重光葵『昭和の動乱』（原書房・重光葵著作集第一巻、一九七八年）五〇頁。重光は二・二六事件当時、外務次官。

(50) 本庄繁『本庄日記』(原書房普及版、一九八九年) 一六三頁。
(51) 前掲『刑法改正起草委員会議事日誌』第二八五回会議、六葉表。
(52) 前掲『刑法改正起草委員会議事日誌』第二八五回会議、六葉裏。林が「前回」というのが、第何回の会議か不明。
(53) 前掲『刑法改正起草委員会議事日誌』第二八五回会議、六葉表〜六葉裏。草野は昭和九年五月委員に転じた。大審院判事たること一六年、後、長崎・大阪の各控訴院長、大審院部長を歴任。
(54) 前掲『刑法改正起草委員会議事日誌』第二八五回会議、六葉裏。
(55) 前掲『刑法改正起草委員会議事日誌』第二八五回会議、七葉裏。皆川治広は東京控訴院長。
(56) 前掲『刑法改正起草委員会議事日誌』第二八五回会議、八葉表。泉二が「前回」というのが、第何回会議か不明。
(57) 第二九〇回会議の冒頭、小山委員長の指示により、泉二が第三次整理案、および「幹事会に於て問題と為りたる事項」について簡単に説明した。前掲『刑法改正起草委員会議事日誌』第二九〇回会議、二葉裏〜三葉表。
(58) 前掲『刑法改正起草委員会議事日誌』第二九〇回会議、六葉表〜六葉裏。濁点があるのは、原文どおり。罰せらるる、というのは、本文で訂正したが聞き誤りか。
(59) 前掲『刑法改正起草委員会議事日誌』第二九〇回会議、六葉裏〜七葉表。
(60) 前掲『刑法改正起草委員会議事日誌』第二九一回会議、二葉裏〜三葉表。牧野の熱弁は、三葉表〜三葉裏、四葉裏〜五葉表にある。
(61) 前掲『刑法改正起草委員会議事日誌』第二九一回会議、五葉表〜五葉裏。
(62) 前掲『刑法改正起草委員会議事日誌』第二九一回会議、五葉裏〜六葉表。
(63) 前掲『刑法改正起草委員会議事日誌』第二九二回会議、二葉裏〜三葉表。
(64) 前掲『刑法並監獄法改正調査委員会総会議事速記録』各則編一一〜一二頁、一七〜一八頁。
(65) 前掲『刑法並監獄法改正調査委員会議事速記録』総則編六頁。
(66) 泉二新熊「刑法改正の眼目」上。東京朝日新聞、昭和一五年五月八日付朝刊。『朝日新聞縮刷版』昭和15年5月(日本図書センター、一九九二年）八七頁。
(67) 前掲『刑法並監獄法改正調査委員会総会議事速記録』各則編一二～一四頁。なお、第一二七条、第一二八条の各第二項は太皇太后、皇太后、皇后と記される。本文は便宜上これを三后と記した。
(68) 前掲『刑法並監獄法改正調査委員会総会議事速記録』各則編一四～一七頁。山岡萬之助は貴族院議員、藤田若水は衆議院議員・司法参与官。
(69) 前掲『刑法並監獄法改正調査委員会総会議事速記録』各則編一八～一九頁。
(70) 前掲『刑法並監獄法改正調査委員会総会議事速記録』各則編一九～二一頁。
(71) 前掲『刑法並監獄法改正調査委員会総会議事速記録』各則編二一～二二頁。
(72) 前掲『刑法並監獄法改正調査委員会総会議事速記録』各則編三五頁。
(73) 前掲『刑法並監獄法改正調査委員会総会議事速記録』各則編二二頁。
(74) 前掲『刑法並監獄法改正調査委員会総会議事速記録』各則編二二頁、三三頁。
(75) 前掲『刑法並監獄法改正調査委員会総会議事速記録』各則編二五～二六頁。久山友之は衆議院議員・司法政務次官。
(76) 前掲『刑法並監獄法改正調査委員会総会議事速記録』各則編三二～三三頁。樋貝詮三は法制局第二部長。後、衆議院議長や国務大臣を歴任。
(77) 前掲『刑法並監獄法改正調査委員会総会議事速記録』各則編三五頁。本文中の訂正（を）は不要か。
(78) 前掲『刑法並監獄法改正調査委員会総会議事速記録』各則編二二～二三頁。
(79) 前掲『刑法並監獄法改正調査委員会総会議事速記録』各則編二三～二四頁、二四～二五頁、二七頁。
(80) 前掲『刑法並監獄法改正調査委員会総会議事速記録』各則編三六頁。宇野要三郎は大審院部長で、その頃大審院に繋属中の神兵隊事件（昭和一二年一一月公判開始、一六年三月判決）の裁判長を務めていた。
(81) 前掲『刑法並監獄法改正調査委員会総会議事速記録』各則編六九～七一頁。なお、松阪広政は後、検事総長や司法大臣を歴任。

(82) 前掲『刑法並監獄法改正調査委員会総会議事速記録』各則編一一四〜一一五頁。
(83) 前掲『刑法並監獄法改正調査委員会総会議事速記録』各則編一一四頁、一一五頁。
(84) 大場茂馬『刑法各論』下巻(信山社・復刻叢書法律学篇、一九九四年)六一八頁。原文は片カナ書き。原本は改訂七版で一九一八年の発行。
(85) 大審院蔵版『大審院刑事判例集』第一四巻(法曹会、発行年?)一三六六〜一三六七頁。
(86) 前掲『刑法並監獄法改正調査委員会総会議事速記録』各則編一一七〜一一八頁。
(87) 前掲『刑法並監獄法改正調査委員会総会議事速記録』各則編一一七〜一一九頁。
(88) 前掲『刑法並監獄法改正調査委員会総会議事速記録』各則編一二〇〜一二一頁。
(89) 前掲『改正刑法仮案』「はしがき」二頁。
(90) 前掲『改正刑法仮案』三七〜三八頁、三八〜四〇頁。仮案は(起草委員会の成案も)条文中に読点(や濁点)がふされている。これは、大正一五年六月の内閣訓令「法令形式ノ改善ニ関スル件」が意識されたものだろう。

八　昭和後期以後の内乱罪

はじめに――表記の平易化と内乱罪

平成七年（一九九五年）四月、現行の明治四〇年（一九〇七年）刑法の表記を平易化する「刑法の一部を改正する法律」が成立した。このとき、法務省は、現行刑法の条文を忠実に平易化し、内容変更を伴う改正は原則として行わないことを基本方針とした。しかし、現行刑法（案）を審議する第二三議会衆議院において、花井卓蔵が第七七条の内乱罪中、政府顚覆、邦土僭窃、朝憲紊乱はそれぞれどういう意味かと質したさい、政府委員倉富勇三郎はこれを難問だと答えた(1)。さらに遡ると、明治三五年案を審議する第一六議会貴族院において、加藤弘之が朝憲の語の意味を質したさい、政府委員石渡敏一は答弁が困難だ、これは明治一三年刑法の第一二一条の文字をそのまま用いていると答えた(2)。政府委員が答弁に困る第七七条の条文を、平成七年の改正法がどのように平易化したのか、これは興味深い問題である。

平成七年の改正法は、明治四〇年刑法第七七条の条文を次のように直した。政府顚覆、邦土僭窃、朝憲紊乱の語は、確かに一見平易化されている。

旧第七七条「政府ヲ顛覆シ又ハ邦土ヲ僭窃シ其他朝憲ヲ紊乱スルコトヲ目的トシテ暴動ヲ為シタル者ハ内乱ノ罪ト為シ左ノ区別ニ従テ処断ス」

改正法第七七条「国の統治機構を破壊し、又はその領土において国権を排除して権力を行使し、その他憲法の定める統治の基本秩序を壊乱することを目的として暴動をした者は、内乱の罪とし、次の区別に従って処断する」

しかし、平成七年改正法の第七七条を一読すると、何かおかしい。改正法の「国の統治機構を破壊」することと「憲法の定める統治の基本秩序を壊乱すること」は、一体どこがどう違うのか。憲法の定める統治の基本秩序を壊乱しようという暴動は、国の統治機構を破壊しようという暴動以外、果して何があるのか。邦土僭窃（その領土において国権を排除して権力を行使する）がある、という答えが予想される。成文の昭和憲法が領土条項をおかないことを別としても、国の統治機構の破壊と、憲法の定める統治の基本秩序の壊乱は、一見ただ同じことを繰り返しているのではないか。改正法はこの疑いを拭えないのである。

明治四〇年刑法の第七七条は、政府委員のいうように、明治一三年刑法の第一二一条「政府ヲ顛覆シ又ハ邦土ヲ僭窃シ其他朝憲ヲ紊乱スルコトヲ目的ト為シ内乱ヲ起シタル者ハ左ノ区別ニ従テ処断ス」という条文を、ほぼ踏襲した。ここで想起すると、明治一三年刑法の草案編纂過程で、編纂委員らはフランス刑法第八七条を母法とする政府顛覆の概念を基礎としながら、ドイツ刑法第八一条の邦土僭窃の概念も採用し、さらにあらゆる国事犯に適用できるように「朝憲紊乱」の語を以て内乱罪を構成した。すなわち、ボアソナードの記す皇権拒絶（これをドイツ刑法により邦土僭窃とした）と天皇特権の減損の区別がわからず、編纂委員らは次のように論じた。

○纂集長・鶴田皓「其二事を特書すれは各特別に示す訳なれとも、仮令特書せさるとも日本文にて朝憲云々と記する時は右二事の主意に係るは勿論、国事犯中何事にも通し用ゆへきの便利あらんとす[3]」

明治前期、司法省の草案編纂や刑法草案審査局の修正は、部外からその内容をしる由がなかった。そのためか第一二一条の政府顚覆、邦土僭窃、朝憲紊乱は、当初、三つの語の並列として解釈された。ボアソナードの弟子たる高木豊三や堀田正忠らがそうである。一方、同じくボアソナードの弟子たる宮城浩蔵や井上操らは、前二者を後者の朝憲紊乱の例示だと捉えた[4]。例えば、宮城は「其他朝憲を紊乱するとは其意甚た広く、或は皇嗣の順序を紊らんとする如き或は中央若くは地方官憲の制を廃せんとする如き、苟も我朝廷の憲法制度を変更せんとする者は皆な此語中に包含せさるはなし。故に政府を顚覆し又は邦土を僭窃するとは朝憲を紊乱するの最も重き者にして此に之を明記したるは其類例を示したるに過きさるなり」と記している[5]。もっとも、わが朝廷の憲法制度というのは単に朝憲の言い換えかもしれず、直ちに明治憲法による制度をさすわけではない。

ドイツ流の明治憲法の施行後は、朝憲は一般に憲法そのものをさす、と解釈された。例えば、明治四〇年刑法公布の年、早くも磯部四郎がその刑法書の中で「朝憲紊乱とは如何なる意義を有するや、法文は之を明示せすと雖も、其例示する所と内乱罪、即ち所謂国事犯罪の性質上より之を推究するときは、畢竟憲法を蹂躙する行為を云ふに外ならす」といいきっている[6]。

大場茂馬も、ほぼ同じ解釈である。大場は、第七七条を論じて「内乱罪は大逆罪の一種にして、国家に対する犯罪中の主要なるものなり。左れは本罪に依り害せらる可き利益は、国家組織の大本たる主権者、領域及ひ憲法なること言ふを俟たす」とし、さらに「国家の対内的組織を破壊せんとするの行為は之を朝憲を紊乱せんとするの行為と謂ふ。凡そ国家あれは其成文なると不成文なるとを問はす統治の大則を定むる準則存するものなり。此準則は即ち法文に所謂朝憲なり。我国は成文憲法及ひ之と同視す可き附属法令あるか故に、憲法及ひ附属法令に於て認めたる統治の大則を紊乱するの行為は朝憲紊乱なり」というのである。(7)

一九世紀ヨーロッパの刑法典は、大逆罪という一括りの犯罪の中に内乱罪をおいた。大場が、内乱罪は大逆罪の一種だというのは、怪しむにたりない。内乱罪の法益を主権者、領域、憲法だというのは、ドイツ刑法を前提とするものらしい。二〇世紀初め、フリッツ・ヴァン・カルカァが、著書『大逆罪および叛国罪、不敬罪』の中で「法律の明文よりして左の如き定義を生ずる、即ち、大逆罪とは国家の元首、憲法若くは領土に対する侵害である」と記したの(8)と、軌を一にする。すなわち、大場のいう大逆罪は内乱罪を含み、ホーホフェアラートと呼称する犯罪のことである。第二次大戦前のドイツ刑法を掲げると、次のようである。

○ドイツ刑法（一八七一年）

＊この刑法は、元一八七〇年の北ドイツ連邦刑法

第八十条　皇帝、自己の属する邦の君主又は連邦中の一邦に居住中此の邦の君主に対して犯したる謀殺又は謀殺の未遂は、大逆内乱罪（ホーホフェアラート）として死刑を以て罰す。

第八十一条　第八十条の場合を除き、左の行為を企図したる者は、大逆内乱罪（ホーホフェアラート）の廉を以て終身間の重懲役又は終身間の禁錮に処す。

一　連邦の君主を殺害し、之を幽閉し、敵の権力に引渡し又は其の統治の能力を失はしめんと企つること、

二　独逸国又は連邦中の一邦の憲法又は国内若は邦内に現行中の君位継承の順序を暴力を以て変更せんと

企つること、
三　国の領土の全部又は一部を暴力を以て外国に結合せしめ、又は国の領土の一部を全体より分離せしめんと企つること、
四　独逸連邦中の一邦の領土の全部又は一部を暴力を以て他の独逸の一邦に結合せしめ、又は其の一部を全体より分離せしめんと企つること、(9)
第二項、第三項　略

大場茂馬は内乱罪の法益を主権者、領域、憲法だという。ここでドイツ刑法に即すると、第八〇条、第八一条第一号の大逆罪を除く、第八一条第二、第三、第四号の内乱罪は、法益も侵害対象も、憲法（および君位継承の順序）と領土の二つである。昭和憲法の下、昭和三六年（一九六一年）一二月、法務省（の刑法改正準備会）が発表した改正刑法準備草案が、内乱罪として第一二九条「日本国憲法によつて認められた国家の基本秩序を変革し、又は日本国の領土の全部もしくは一部において国権を排除してほしいままに権力を行使する目的で、多衆が暴動をしたときは、内乱の罪とし、次のように区別して処断する」という条文をおいたのは、右の、および二〇世紀中葉以後の（これは後掲する）ドイツ刑法の内乱罪の二つの定型、憲法の蹂躙と邦土の僭窃を模倣したようにみえる。現に、刑法改正準備会の中では、次のような意見が有力だったという。

○第一二九条（内乱）
現行法は必らずしも例示とはいえず、諸外国の法制（スイス・ドイツ）でも内乱目的は二つしかないし、政府の顚覆という言葉は意味があいまいで、内閣打倒まで含まれるおそれがあるから、基本秩序変革と国権

排除の二つにはっきりさせるべきである。また、これによって現行法より狭くなるとは考えられない。(10)

平成七年の表記の平易化による、第七七条中「その領土において国権を排除して権力を行使し、その他憲法の定める統治の基本秩序を壊乱する」は、ドイツ刑法流の内乱罪の二つの定型に倣っている。ところが、現行刑法の条文を忠実に平易化し、内容変更を伴う改正は原則として行わないという枠があるため、国の統治機構の破壊という語句を使い、これと国権の排除を以て基本秩序の壊乱の例示とする、無理をあえてしたのである。

一 大逆罪の廃止

占領下において、明治憲法の改正案が第九〇議会に提出されたのは、昭和二一年(一九四六年)六月二〇日である。政府は、七月三日、臨時法制調査会を設置し、調査会に対して憲法の改正に伴い制定・改正を必要とする主要な法律について、その法案の要綱を示すように求めた。調査会は、一〇月二六日、各法案の要綱を内閣総理大臣吉田茂に答申した。

このうち、刑法に関するものは「刑法の一部を改正する法律案の要綱」である。全一三項の要綱の中に大逆罪の項も、内乱罪の項もなかった。(11)そのため、この要綱に基づき作成された改正案が昭和二二年最初の国会を通過し成立した「刑法の一部を改正する法律」について、ここで考察する必要がないようにみえる。しかし、要綱の中にない大逆罪の削除が、後にマッカーサーの指示として伝達され、刑法改正の焦点となった。そのため、この点について、駆け足でも一瞥しなければならない。西欧刑法の大逆罪を母体として近代日本の内乱罪が誕生した歴史を想起すると、尚更である。

占領終了の直後、我妻栄が近代日本の法律の歴史を綴った中で、この刑法の一部改正について「終戦後、刑法典自体に関する修正も行われたが、それは、皇室に対する罪に関する規定（刑法七三条〜七六条）と、姦通罪における男女の不平等を認めた規定（刑法一八三条）とを削除しただけである」と点描した。[12] これは話をごく単純化したものながら、皇室に対する罪の削除が一番の問題だったことに誤りはない。

さて、臨時法制調査会は、当初、皇室に対する罪をそのまま存置し、改正しない方針だった。[13] ところが、昭和二一年一〇月九日、不敬罪容疑の「赤旗」編集者らの不起訴処分について、マッカーサーが「日本の検事が不敬罪で告発された人物の起訴を取り止めることに決定したことは、議会で採択されたばかりの新憲法に具現されている基本的概念の注目すべき適用である。すなわち、すべての人は法の前に平等であり、いかなる人も―天皇でさえも―普通の人が享有していない特別の法律上の庇護を受けてはならないという基本的概念がそれである」という声明[14]を発表し、検事局の処分を支持した。これをみて、調査会は、刑法の一部を改正する法律案の要綱の中に第五「皇室に対する罪の規定に於て、天皇及び皇族に対する不敬罪の意義を明確ならしめること」という一項を、急遽追加した。これは、不敬罪を通常の名誉毀損の範囲で捕捉しようというのである。

さらに、同じ二一年一二月二〇日、GHQ民政局長のホイットニーが、司法大臣木村篤太郎に対して、刑法典中、不敬罪および大逆罪を削除せよ、というマッカーサーの指示を伝達した。吉田首相は、一二月二七日、得意の書簡外交を以て巻き返しを図った。すなわち、新憲法の下でも「天皇の身体にたいする暴力行為は国家を破壊するがごとき性格のものと見なされ、一般人の身体にたいする暴力行為よりも厳しい道徳的非難と厳しい刑罰に値するものであることは、日本民族の倫理感からしてきわめて自然のことであります」と力説し、マッカーサーに、大逆罪は存置してほしいと懇願したのである。[15]

しかし、昭和二二年二月二五日、マッカーサーは、同じく書簡を以て、これを一蹴した。まず「天皇の身体にたいする暴力行為を『国家を破壊するがごとき性格のもの』と見なすことは、望ましくなく、かつ新憲法の精神に合致しないと思われる」とした上で「国家の象徴であり国民統合の象徴として天皇に付与されている法的保護は、国家そのものを総体として構成する日本のすべての国民が当然に受ける法的保護に全く等しい。それ以上の保護を与えよということは、新憲法において明快かつ明確に表明された、万人は法の前に平等であるという基本理念を侵すものである。この基本理念は、いかなる地位にあれ、何人も一般国民—それは一切の国家権力の究極の源泉である—に与えられていない司法上の保護を受けることはない、という意味を必然的にともなう」と反論したのである。[16]

政府（吉田内閣）は、新憲法の施行に間にあわせようと刑法改正を急いだが、第九一議会（昭和二一年一一月二五日召集）の前には、不敬罪に関するマッカーサー声明で出端を挫かれた。その後、第九二議会（同年一二月二七日召集）の前には、不敬罪および大逆罪を削除せよ、というマッカーサーの指示が伝達され、又ぞろ出端を挫かれた。政府は第九二議会に提出した、日本国憲法の施行に伴う民法の応急的措置に関する法律案、民事訴訟法の応急的措置に関する法律案、刑事訴訟法の応急的措置に関する法律案が衆議院、貴族院を通過し成立するのをみながら、刑法改正については手を拱いているしかなかった。

皇室に関する罪の章の全面削除を含む刑法改正案が閣議決定されたのは、昭和二二年七月四日である。新憲法の施行から、二箇月が経過していた。政府（片山内閣）は、七月九日、開会中の最初の国会にこの改正案を提出した。改正案は一〇月六日衆議院で修正可決され、一〇月一一日参議院で修正可決された。一〇月一四日衆議院は参議院回付案（第一九五条の特別公務員暴行陵虐罪中「若クハ脅迫」を加えた案）を否決し、新憲法第五九条第二項により初めて再議決を行った。一〇月二六日刑法の一部を改正する法律が公布され、一一月一五日の施行となった[17]。

吉田茂も片山哲も、マッカーサーの指示に従うしかなかった。第一国会の議員らは、政府の説明中に見え隠れする外圧に気づいたに違いない。程なく団藤重光が「刑法における封建制の駆逐」という論文の中で、大逆罪の削除を批判して「天皇が日本国の象徴であり日本国民統合の象徴である以上、天皇だけについては刑法上特別の保護を必要とするのではあるまいか。この改正は天皇の象徴的地位をみとめる憲法のたてまえにそぐわない感じがする」と記した[18]。これは、不敬罪に関するマッカーサーの声明（すべての人は法の前に平等であり、いかなる人も―天皇でさえも―普通の人が享有していない特別の法律上の庇護を受けてはならない。国家の象徴としての天皇に与えられる保護は国民に与えられた保護以上のものであっても以下のものであってもならない）を、なぜか失念し、GHQの存在を失念していた。

昭和二二年刑法の一部改正のさい、第二編第一章皇室に対する罪の章が削除された事情は、およそ右のようである。一方、刑法の一部を改正する法律案の要綱の中に内乱罪の項はなく、マッカーサーや、ホイットニーから何の話もなかった。そのため、内乱罪は、新憲法の下、明治四〇年刑法の古色蒼然たる条文が無疵で残ったのである。

二　改正刑法準備草案の内乱罪

占領下の刑法の一部改正は、新旧憲法の切り替えに伴う応急的措置にすぎなかった。そこで、占領が終了して四年、法務省は、昭和三一年（一九五六年）一〇月、刑事局内に刑法改正準備会をおき、刑法改正の準備に着手した。法務大臣（鳩山内閣）は牧野良三で、刑事局長井本台吉を会長とし、在京の刑法学者や実務家を以て準備会を構成した。

法務省は、わが国の刑法の全面的改正作業が「改正刑法仮案」の発表後戦争により中断し、現行刑法は「今や制定後五十年を経過し、その間における社会情勢および国民感情の推移、法律制度の変遷、刑法学説、刑事判例および刑事政策思想の発展などからみて、これを現代の要請に適合したものとするため全面的に再検討する必要に迫られている」という認識の下、元東京大学教授（公職追放、免官）の小野清一郎を議長として、この準備会を発足させた。準備会は、仮案を基礎としこれに必要な修正を加えることを目標として、一二一回の会議を開催し、三五年四月「改正刑法準備草案・未定稿」を発表した。同年一〇月、各方面からの意見や批判を参考にして問題点を検討するため会議を再開し、二〇回の会議を開いて最終案を纏めた。三六年一二月、これを「改正刑法準備草案」として、理由書をふして発表したのである(19)。

新旧憲法の切り替えがあったことなど知らぬ体で、準備会は昭和前期の所産たる仮案を基礎として準備草案を作成した。それは、仮案の編纂に関与した小野を議長としたことと、見事に平仄があっていた。小野自身、理由書の「序説」を執筆して「準備会は、大正一〇年以来の刑法改正事業の跡を受けて、それを継続し結実させようとしたものである。従って、それは仮案を作業の基礎としてその批判的な再検討を行なったわけである」と明記し、さらに現行刑法制定後の外国の立法例や草案類は「みなわが仮案作成の参考資料となっている。その点からも、仮案を度外視するがごときは到底問題でない」と断言した[20]。

準備草案は、いわゆる逆コースの流れにそって登場した。これは未定稿として発表されたときから、国家主義的、権力主義的な傾向が顕著だという批判が、極めて強かった。戒能通孝は「今度のような草案が、基本法草案として少なくとも準公権的に公表されたのは、日本刑法学界の汚辱だと思う。刑法学の世界でも、憲法に変化があったことだけは、忘れられてはならないことである。しかるに草案は憲法の変化を忘れている」と強く詰った[21]。立場は違うが、仮案の編纂に深く関与した牧野英一は「今、委員諸君が三年半もかかり、前後百幾十回かの会議を重ねて、仮案とどこがちがうかとうたがいたいほどの新草案ができた」と酷評した[22]。

さて、準備草案の内乱罪をみよう。準備草案は第二編各則の第一章を内乱に関する罪として、次のような条文をおいた。

第百二十九条　日本国憲法によつて認められた国家の基本秩序を変革し、又は日本国の領土の全部もしくは一部において国権を排除してほしいままに権力を行使する目的で、多衆が暴動をしたときは、内乱の罪とし、次のように区別して処断する。　○現七七条①、仮一六六条

一　主謀者は、死刑又は無期禁固に処する。

二　謀議に参与し、群衆を指揮し、その他重要な任務に従事した者は、無期又は三年以上の禁固に処する。

三　その他暴動に参加し、又はこれに関与した者は、七年以下の禁固に処する。

第百三十条　前条の罪の未遂犯は、これを罰する。　○現七七条②、仮一六八条

内乱罪の構成要件については、これまでの目的犯の構成を続けるかやめるか、朝憲紊乱主義を続けるかやめるかなど、問題があった。目的犯は、準備会の議事要録に記事がみあたらない。議論らしい議論がなかったのかもしれない。朝憲紊乱は、存置論があり廃止論があった。一方は「現行法は、政府顛覆と邦土僭窃とを朝憲紊乱の例示としているため包括的であるが、基本秩序の変革と国権の排除だけでは洩れる場合が生ずるから、現行法のような表現を用いるべきである」と主張し[23]、他方は（前掲のように）①現行法の政府顛覆、邦土僭窃は必ずしも例示とはいえない。②スイス刑法、ドイツ刑法は、内乱目的は基本秩序変革と国権排除の二つしかない。③政府顛覆の語は意味が曖昧で、内閣打倒が含まれる恐れがある。内乱罪の目的をこの二つに限るべきである。④そうすることで現行法より狭くならない、と主張したのである。

明治憲法から昭和憲法への切り替えにより、朝憲紊乱の解釈として天皇大権の制限や皇位継承順序の変更などが意味をもたなくなった以上、存置論者が基本秩序の変革と国権の排除では洩れる場合として何を想定したのか具体性がない。存置論者の主張は、憲法の切り替えを十分に認識しないものだったのかもしれない。小野が理由書の中で、第七七条中の「朝憲の紊乱という語は、憲法上の基本秩序をみだす意味であると解されるが、しかし特に旧憲法の秩序を想像させる嫌いがある」と記した[24]のは、この点を意識したものである。このようにして長く維持されてきた朝憲紊乱主義は、準備草案から姿を消したのである。

次に廃止論者の主張が昭和憲法の下で妥当なものだったかどうか、一瞥するのが順序である。立法論としては一つの考え方だとしても、その理由づけが根拠のあるものかどうか。廃止論者の主張は右の①から④で、互いに関連している。わかりやすいところからみていくと、これまで政府顛覆、邦土僭窃が朝憲紊乱の例示だというのが通説だった。それを、必ずしも例示ではないという。その根拠として、スイス刑法やドイツ刑法では内乱目的は二つしかないという。しかし、この論理はおかしい。準備会の議事要録が簡略すぎるのかもしれない。二つの刑法の内乱罪の条文は、次のようである。

○スイス刑法（一九三七年）

第二百六十五条　暴力をもつて、

連邦憲法又は連邦中の一州の憲法を変更すること、

憲法上の国の官庁を廃止し、又はその権力の執行を不可能にさせること、

連邦又は連邦中の一州からスイス国の領土を分離すること、

を目的とする行為をした者は、重懲役又は一年以上五年以下の軽懲役をもつて罰する。(25)

○ドイツ刑法（一九五一年改正法）

第八十条①　暴力をもつて、又は暴力を加える旨の脅迫により、

一　ドイツ連邦共和国の基本法又はその諸邦の一つの憲法に基く、国家組織上の秩序を変更すること、

二　連邦の領土を外国に併合させ、又は連邦の領土の一部を本国から分離すること、

三　連邦共和国のある邦の領土を全部又は一部他の邦に併合させ、又はある邦の一部をこの邦から分離すること、

を企図する者は、内乱罪（ホーホフェアラート）のかどで、

その企図が国家組織上の秩序又は連邦の領土に向けられているときは、無期又は十年を下らない重懲役

をもつて、

その企図が邦の領土に向けられているときは、五年以下の重懲役をもつて、罰する。

②略（酌量減軽）

第八十一条　略（第八〇条の企図の予備[26]）

スイス刑法は、内乱罪を目的犯とし、その目的を①憲法の変更、②憲法上の国の官庁の廃止、③領土の分離としている。①②を同じ範疇のものとして括ると、目的は二つである。ドイツ刑法は、ホーホフェアラートと呼称して大逆罪、内乱罪を括っていたときから、目的犯の構成を採用しなかった。内乱罪の侵害対象は憲法と領土であり、憲法の変更と領土の分離の二つを犯罪行為の定型としていた。第二次大戦の後、連合国管理委員会が廃止したホーホフェアラートの条文を、一九五一年八月、ドイツ連邦共和国の下で新たなホーホフェアラートとしておいたのが右の第八〇条である。ここでも内乱罪の対象は国家組織上の秩序と領土の二つで、行為は国家組織上の秩序の変更と領土の分離の二つである。原文のフェアファッスングスメースィヒ・オルドヌングは、憲法上の秩序、と訳す方がよい。なお、第八〇条の企図（ウンターネーメン）は、既遂、および未遂をいう。

スイス刑法やドイツ刑法における、内乱罪の目的ないしは行為は、憲法上の秩序の変更と領土の分離の二つである。誤りなく二つである。小野の第七七条中「朝憲の紊乱という語は、憲法上の基本秩序をみだす意味であると解される」という説明からすると、朝憲紊乱の廃止論者は、朝憲紊乱、邦土僭窃を、それぞれ憲法上の秩序の変更、領土の分離にあたると理解しているようである。この理解を前提として、廃止論者が政府顚覆、邦土僭窃を「必らずしも例示とはいえず」と主張するのは、論理が逆転している。これは、単に西欧刑法の内乱罪の規定を尺度として、現行刑法の内乱規定を批評しているにすぎない。

続いて、廃止論者の、政府顚覆は意味が曖昧で、内閣打倒が含まれる恐れがある、という点をみよう。廃止論者は、準備草案第一二九条で政府顚覆の語をあっさり削除した。少し歴史を遡ると、ボアソナードは、フランス刑法第八七条の政府（グヴェルヌマン）顚覆を刑法草案の内乱罪にもちこむさい、政府顚覆は政体変更のことだと説明し、仏文草案では政府顚覆の語に替え、皇朝（ディナスティ）顚覆の語を使用した。元々グヴェルヌマンの語に内閣・政権の意味も、政体・政治形態の意味もある上に、[27]日本語の政府にも内閣や中央の行政官庁をさす場合も、広く一国の統治機構の全体をさす場合もある。明治一三年刑法の政府顚覆について、この刑法の制定に関与した法制官僚の村田保は、注釈書の中で、例として政体の変更、内閣（単に参議の合議体）の変更、および各官署の興廃をあげた。[28]

明治四〇年刑法を審議する議会で、政府委員の倉富勇三郎は、答弁の中で、第七七条政府顚覆について「暴力を以て内閣を更迭するのは、即ち政府の顚覆である」といいきった。[29]明治四〇年刑法の政府顚覆について、刑法学者の中でも、岡田庄作は、これを政治の中枢を破壊する行為だとし「一説、政府とは皇朝をいふ。二説、政府とは内閣を称す」の二説があるが「余は、政府とは皇朝及内閣の両者を併称すと解す。故に政府の顚覆とは国体又は皇朝の変更或は内閣の交迭を言ふ」と論じた。[30]このようにみてくると、確かに政府顚覆は広義に捉え、内閣打倒を含む、と解釈できそうである。

歴史を遡った序でに内乱罪の成立した事例を一瞥しよう。しかし、これがない。明治一三年刑法の下で、福島事件、高田事件、飯田事件の僅か三つで、明治四〇年刑法の下では、一つもない。昭和前期には、軍人や右翼が暴発し、内乱罪の成立があったかにみえるが、五・一五事件も二・二六事件も陸軍刑法・海軍刑法の反乱罪で事が足りた。ただ前者の事件を裏面で援助した大川周明らが、通常裁判所に回されたにすぎない。大審院は大川らに対する判決の中で、刑法第七七条の「朝憲ヲ紊乱スルトハ国家ノ政治的基本組織ヲ不法ニ破壊スルコトヲ謂ヒ政府ノ顚覆邦土ノ僭窃ノ如キ其ノ例示的規定ナリト解スヘク、従テ政府ノ顚覆トハ行政組織ノ中枢タル内閣制度ヲ不法ニ破壊スル如キコトヲ指称スルモノト解スルヲ相当トス」と判示した。[31] 政府顚覆とは個々の内閣の打倒ではなく、内閣制度を破壊するような場合をいうと解釈したのである。

神兵隊事件でも、大審院はこれを踏襲した。すなわち「朝憲紊乱トハ皇国ノ政治的基本組織ヲ不法ニ変革スルコトヲ謂フモノニシテ朝憲紊乱ノ一トシテ刑法ニ例示セラルル政府ノ顚覆モ亦此ノ意義ニ解スヘク、従テ単ニ時ノ閣僚ヲ殺害シテ内閣ノ更迭ヲ目的トスルニ止マリ暴動ニ依リテ直接ニ内閣制度其ノ他ノ朝憲ヲ不法ニ変革スルコトヲ目的トスルモノニ非サルトキハ、朝憲紊乱ノ目的ナキモノトシテ内乱罪ヲ構成セサルモノト解スヘキコト曩ニ当院ノ判例トセルトコロナリ」として、[32] 五・一五事件の判決を踏襲したのである。判例をみると、廃止論者のいう「政府の顚覆という言葉は意味があいまいで、内閣打倒まで含まれるおそれ」は、ない。

今一つ、廃止論者の、目的を二つに限っても、現行法より狭くならない、という点をみよう。すなわち、廃止論者は、政府顚覆を削り、朝憲紊乱を削除して、現行法より狭くなるとは考えられないという。昔、明治憲法の下では、内乱罪の朝憲紊乱の語に「皇室に関する事項」が含まれる、という見方が有力だった。いわば朝憲紊乱に皇室事項がべったり附着していたのである。

今、昭和憲法の象徴天皇制の下で、天皇に大権はなく、軍部ファシズム期の天皇大権を制限しようという暴動やクーデターは、もはや過去の話である。象徴天皇制の下で、皇位継承順序を変更しようという暴動は、これも現実性がない。もっとも、牧野英一のように、朝憲紊乱の内容が「時勢の如何に依つて変遷し得る」[33] という認識からすると、朝憲紊乱の語を削除すると、確かに存置論者のいう「基本秩序の変革と国権の排除だけでは洩れる場合が生ずる」恐れがあるのだろう。しかし、構成要件の明確化が求められる刑法の分野で、いわゆる一般条項が存在するというのは、これもおかしい話である。

以上、朝憲紊乱の廃止論者の理由づけが根拠のあるものかどうか、ざっと考察した。印象論ながら、廃止論者の理由づけは根拠が乏しい。まずドイツ流の内乱規定が前提としてあり、これを基軸として準備草案第一二九条を記した観がある。英米法流の昭和憲法の下で、刑法の改正については、明治中期以来の独法流の考え方や姿勢が温存されている。この点は指摘しなければならない。

ここで一つ補足するのは、第一二九条の「日本国憲法によつて認められた国家の基本秩序を変革し」の表現である。刑法改正準備会の中では、日本国憲法という場合「成文の憲法典によるものだけに解されるおそれがあるから、単に『国の基本秩序』とするか、少なくとも『日本国』を削除すべきである」という意見があり、日本国憲法といっても「必らずしも不文法を排除する趣旨ではないし、また、たとえそう解釈されても、不文法のなかにそれほど重要なものがあるとは思われない」という、別の意見があったという。[34]小野は「日本国憲法の個々の条章ではなく、その全体の志向する国家の基本的な秩序」を意味するとして、[35]後者に立脚した。

ところで、準備草案中、内乱に関する罪の章において批判に晒されたのは、主として、暴動の参加者や関与者の未遂犯を罰するとしたこと（第一三〇条）と、教唆や補助を独立犯としたこと（第一三二条）である。どちらも、昭和一五年の仮案に倣うものである。小野は、理由書の中で、後者については「仮案第一七〇条が内乱罪の教唆、扇動及び補助を独立の罪として罰することを規定しているのに倣い、教唆及び補助を独立の罪として規定したのである。これは、事柄が重大であるので、教唆又は補助がその効を奏しなかった場合においてもなお処罰に値するものと考えたからである」と記した。[36]

この独立教唆（破壊活動防止法第三八条）を刑法中におくことは、準備会の中に「仮案作成当時に比べて治安状勢は一そう悪化しているから、とくに教唆を処罰する必要がある」という意見があったというし、[37]謀議参与者らの刑の上限を（仮案の死刑を外し）無期禁固とすることについても「仮案が出来た当時と現在とでは、むしろ現在の方が治安状勢が悪化しているともいえるのであるから、仮案より刑を軽くする理由はない」という意見があったという。[38]すなわち、軍部ファシズムの進展期という仮案編纂の頃と比較して、準備草案編纂期の方が治安状勢が悪化しているというのである。あるいはそうかもしれないが、意外さに驚かされる。

このような認識は、その頃の日本が冷戦下の二つの世界の谷間で、保守政権と革新勢力が激突を繰り返す政治社会を背景として、多数の国民が惹き起した大規模なデモ行進、大規模なストライキ、種々の政治闘争、あるいは、過激な反体制運動などを根拠として形成されたものだろう。そこには、昭和二七年（一九五二年）の破防法反対運動、メーデー事件から、二八年の内灘闘争、三〇年から三二年の砂川基地闘争、三三年の勤評闘争、警職法反対運動をへて、三五年の国論を二分する安保闘争まで、保守政権や支配層の人々にとって憂慮される、国民運動の大きなうねりが続発した。

図式的にみて、準備会の委員らの属する、保守政権の側が反共的傾向を有し、革新勢力が反米的傾向を有したことは、広くしられている。前者の手になる準備草案の第一二九条が、日本国憲法の認める「国家の基本秩序を変革」することを内乱罪の目的としたことは、一見昭和憲法の民主主義・平和主義の擁護を標榜する後者の人々の要望にもそうものだった。しかし、この憲法の原案がＧＨＱから提供されたことや、日米安全保障条約（昭和二七年四月発効）第一条により在日米軍が「一又は二以上の外部の国による教唆又は干渉によつて引き起された日本国における大規模の内乱及び騒じよう（騒擾）を鎮圧するため」に使用されること[39]（三五年一月条約改定により削除）を考慮にいれると、別の一面がみえてくる。すなわち、第一二九条は、国家の基本秩序変革のための暴動を処罰することを標榜しながら、ソ連や中国など社会主義国家に隣接する国の刑法として、自由主義国家の統治の基本秩序を革命の火の手から防禦することを主眼として構成された、ということである。準備会の議長を務める小野が、理由書の内乱に関する罪の章を執筆して、冒頭で「本章は、国家の内部的秩序を保護する規定である。国家の内部的基本秩序を変革することは、すなわち革命である」と、[40]革命ただ一つを特筆したのは、このような見方と符合する。暴動の参加者や関与者の未遂犯を罰し、現行刑法の三年、仮案でさえ五年という法定刑の上限を七年にひきあげたのも、革命を強く意識する保守政権や支配層の側から仕掛けた、革新勢力や一般国民に対する警告、ないしはある種の威嚇ではなかったか。

三　改正刑法草案の内乱罪

刑法改正準備会が「改正刑法準備草案」を法務大臣に答申したのは、昭和三六年（一九六一年）一二月二〇日で、法務大臣は植木庚子郎、池田内閣である。法務省は、その後、正式手続きで刑法の改正作業を進めることとし、三八年五月、法務大臣から法制審議会に対して、刑法の全面的改正の可否を諮問した。法務大臣は中垣国男で、同じ池田内閣のときである。

法制審議会は、諮問に関する予備的な調査、審議にあたらせるため、新たに刑事法特別部会を設けた。部会長は小野清一郎で、多数の実務家や刑法学者らが委員や幹事に名を連ねた。特別部会は、その中に五つの小委員会をおき、各小委員会をして、分担事項の調査、検討、および改正原案の作成にあたらせた。小委員会はそれぞれ百数十回の会議を開き、特別部会も三〇回の会議を開いて、昭和四六年一一月、改正案を纏め、一二月、これを提出した。審議会は四七年四月から四九年五月まで総会を開くこと二四回、審議を尽した。五月二九日、審議会は、刑法に全面的改正を加える必要があるとし、総会の決定した「改正刑法草案」を、法務大臣中村梅吉（田中内閣）に答申した(41)。審議会への諮問から数えて一一年、刑法改正準備会の設置から数えれば一八年、という長い歳月が費やされた。

小野は、刑事法特別部会長として特別部会を指導し、各小委員会にも出席して、準備草案の編纂に続き、改正案編纂の中心になった。各小委員会、および特別部会においては、準備草案が事実上原案として扱われ、これを検討する作業が行われたという(42)。現行法の検討からでなく準備草案の検討から出発し、準備草案の規定を現行法に戻すのに、特別の理由を提示しなければならなかったという(43)。

さて、改正草案の内乱罪をみよう。改正草案は第二編各則の第一章を内乱に関する罪として、次のような条文をおいた。

第百十七条　日本国憲法によつて認められた国家の基本秩序を変革し、又は日本国の領土の全部もしくは一部において国権を排除してほしいままに権力を行使する目的で、多衆が暴動をしたときは、内乱の罪とし、次のように区別して処断する。

一　主謀者は、死刑又は無期禁固に処する。

二　謀議に参与し、又は群衆を指揮した者は、無期又は三年以上の禁固に処し、その他諸般の任務に従事した者は、一年以上十年以下の禁固に処する。

三　その他暴動に参加し、又はこれに関与した者は、三年以下の禁固に処する。

第百十八条　前条の罪の未遂犯は、これを罰する。

第百十九条〜第百二十一条　略（予備・陰謀、補助、自首）

＊準備草案の独立教唆の規定は、削除された。

一目みてわかるように、改正草案第一一七条の内乱罪の構成要件は、準備草案第一二九条の構成要件と同じである。改正草案は、内乱罪関与者の区別、およびその刑を現行法に戻す一方で、準備草案に倣い第三号の未遂犯を罰する。現行法にない独立教唆は、これをおかなかった。準備草案の独立補助は、これを現行法の幇助の規定に戻した。

ところで、第一一七条の構成要件について審議会や特別部会がどのような理由書をふしたか、一見する必要がある。次に掲げるのは、特別部会の説明書（理由書）を基礎として、法務省刑事局が作成した説明書である。

本条は、内乱罪に関する規定であり、規定の表現に若干の修正を加えたほかは、現行法第七七条第一項と同趣旨である。

内乱の目的として、「日本国憲法によつて認められた国家の基本秩序を変革し、又は日本国の領土の全部もしくは一部において国権を排除してほしいままに権力を行使する目的」と規定したのは、現行法の「政府ヲ顚覆シ又ハ邦土ヲ僭窃シ其他朝憲ヲ紊乱スル」目的と同趣旨であるが、用語を平易化するとともに、内乱による侵害に対して保護されるのが日本国憲法に基づく国家の基本秩序であることを明らかにするためである。なお、ここにいう「日本国憲法によつて認められた国家の基本秩序」が、憲法の個々の条章ではなく、憲法全体によって志向された民主主義的な国家秩序を指すことはいうまでもない[44]。

この説明書は、改正草案第一一七条が、準備草案第一二九条をそのまま踏襲しながら、現行法第七七条第一項と同趣旨だという。これが妥当かどうかは、第二段落の説明次第である。しかし、第二段落をみると、準備草案の理由書で「朝憲の紊乱という語は、憲法上の基本秩序をみだす意味であると解されるが、しかし特に旧憲法の秩序を想像させる嫌いがある」から、代って定立したという「日本国憲法によつて認められた国家の基本秩序を変革し」という概念が、今一つの「日本国の領土の全部もしくは一部において国権を排除してほしいままに権力を行使する」という概念と併せて、現行法の目的と同趣旨だ、というにすぎない。

　この第一一七条の構成要件について、平場安治が、論文の中で、僅かに「現行憲法の軟構造からすれば『日本国憲法によつて認められた国家の基本秩序を変革し』に該当し、内乱罪が適用される場合は極めて局限されるであろう」と記している。[45] しかし、現行憲法の軟構造というのが何か明らかでない。もっとも、平場は、同じ論文で「現行憲法では、民主主義であり国民の基本的人権を中心に置き、戦争を放棄して国際協調主義をとるからである。従って憲法体制の強化ということは、全体としての国民の利益擁護であ」るというが、この指摘と絡めても、内乱罪の適用が局限されるだろうという論理は成立しない。

　ともあれ、改正刑法草案ができた以上、政府（や法務省）はこれを基礎として政府案を作成し、それを国会に提出する運びになるはずだった。しかし、改正草案は、準備草案を通して仮案の基本的性格をひきずっているとして、野党のみならず、弁護士会、新聞各紙、刑法学者らの強い批判に晒された。そのため、どの内閣も、それから先へふみだすことをしなかった。

四　平成七年の表記平易化と内乱罪

改正刑法草案が発表されながら、刑法の全面改正が難航し、いつまでも文語調の難解な刑法典が存続していることに対して、平成三年（一九九一年）三月、衆議院、参議院の各法務委員会は、政府に刑罰法令の現代用語化を検討するよう求めた。五年二月には、日本弁護士連合会が現代用語化の「日弁連案」を発表した。この流れをうけ、法務省が刑法の平易化を推進し、法制審議会の審議をへて、第一三二国会において政府（村山内閣）提出の「刑法の一部を改正する法律」が成立したのは、七年四月である。[46] 現行の明治四〇年刑法からは、八八年ぶりの大改正となった。この改正法は五月一二日公布、六月一日施行された。

法務省の立案の基本方針は「刑法の表記の平易化が緊急の課題となっており、これをなるべく早期に実現する必要があることを考慮し、刑法典の条文を可能な限り忠実に現代用語化して平易化し、内容の変更を伴う改正は原則として行わないこと」だった。[47] 例外としては、尊属加重規定の削除があった。今一つ、審議会の刑事法部会で瘖唖者の行為に関する規定（罰しない、または刑を減軽する）の削除が追加された。

さて、刑法の一部を改正する法律において、内乱罪の規定はどのように平易化されたか。構成要件は、本章のはじめに、掲げたとおりである。

第七十七条　国の統治機構を破壊し、又はその領土において国権を排除して権力を行使し、その他憲法の定める統治の基本秩序を壊乱することを目的として暴動をした者は、内乱の罪とし、次の区別に従って処断する。
一　首謀者は、死刑又は無期禁錮に処する。
二　謀議に参与し、又は群衆を指揮した者は無期又は三年以上の禁錮に処し、その他諸般の職務に従事した者は一年以上十年以下の禁錮に処する。
三　付和随行し、その他単に暴動に参加した者は、三年以下の禁錮に処する。
前項の罪の未遂は、罰する。ただし、同項第三号に規定する者については、この限りでない。

法案の立案に携わった法務省の参事官や検事らが執筆した「刑法の一部を改正する法律について」という論文に、表記平易化について説明がある。第七七条「政府ヲ顚覆シ又ハ邦土ヲ僭窃シ其他朝憲ヲ紊乱スル」については「非常に古めかしい表現であり、その言い換えに関し種々の意見があったが」右の表現におちついた、というのである。詳細は、次のようである。

①「政府ヲ顚覆シ」とは、判例によれば「行政組織ノ中枢タル内閣制度ヲ不法ニ破壊スル如キコトヲ指称スル」とされており、学説上も「個々の内閣の更迭を謂ふのではなく、其の永続的組織の破壊を謂ふであらう。」、「統治権力ノ破壊」をいうなどと説かれている。それで、これらの判例・学説上の解釈を踏まえて、「国の統治機構を破壊し」とされた。「政府を転覆し」としてはどうかとの意見もあったが、これに対しては、個々の政権を打倒するような語感があり適当でないとの反論もあり、採用されなかった。

②「邦土ヲ僭窃シ」とは、学説上は「日本領土の全部または一部に対する日本国の領土主権を事実上排除し、ほしいままに統治権力を行使すること」などと一般に説かれているところであるので、法令用語にふさ

わしい表現にするとの観点も踏まえて、「その領土において国権を排除して権力を行使し」とされた。

③「其他朝憲ヲ紊乱スル」とは、判例によれば「国家ノ政治的基本組織ヲ不法ニ破壊スル」こととされている。学説上は、「朝憲」については、「凡ソ国家アレハ其成文ナルト不成文ナルトヲ問ハス統治ノ大則ヲ定ムル準則存スルモノナリ。此準則ハ即チ法文ニ所謂朝憲ナリ。」、「国家ノ組織又ハ大綱」などと説かれている。また、「紊乱」については、本来「乱れること。乱すこと。」を意味する言葉であるが、例示の趣旨からして、秩序が破壊され、あるいは大きく乱れる程度に至ることをいうものと解される。以上のようなことを考慮して、「朝憲ヲ紊乱スル」については、「統治の基本秩序を壊乱する」とされたものである(48)。

第七七条の表記平易化に関する立案過程の議論は、右のようだという。この説明について、ここでごく簡単に考察しようと思う。①まず政府顚覆から始めよう。単なる表記の平易化なら「政府を転覆し」と直せばよい話である。顚や覆は「くつがえす」の意味があり転にはないが、一般に顚覆と転覆が互用されるから、この言い換えで支障はない。現に、第一二六条以下の汽車、電車の顚覆は、転覆に改められた。しかし、転覆の語は「個々の政権を打倒するような語感があり適当でない」として採用されなかった。すなわち、転覆という単語より、政府の転覆という連語に難があるというのである。この論理は、前にみた「政府の顚覆という言葉は意味があいまいで、内閣打倒まで含まれるおそれがあるから、基本秩序変革と国権排除の二つにはっきりさせるべきである」という、刑法改正準備会で主張された論理の繰り返しである。

法制審議会、ないしは刑事法部会は、これを「国の統治機構を破壊し」と改めた。それには、判例や学説上の解釈をふまえたという。判例というのは五・一五事件の判決、学説というのは泉二新熊や小野清一郎の教科書である。三者はどれも「政府ヲ顚覆シ」を縮小解釈した。この点で「国の統治機構を破壊し」は、刑法典の条文を可能な限り忠実に現代用語化して平易化した、とはいえないだろう。

②次に邦土僣窃をみよう。邦土の僣窃を「その領土において国権を排除して権力を行使し」と改めた。これについて、学説の「日本領土の全部または一部に対する日本国の領土主権を事実上排除し、ほしいままに統治権力を行使する」を、法令用語にふさわしい表現に修正したという。しかし、すぐ気づくが、この学説は、準備草案の「日本国の領土の全部もしくは一部において国権を排除してほしいままに権力を行使する」というのに、ごく近似している。ここで印象を記せば、何のことはない、改正法は準備草案のこの表現をちゃっかり借用したのである。

③次に朝憲紊乱をみよう。これも単なる表記の平易化なら「その他朝憲を紊乱する」と、直せばよい。審議会や刑事法部会は、これを非常に古めかしい表現として、判例（五・一五事件）や学説（大場茂馬、宮本英脩）を参考にして「その他憲法の定める統治の基本秩序を壊乱する」と改めた。紊も乱もみだす、壊はやぶる、こわすという意味だから、紊乱と壊乱は僅かに違うが、この点はさしたることではない。問題は「憲法の定める統治の基本秩序」が、単に「朝憲」を平易化したものかどうかである。すなわち、朝憲＝憲法の定める統治の基本秩序という等式はなりたつのか。

ここでもすぐ気づくように、問題の「憲法の定める統治の基本秩序」は、準備草案において朝憲紊乱に代って定立された「日本国憲法によつて認められた国家の基本秩序」というのに、ごく近似している。もっとも、肝腎の等式がなりたつかどうかの考察は容易でないし、実益もないかもしれない。又ぞろここで印象を記せば、改正法は朝憲紊乱についても、準備草案のこの表現を借用したのである。

以上、ざっとした考察ながら、第七七条「政府ヲ顚覆シ又ハ邦土ヲ僣窃シ其他朝憲ヲ紊乱スル」を、平成七年の改正法が「国の統治機構を破壊し、又はその領土において国権を排除して権力を行使し、その他憲法の定める統治の基本秩序を壊乱する」と改めたのは、単なる表記平易化に止まらない、と結論する。前の「国の統治機構を破壊し」の箇所は、後ろの「憲法の定める統治の基本秩序を壊乱する」の箇所の例示という構成をとっているが、二者の内容は近似している。それでいて、機構（＝組織）と秩序（＝きまり）は異種の概念であり、前者が後者の例示だという論理はなりたたない。現在の立案技術からみて、粗雑な観がある。

おわりに

明治四〇年刑法が第二編第一章におく皇室に対する罪や、第二章におく内乱に関する罪は、近代天皇制国家の存立、存続を敵対者や反対勢力から防禦する法的装置のいわば代表格だった。太平洋戦争の敗戦により、天皇制国家は崩壊し、占領下、刑法典から皇室に対する罪の章は残らず削除された。そして、第一章に「削除」の語を記して、この刑法典は今も継続している。

この占領下、明治憲法は現在の昭和憲法へ変身した。明治憲法の下において、内乱罪の朝憲紊乱の語に「皇室に関する事項」が含まれる、という見方が有力だった。いわば朝憲紊乱に皇室事項がべったり附着していたのである。象徴天皇制の昭和憲法の下において、事実上第一章というべき内乱に関する罪が（法文上で）どのような展開をみせるか、これは興味深い問題である。

立法の分野において、昭和三六年（一九六一年）一二月、刑法改正準備会が「改正刑法準備草案」を発表したし、さらに昭和四九年五月、法制審議会が「改正刑法草案」を発表した。前者は、独立後、左右勢力が鋭く対立する政治社会を背景に、厳重な内乱規定を以て「革命」を防遏しようとした。後者は、経済が成長を続け、国民生活が全般的に安定する中で、準備草案の厳重な内乱規定を少し弛めようとした。

平成七年（一九九五年）四月には、表記の平易化をめざす、政府提出の「刑法の一部を改正する法律」が成立した。これまでみたように、内容の変更をしないはずの改正法は、表記平易化の名の下に、内乱罪の目的は基本秩序の変革と国権の排除の二つでよい、とする準備草案の考え方を導入した。そうみえるのである。そればかりか、第七七条の構成要件は一体何のことか、首を捻らざるをえない。

(1) 高橋治俊、小谷二郎編『刑法沿革綜覧』増補版（信山社・日本立法資料全集別巻、一九九〇年）一九一六〜一九一七頁。
(2) 前掲『刑法沿革綜覧』五九一頁。
(3) 鶴田文書研究会編『日本刑法草案会議筆記』第二巻（早稲田大学出版部、一九七七年）六三九〜六四〇頁。原文は片カナ書き。これは、明治一〇年の編纂会議の一齣。草案の編纂は、ボアソナードと（編纂委員らを代表する）鶴田皓の対話として進められ、筆記された。鶴田は司法大書記官。後、大審院検事や、参事院の司法部長、法制部長、元老院議官を歴任。
(4) 詳細は、新井勉「旧刑法における内乱罪の新設とその解釈」（日本法学第七二巻第四号、二〇〇七年）四三頁以下。
(5) 宮城浩蔵『刑法講義』第二巻（信山社・日本立法資料全集別巻、一九九八年）五〇〜五一頁。原文は片カナ書き。原本は第四版、一八八七年の発行。
(6) 磯部四郎『改正刑法正解』（信山社・日本立法資料全集別巻、一九九五年）一七五頁。原文は片カナ書き。原本は一九〇七年の発行。磯部もボアソナードの弟子で、第二三議会衆議院で刑法改正案委員会の委員長を務めた。
(7) 大場茂馬『刑法各論』下巻（信山社・復刻叢書法律学篇、一九九四年）六一五頁、六一六頁。原文は片カナ書き。原本は改訂七版で、一九一八年の発行。
(8) 垂水克己訳『大逆罪に関する比較法制資料』（司法資料第一二五号、一九二八年）二九頁。フリッツ・ヴァン・カルカァはシュトラスブルク大学教授。

(9) さしあたり、司法資料第一九一号（一九三五年）の『一九三〇年独逸刑法草案並に現行独逸刑法典』中、現行独逸刑法典一九六～一九七頁。ホーホフェアラートは、一般に大逆（罪）の訳をあてる。古くは、山脇玄、今村研介訳『独逸六法、刑法』（信山社・日本立法資料全集別巻、二〇〇八年）五一頁。原本は一八八五年の発行。

(10) 法務省刑事局編『刑法改正準備会議事要録』各則の部（一九六三年）一頁。

(11) 中野次雄『逐条改正刑法の研究』（良書普及会、一九四八年）三～四頁。中野は司法官僚として、昭和二三年の刑法改正に深く関与した。後、大阪高等裁判所長官。

(12) 我妻栄「法律」二五頁。矢内原忠雄編『現代日本小史』下巻（みすず書房、一九五二年）所収。

(13) 中野・前掲書九八頁。

(14) 中野・前掲書一〇九～一一〇頁。第九〇議会における日本国憲法の成立は、昭和二一年一〇月七日。

(15) マッカーサーあて吉田茂書簡、一九四六年一二月二七日付。袖井林二郎編訳『吉田茂・マッカーサー往復書簡集』（法政大学出版局、二〇〇〇年）第三一号文書（一六四～一六五頁）。引用中、倫理感は倫理観か。英文はエティクス（四六頁）。

(16) 吉田茂あてマッカーサー書簡、一九四七年二月二五日付。袖井・前掲書第三八号文書（一七〇～一七二頁）。

(17) 中野・前掲書六～一四頁。衆議院、参議院編『議会制度百年史、国会議案件名録』（大蔵省印刷局、一九九〇年）五五頁。

(18) 団藤重光『刑法の近代的展開』増訂版（弘文堂、一九五三年）二四〇～二四一頁。初版は一九四八年二月の発行。

(19) 法務省刑事局・刑法改正準備会編『刑法改正準備草案、附同理由書』（大蔵省印刷局、一九六一年）はしがき。執筆者は、準備会二代会長の竹内寿平。井本台吉も竹内も、後、検事総長。

(20) 前掲『刑法改正準備草案、附同理由書』八五～八六頁。

(21) 戒能通孝「基本法改正の態度として」（法律時報第三二巻第八号、一九六〇年）二～三頁。

(22) 牧野英一「改正刑法準備草案について」（法律時報第三二巻第八号）三六頁。なお、牧野良三は英一の弟。

(23) 前掲『刑法改正準備会議事要録』各則の部、一頁。

(24) 前掲『刑法改正準備草案、附同理由書』一九二頁。

(25) さしあたり、法務資料第三八五号（一九六四年）の『スイス刑法典』九三頁。

(26) さしあたり、法務資料第三二九号（一九五四年）の『ドイツ刑法典』四〇～四一頁。第三二九号別冊、ドイツ刑法典原文の第八〇条、第八一条。

(27) 山口俊夫編『フランス法辞典』（東京大学出版会、二〇〇二年）二五二～二五三頁。

(28) 村田保『刑法註釈』再版（内田正栄堂、一八八一年）第三巻六葉裏。初版は一八八〇年の発行。村田が例として、各官署を「興」廃せんと欲するの類というのは、国会開設の暴動を懸念したものか。

(29) 前掲『刑法沿革綜覧』一九一七頁。原文は片カナ書き。濁点がないのは、原文どおり。

(30) 岡田庄作『刑法原論』各論第二版（明治大学出版部、一九一五年）二五～二六頁。

(31) 大審院蔵版『大審院刑事判例集』第一四巻（法曹会、発行年？）一三六六～一三六七頁。

(32) 大審院蔵版『大審院刑事判例集』第二〇巻（法曹会、発行年？）二七五頁。

(33) 牧野英一「朝憲紊乱とは何ぞ」（法律新聞第一九五六号、大正一一年三月二〇日発行）一一頁。

(34) 前掲『刑法改正準備会議事要録』各則の部、一～二頁。

(35) 前掲『刑法改正準備草案、附同理由書』一九二頁。

(36) 前掲『刑法改正準備草案、附同理由書』一九三頁。仮案第一七〇条は、扇動でなく煽動、補助でなく幇助である。

(37) 前掲『刑法改正準備会議事要録』各則の部、九～一〇頁。

(38) 前掲『刑法改正準備会議事要録』各則の部、三頁。

(39) 日米安全保障条約のこの箇所は、次のようである。～ including assistance given at the express request of the Japanese Government to put down large-scale internal riots and disturbances in Japan, caused through instigation or intervention by an outside power or powers.

(40) 前掲『刑法改正準備草案、附同理由書』一九二頁。

(41) 法務省刑事局編『法制審議会・改正刑法草案の解説』(大蔵省印刷局、一九七五年) はしがき一〜二頁、審議の方法及び経過一頁以下。はしがきの執筆者は、法務事務次官の神谷尚男。後、検事総長。
(42) 座談会「刑法改正手続の問題点」(法律時報第四六巻第六号、一九七四年) における平野龍一の発言 (四六〜四七頁)。
(43) 中山研一「内乱に関する罪」一二八〜一二九頁。平場安治、平野龍一編『刑法改正の研究』第二巻・各則 (東京大学出版会、一九七三年) 所収。
(44) 前掲『法制審議会・改正刑法草案の解説』一七四頁。
(45) 平場安治「改正刑法草案に対する若干の批判」(ジュリスト第五七〇号、一九七四年) 四九頁。なお、四八頁参照。
(46) 松尾浩也「刑法典とその平易化」七頁以下。松尾浩也編『刑法の平易化』(有斐閣、一九九五年) 所収。なお、法制審議会刑事法部会の審議について、麻生光洋ら「刑法の一部を改正する法律」(松尾編『刑法の平易化』) 参照。
(47) 麻生ら・前掲論文三三頁。
(48) 麻生ら・前掲論文四三〜四四頁。

後記

法律畑では広くしられるが、明治四〇年（一九〇七年）四月公布、翌四一年一〇月施行の刑法が、現行刑法である。この刑法の大逆罪、内乱罪の研究は、ずっと昔に遡っても少ない。発表された論文はあるが、書物の形になったものはみあたらない。天皇制国家の下で大逆罪の研究を発表することは容易でなかったし、天皇制国家の崩壊とほぼ同じ頃に（大逆罪を含む）皇室に対する罪は刑法から全面削除された。一方、現行刑法の下で内乱罪は、これまで一度たりとも適用されたことがない。昭和動乱期、クーデターを起した青年将校らは、陸海軍刑法の反乱罪により処罰された。多くの刑法学者にとって、大逆罪も内乱罪も、実務上の必要は皆無に近い。

これに対して、幸徳秋水らの大逆事件は、一般史や社会史の重要事件の一つとして、昔も今も、多くの研究がある。私は、法制史の立場から、これまで大逆罪や内乱罪の論文を発表してきた。次のようである。

①「近代日本の内乱罪」日本法学第六九巻第四号、二〇〇四年
②「明治日本における内乱罪の誕生」日本法学第七〇巻第四号、二〇〇五年
③「明治日本における大逆罪と内乱罪の分離」日本法学第七二巻第三号、二〇〇六年
④「旧刑法における内乱罪の新設とその解釈」日本法学第七二巻第四号、二〇〇七年
⑤「明治四〇年刑法の成立と内乱罪」日本法学第七三巻第一号、二〇〇七年
＊⑥「改正刑法仮案の編纂と内乱罪」日本法学第七三巻第二号、二〇〇七年
＊⑦「昭和後期・平成期の刑法改正（案）と内乱罪」日本法学第七四巻第三号、二〇〇八年

⑧「近代日本の大逆罪」日本法学第七四第四号、二〇〇九年
⑨「近代日本における大逆罪の罪質について」日本法学第七五巻第一号、二〇〇九年
⑩「近代日本における大逆罪と内乱罪の関係」日本大学法学部創設一二〇周年記念論文集、二〇〇九年
⑪「国事犯の概念と法的位置づけ」日本法学第七六巻第一号、二〇一〇年
＊⑫「古代日本の謀反・謀叛について」日本法学第七八巻第一号、二〇一二年
＊⑬「中世日本の謀叛について」日本法学第七八巻第二号、二〇一二年
＊⑭「近世日本の叛逆について」政経研究第四九巻第三号、二〇一二年
＊⑮「明治前期の叛逆について」政経研究第四九巻第四号、二〇一三年
＊⑯「近代日本における大逆罪・内乱罪の創定」日本法学第七九巻第二号、二〇一三年
＊⑰「明治後期における大逆罪・内乱罪の交錯」日本法学第七九巻第三号、二〇一四年
⑱「陸軍刑法における反乱罪と裁判」軍事史学第五〇巻第一号、二〇一四年

本書は、大逆罪、内乱罪の研究として、体系性をもつ右の八編を所収している。論文の番号にアステリスクをふしたものが、それである。⑫から⑰までの論文は、書物の形にするため、意識して時代順に書き綴ったものである。かなり古くなったが、⑥、および⑦の論文は、六編に続くものである。本書に所収するさい、⑥は分量を大幅に圧縮し、⑦も分量を圧縮した。

今回八編を本書に収めるにあたり、八編全部の内容を今一度見直した。参照文献もあたり直した。これは時間を費やす作業で、一年近くかかった。第一章から第四章の作業のあと、長い夏休みとそれを利用した外国行きがあり、秋になって第五章以後の作業を行った。本書の前半と後半で、本文の書き方、および注のつけ方に不揃い

があるのは、作業の時期が異なるためである。揃えようかと思ったが、ほとんど内容に関係しないセカンダリーなことだから、そのままにした。今一つ、私はパソコンが不得手でルビをふる技術がなく、本来ルビをふるべきところを、史料（や資料）中に括弧して書き込んだ場合がある。行儀がよい、といえない。

右の⑧⑨⑪の各論文は、本書が体系性を重視した結果、所収を見送ったものである。⑧は、明治末期、大審院が幸徳らに対して、明治四〇年刑法第七三条を首従（主犯・従犯）の別なく律の謀反の概念を以て運用したことを論じた、独自の視点の論文である。⑨は、明治一三年刑法の大逆罪の罪質を俎上にのせ、大逆罪と国事犯（や政治犯）との交錯を論じた、整理的な論文である。⑪は、明治時代盛んに用いられた国事犯の概念内容を明らかにし、法令上の国事犯の関係規定を洗いだした論文である。本書に三編を収められなかったのは、やはり残念に思う。なお、本書に少し関係する私の論文として、次のものがある。

⑲「明治の逆罪」日本法学第七五巻第四号、二〇一〇年（この論文は、明治前期における主殺し、親殺しの法令を一覧し、司法省の刑事統計年報で事例を調べたものである。）

本書は、大逆罪、内乱罪という、これまで研究者の鍬の入らなかった分野に鍬を入れ、大逆罪、内乱罪研究の基礎を提示するものである。法律畑の研究者に限らず、歴史畑の研究者や、あるいは、一般読書人の方々が手にとることを考慮し、平易な書き方、平易な内容を心がけた。序説、および各編の本文に前置する「はじめに」の箇所には、大逆罪、内乱罪について概説的で、多くの人の知的関心をひく話をおいた。

二〇一六年立春

新井　勉

著者略歴
新井　勉（あらい・つとむ）

1948年生まれ。京都大学法学部卒業、京都大学大学院法学研究科博士課程単位取得。
日本大学法学部教授。

【著書】『大津事件の再構成』（御茶の水書房）、『松岡康毅日記』（共著、日本大学）、『近代日本司法制度史』（共著、信山社）、PP選書『大津事件――司法権独立の虚像』（批評社）。

【論文】「明治国家の運営と廃止緊急勅令①②」、「裁判所構成法の施行と司法部の人事①②」、「西欧刑法の継受と盗罪①～④」、「近代日本の大逆罪」、「昭和初年の官吏減俸令と裁判官」、「大正・昭和前期における司法省の裁判所支配」（以上、日本法学）、「一九〇五年日韓協約の瑕疵について」、「明治日本における政治亡命と金玉均」（以上、政経研究）、「朝鮮制令委任方式をめぐる帝国議会の奇態な情況について」、「明治国家の人的構成」、「新史料による大津事件の核心」（以上、法学紀要）。

大逆罪・内乱罪の研究

2016年4月25日　初版第1刷発行

著　者……新井　勉

発行所……批評社
〒113-0033　東京都文京区本郷1-28-36　鳳明ビル102A
電話……03-3813-6344　　fax.……03-3813-8990
郵便振替……00180-2-84363
Eメール……book@hihyosya.co.jp
ホームページ……http://hihyosya.co.jp

装　幀……閏月社

組　版……字打屋

印　刷
製　本……モリモト印刷㈱

乱丁本・落丁本は小社宛お送り下さい。送料小社負担にて、至急お取り替えいたします。

ISBN978-4-8265-0640-3 C3032